像女孩那樣丟球

論女性身體經驗

Iris Marion Young

艾莉斯・楊——著 何定照——譯

ON FEMALE BODY EXPERIENCE

"Throwing Like a Girl" and Other Essays

再次獻給 Morgen

目次

專文推薦

女性身體經驗如何形塑主體認同

◎林芳玫

一

當代著名政治哲學與女性主義學者楊（Iris Marion Young）於二〇〇六年八月因食道癌與世長辭。莫非天嫉英才？楊逝世時才五十七歲，生前是芝加哥大學廣受同事與學生敬愛的政治哲學教授。她於一九九〇年出版《正義與差異政治》（*Justice and the Politics of Difference*），此書奠定她在當代認同政治這個研究領域的崇高地位，數年後又出版了《涵容與民主》（*Inclusion and Democracy*），也造成深遠的影響。

歐美自六〇年代反越戰興起學運，同時婦運、黑人民權運動亦風起雲湧，這些社會運動強調的是身分認同的次文化被承認，有別於傳統工會勞工運動以階級團結力量從事勞動條件的談判。自此以後當代社會學、政治學等學者建構起以承認差異（recognition of difference）為重點的社會運動理論。楊過去二十餘年的研究奠定這個領域的里程碑。

商周出版的這本《像女孩那樣丟球：論女性身體經驗》（*On Female Body Experience*），以肉身化理論探討女性身體經驗如何形塑主體認同，並且與政治社會資源分配的方式息息相關。書寫風格包含學術論述的嚴謹，又帶入個人成長背景的回顧與身體經驗的敘述，知性感性兼具。

二

此書導論以清晰簡明方式系統性介紹女性主義性別理論經歷過的四個階段。首先是對生理決定論的批判解構；再來是以性別（gender）的社會性角色來取代生理基礎的性（sex）；第三階段則以具體化、活生生的肉身存在（embodiment and the lived body），分析看似自然的身體如何受到文化的銘刻；最後，作者為了彌補肉身存在理論過度個人化的缺陷，強調肉身存在於社會結構。導論本身將這四個階段歸類為性／別區分（sex/gender）以及活生生的身體（lived body）兩大類。

上述這幾個階段分享了一些共同點，都企圖處理二元對立與階層化問題。男／女、陽／陰、生理／心理、自然／文化、異性戀／同性戀、正常／異常，這一系列二元對立一方面簡化複雜的歷史演變過程，同時也非單純的二元區隔，而是包含了高下優劣的判斷並形成資源分配的不平等。

在性／別區分的初期，性別概念足以挑戰長期以來的生物決定論，這就足以令女性主義者振奮。雖然女人不能改變自己的生理特質，卻能在工作與興趣上和男人一較長短，巾幗不讓鬚眉，雌雄同體的雙重氣質是某些女性主義者的理想。這種理想到現在仍十分吸引人。不過，就理論深度與婦女運動的能量而言，仍有所不足。性別這個後天社會學習的概念用久了失之僵化，很諷刺地和生物的性產生對應關係：生理上的女人對應社會角色的女人，又進而對應異性戀女人以及結婚生育的女人，缺乏這種層層對應關係的女性就會被視為有所缺憾或是異常。早先具有批判解放力量的性／別區分，後來反而強化既有的男女區隔與不平等。

七〇年代後期以來美國學界注意到傅柯（Michel Foucault）等人的權力論述，亦即統治並非只是思想的控制，而是一套藉由醫療、衛生、社交禮儀等多重方式建立對身體的規訓，身體開始成為研究的主題。但是將身體理論化，而不單單作為研究主題，則是一群女性主義學者集體的努力，從精神分析、到性／別扮裝與酷兒理論，「肉身化」的研究取徑鬆動長期以來的二元對立。身體本身具有某些先天的性器官，而一舉手一投足，肌肉骨骼如何運用，動作開展的幅度大小，這些二方面受到性別角色、階級與族群文化形塑，又展現個人的差異。如果再加上穿衣服，個體對衣料材質的觸感、如何期待別人觀看的眼神、如何實際觀看別人的衣著，這些議題都顯示出肉身在地理空間與人際關係空間移動而產出的主體認同。

莫伊（Toril Moi）甚至主張以肉身化的理論或「活生生的身體」來取代性別。楊採用肉身化的理論，但仍然維持性別與社會結構在分析概念上的重要性。作者這種堅持，反映出女性主義理論長久以來的兩種互相拉扯的張力：個人的即政治的（the personal is the political）。正因為父權制度與理性思想建立了抽象的宏大論述（特別是關於國家與民族），某些女性主義強調女性個人與具體經驗感受的重要性——包括莫伊等人的肉身化理論——但是結構與制度面的性別不平等若被忽略，「女性」也好、「同性戀」也好，這樣的分類法也就完全消失，只剩下無限碎裂切割的個體差異。有高血壓的中年男人和中年女人，其生活處境的相同處可能大於熟女與少女。性別概念不但被鬆動，甚至無止境的解構，而社會改革行動與公領域的介入也變得不可能，結果是諷刺地維持了既定的性別分工與不平等。楊這方面可說是煞費苦心，既要呈現當代理論的前衛——從女性主義精神分析到酷兒理論與身體扮裝理論——又要避免「思想新潮、行動無能」的陷阱。

此書可說是在個人經驗層次與結構分析層次小心地維持平衡。書中主題包含乳房、懷孕、月經、身體與衣服、身體與住屋，從有形可見的身體外觀，到身體內部的感知，再到身體與物質的接觸（衣服、醫療器材、房屋建築等），作者極力描寫細微的身體變化，再連結到社會結構面以及政策面。

作者對社會結構的定義是，「制度規則與互動慣例的輻湊總和、資源的動員及物理的結構，上述這些構成了與個體行動相關的歷史給定，也相對地穩固」。結構也意含較廣泛的社會結果，往往不留下任何個人或群體的意向痕跡。換言之，結構讓眾人進入「未必共謀、確定共果」的情境。以產科醫療對孕婦的介入而言，孕婦本人最清楚她的身體感知，但這感知主體卻無法成為發言主體，反而成為超音波胎兒攝影與各項侵入性手術的客體。這非關個別醫師對懷孕女性的輕忽（雖然醫師也的確因為太忙碌而不夠注意孕婦狀況），而是整體西方醫學霸權建立後，將孕婦視為「病人」，結果就是孕婦自己的經驗不重要，醫生的「專業」判斷以及健保給付項目決定了醫生要對孕婦做什麼、不做什麼。而這醫療化的結果，正是作者批判對象。

三

過去二十年來身體扮裝、酷兒理論等研究觀點的興起，可視為整體後現代文化風貌的一環，也引起強調社會政治改革左派理論家「後社會主義」的焦慮。也同樣是女性主義政治哲學領域的弗雷哲（Nancy Fraser）就曾經在《新左評論》（*New Left Review*）和楊有過精彩交鋒。弗雷哲認為差異認同政治忽視了現實裡仍然存在且日益擴大的貧富差距，好像女性、窮人、少數族裔只要獲得承認、被正眼相待如此就可以了。吉特林（Todd Gitlin）也在《異議》（*Dissent*）雜誌針對楊指出，強調差異會造成政治聯盟行動的難以開展，楊也做出回應。到底要異中求同以促成政治大團結呢？還是尊重差異以免被團結口號綁架了？這又是關心實踐行動的學者持續的論辯。

楊肉身已逝，她與眾學者的對話，依舊迴盪在我們的心靈空間。

有關這些學者的辯論，請參見以下書目：

Nancy Fraser, "From Redistribution to Recognition? Dilemma of Justice in a 'Post-Socialist' Age," *New Left Review*, July/August 1995.

Nancy Fraser, "Rethinking Recognition," *New Left Review*, May/June 2000.

Todd Gitlin, "The Rise of Identity Politics: An Examination and a Critique," *Dissent*, spring 1993.

Iris Marion Young, "Unruly Categories: A Critique of Nancy Fraser's Dual Systems Theory," *New Left Review*, March/April 1997.

Iris Marion Young, "The Complexity of Coalition," *Dissent*, winter 1997.

本文作者為國立台灣師範大學臺灣語文學系教授

專文推薦

讓活生生的女體走出政治新地圖：悅讀楊肉身化的女性主義政治哲學

◎孫瑞穗

構成世界的存在，永遠是一個活生生的身體。

——龐蒂（Liz Bondi）

宣稱身體是一種處境，就認知到女人身體的意義攸關她運用自由的方式。

——莫伊

一、被她思考的特殊姿勢吸引

老實說一開始讓我與楊的政治哲學相遇的媒介並不是她那淵博又著作等身的浩瀚知識，而是她觀察和思考世界時的那個「特殊姿勢」。

故事是這樣的。某一冬日清晨我因為要準備隔天「市民身分」的課堂報告而急急忙忙跑進圖書館裡去找書，由於沒有事先向管理員預約，我必須一頭栽進哲學書庫裡去翻找。有趣的是，處身在一堆神情肅穆的哲學論著之中的我突然被一本表情豐富的書名吸住目光：《像女孩那樣丟球》。剛開始我以為用這樣的「思考姿勢」所寫出來的書被放在十分缺乏身體想像的哲學書庫裡鐵定是一種「錯置」，然而在仔細翻閱之後，我才恍然大悟原來這正是天上掉下來的福音書。

相對於哥哥爸爸們偉大而權威的哲學面目，這本攜帶女性主義解放承諾的個人沉思錄反而用一種非常貼近女性體驗的語言召喚讀者們的身體來一同思考。彷彿正在球場裡興高采烈地練習投思想球的小女孩，年輕的楊向路過的我熱情地招手，召喚我下場一起玩球。就這樣，情不自禁地一路跟進那有血有肉的女性主義哲思裡。是的，這是一顆楊傳到我手上的足以貫穿身體與公私領域的女性主義思想變化球，適逢台灣商周出版即將發行中譯本的此時，我想藉機把它投給可能也正在路上的你。

二、她為何以「陰性之姿」投球？——理解「陰性氣質」的肉身化現象

正如你眼前這本書所揭示的，這是一本專注在「女體經驗」的政治哲學理論書，也是楊作為一位長期關注性別運動與社會正義的學者如何將女性主義理論與實踐進一步肉身化逾二十五年的個人沉思錄。引發楊開展這場有趣的思考與論述活動的開端，正是那個被你我習以為常因而不再發問的日常現象：關於一個小女孩投球時為何會有特殊的「身體姿勢」，以及這個身體所置位的「處境特殊性」究竟應該如何解讀才算公允。換言之，這是一本從（陰性的）特殊性出發，進而質疑（陽性的）普同性的全面支配正當性，並企圖通過「肉身化」哲學思考將「陰性處境」進一步理論化與知識化的思想集。

在既成的社會規訓裡，小女孩總是被教導該去玩洋娃娃，而不是上球場去玩球。她們的身體基本上是不該出現在球場上的。然而，如果她們開始興起上場玩球，多半會在男孩遊戲規則下遭受不公平的評價。她們被解釋為不是比男孩玩得差，就是不懂得如何「用力在該用力的地方」。確實這樣，她們丟球的時候身體不夠伸展，不懂得如何運用肌肉，看起來總是

「不夠符合（男孩的）標準」、「不夠有力量」，並「常有所保留地」沒有使盡全身的力氣。不只在球場上，女孩們在日常生活中也習慣性地穿拘謹的衣服讓身體伸展不開，習慣性地留守在固定居所讓身體變得蒼白脆弱，習慣性地保持低能量生活不敢讓身體變得強壯而有力。

女孩們總是遲疑地，卻步地，不敢在行動中真正使用她的身體，彷彿這個「有血有肉的身體」從來就不是「她自己的」。這個「女孩丟球的特殊姿勢」經常被父權社會命名為「具有陰性氣質的身體」。楊用一種存在現象學式（existential phenomenology）的方法來探索這個小女孩丟球時被賦予的性別編碼和解釋以重新勾勒出這個充滿問題的「陰性身體」之「生成」（becoming）過程。並且，她企圖在本體論、認識論和知識論上重新編織不同的知識視野以重建這個充滿權力刻痕卻又被遺棄的「女體」，使她復活。

三、以「女體」為主題展開：重新編織肉身化的知識紋路

毫無疑問地，「女體經驗」在楊這本書中不但是現象觀察起點，被視為生命存有的物質基礎，也是認知活動重要的意義生產過程。「球場」顯然是重要的空間隱喻，它象徵著傳統被男性掌控的知識場域，也是陽性氣質（masculinity）普遍擁有正當性和支配性的社會與日

常生活領域。當女孩的身體不被期待地出現在「那裡」，又以一種不被理解的「陰性氣質」存在時，她亟需為她「為何存在於『那裡』又不被理解的『陰性身體』」做出一個本體論式的辯護，甚至為其延伸出來的「發言位置」與「自我認知」在認識論和知識論層次上進行存有正當性的深度闡述。

受到蘊含解放承諾的歐陸存在哲學洗禮，楊廣泛地引用了許多自海德格（Martin Heidegger）以降的德國現象學傳統，沙特（Jean-Paul Sartre）以降的法國存在主義觀點與論證，傅柯以降的知識權力說及身體規訓理論。更重要的是，她回頭承接自波娃（Simone de Beauvoir）以降為「陰性氣質」辯護最力的法國女性主義知識遺產，諸如精神分析、新文本／脈絡政治分析，以及主體性理論等等。尤其是莫伊修正波娃提出的「身體處境」論以及修正龐蒂的「身體存在現象學」後走出來的活生生的身體，更是她在本書中主要論證的核心概念。

一般而言，結構主義式的社會學分析比較關心特殊的「陰性身體」是如何被社會制度和權力安排所形塑的，也就是所謂的「性別社會化」過程所造就為性別編碼的身體與行為。換言之，結構主義式分析關心的比較是造成陰性身體的「社會壓迫結構」（早期曾被統稱為「父權結構」）。但是在這種認識論導引下所出現的女性主義理論工作多半聚焦在找尋壓迫女體的凶手，或者收集女體何以被壓迫的證據而已。然而「女體」在被解碼分析之後，也被丟棄。

相較於美國主流的性別角色或性別結構研究，楊的問題意識比較重視「性別處境」，尤其是在特定處境中行動者如何進行選擇的「主體性」與「能動性」的探索。換言之，她被歐陸思想洗禮過的理論視野將性別研究焦點轉向針對「陰性身體『生成』過程」的觀察，進而分析「女體」所置位的「特殊處境」到底是由什麼樣權力結構交織而成的「物質環境」。而探索被框架在特定物質處境中的「行動者」被框限了什麼樣的選擇，以及在行動過程中能有多少「選擇的自由」，正是肉身化哲學既分析又具解放意涵的關鍵之處。也因此，這樣的提問讓那背負權力結構的「女體」能夠一方面被當成某種物質現象來分析父權如何運作，而同時又應該被當成具能動性的主體來探問，以解放處境中各種可能的自由意志。

四、說「男性凝視」太沉重：深入探索行動者的主體欲望與選擇自由

八〇年代以後的建構主義式（construction/constructuration）的提問越來越成熟，所以強調行動主體如何運行或重建社會結構在理解上並不困難。但是，如果我們繼續提問下去，

問題就來了。比如說，女孩如果丟球丟不好，她可以通過不斷練習而變得更好，然而，到底是什麼原因使她「選擇」繼續保持這樣「無力的」身體表現呢？這樣的提問則將我們帶進關於行動者更內在的思考活動了，那就是「主體欲望」。她的欲望框限了她往什麼樣的位置移動，將自己的身體置位於何種處境，甚至因此而能夠「看見」什麼樣的「選擇」，以及如何選擇等相關問題。也就是這樣深入的探問，楊進一步把傅柯的知識／權力分析，拉岡（Jacques Lacan）的精神分析及主體性理論中更牽涉到「內在自我」那深沉複雜的理論提問，帶進行動者選擇意志的探索。

而欲望的存在與其展現的文化形式無非是一個更加深沉的問題。在精神分析和文化主體理論導引下，楊繼續針對這難解的「女體欲望」進行認知層面上的探問：小女孩自己到底如何去理解自己這個「移動過程中的身體與動作」呢？她如何認知她自己？她是不是知道這樣呈現無力就會有（男）人來幫她？她是否正在為那從小就被規訓以致如影隨形的「看不見的眼睛」而進行表演呢？如果是的話，她的身體表演是否只是在習慣性地取悅這隱藏的「男性凝視」？她一生中可能擺脫這道「男性目光」嗎？抑或是，她不過是表演給那個「分裂的自己」觀看呢？她曾經或因此能夠自我滿足嗎？又以如何的形式存在呢？

狀似提問也狀似邀請地，楊將「陰性氣質身體」解碼工作推向球場上的女孩，這個處境中的「行動者」、「行動中的身體」及其「行動欲望」的所有可能的主體敘述。而楊對女體欲望和凝視權力的進一步探問，期待跨越傳統性別研究受結構主義制約的認識論及知識論障礙。換言之，由於傳統結構主義式的性別解碼常直接將女性身體視為「父權體制的承載者」，一種權力運作的場域或道具，因而容易將陰性身體的特殊性直接推論成「父權體制壓迫的結果」。然而，楊試圖加入不一樣的知識，通過上述多層次問題群組去探索更多解放女體詮釋的可能性空間。如此一來，我們才能讓「女體」得以從被動觀看的靜態符碼解讀轉向更為積極製造行動與意義的「主體」，並得以在思考過程中用一種「主題的」英姿被展開。

重新編織肉身化的知識紋路因此成為有能力充分解釋陰性身體姿勢的可能出路。這個出路便是針對現象進行多元化又多層次的意義探問，解放方法論的批判多元主義。如此一來，我們意識到處理關乎行動者時，必須深入關照主體的感受與欲望、歷史的條件、他人目光、社會分工安排、社會與文化權力的操弄等多面向的因素如何交匯建構，然後才能找到一種經過批判整合又貼近身體、有關連性又具有能動性的「詮釋」。

五、聚焦「主體性」的探索：走出身心／主客二元對立的第三條路

事實上，女體在文化解碼與社會分析之後被遺棄，跟西方哲學與政治思想史中長期以來的身心二元對立論有密切關聯。一般而言，西方哲學、思想史與社會理論傳統往往相當忽視或極端壓抑「肉身化」對思想、行為與感受的重要性，而啟蒙主義運動之後更加完全地奠定了身心二分的基本論述語境。

以啟蒙運動中最具代表性的哲學家笛卡兒（René Descartes）所提出的啟蒙論述——「我思故我在」——為例。笛氏不但把身心進行二分，且在他的啟蒙論述裡只留下了一個關鍵性的「思」，認為主體只有通過「思考」這個心靈的活動才能獲得啟蒙以創造文明，「身體」則是完全地被拋諸腦後，被拋置在文明活動之外。不僅如此，能夠擔任思考的主體被假定成「單數而一致的自我」，這個「我」被後來的女性主義批評直指為「不言說而在文明中預設了的『大寫的男性主體』」。而這個代表西方文明和現代性的「大寫的我」搭了「現代化」的便車，大規模向世界各地擴張而成為普世皆準的「人的主體」。

楊在書中一章描述她在鏡前注視自己懷孕身體時，有段生動的描述。她說，一方面覺得自己像個男性那樣審視自己，覺得一個肚皮隆起的懷孕女人好醜，可是卻同時有另一隻眼以

美學之姿看到了與自我身體之間無比親近的新關係。於是她論證，一般女性主義喜歡把女性身體受到壓制概念化為「男性目光」凝視下的「客體化」結果，因為男性凝視過程把女體給「他者化」與「客體化」了。但女人在這樣的體制中成長，接受了這樣的鏡像規訓，她必須一方面意識到男人目光，可另一方面要意識到自己的美學，所以她的主體被迫一定是「分裂的」。這個自我分裂的主體處境無疑地更加接近「女體」所處的真實世界，也是「女性觀點」很重要的辯證之處。

傳統上女體之所以在分析後被遺棄，正是因為她承載了被二元對立所劃界的理論傳統和認識論視野。楊批評波娃《第二性》（*Le Deuxième Sexe*）的啟蒙式論述中，常為了要去說明那個不平等的性別結構，在一一舉證了陰性特質造成的性別處境後，同時將女性特質和陰性處境貶抑為「次等的」，解放因而還得通過「意識覺醒」才能達成。啟蒙以來的女性主義理論大抵繼承了上述明顯身心二元對立論的傳統，偏重以「意識覺醒」（consciousness-raising）為基礎的認同政治。

為了打破對立走出新局，楊進而鼓吹一種重新聚焦「主體性」的女性主義觀點與分析，並提倡肉身化哲學思考以找回那鮮美多汁的「女體」。因此，她呼籲著，如此試圖將女性主義「肉身化」的知識生產需要進一步打破感性與理性、身與心、主體與客體過於二分的知識傳統，重新攪拌與規訓、觀看、權力、欲望等相關的因素，以還原「女體」存有於世界中的血肉面目與脈絡。這正是奠基並圍繞在「女體經驗」這個問題疑旨上的知識創新任務，一種必須重新整合身心對立的新哲學思維，一種亟需重新編織的關照主體生成過程的新公共政治學。

六、找回「活生生的身體與性別」：走出政治思想新地圖

六、七〇年代激情的民權、反戰和反文化運動深深地影響了八〇年代美國學院體制的內涵，許多當年投入運動或被深深影響的批判型學者後來多以「認同政治」為主題展開他們更深入的知識探索。楊便是這類公共型批判知識份子，她不但以社會正義為做學問的主題，而且常常親身參加各種與婦女、勞工以及環保等相關的社會抗議行動，是八〇年代以來轉型正義賽與女性主義公共領域中能夠拋出議題的重要女投手之一。

這一意圖超越左右、邁向深度民主化及實踐轉型正義的走向，正是被後世稱為「第三波」改革浪潮的特徵。楊在反省這些認同政治留下來的歷史遺產時，會將自己的知識計畫從意識啟蒙轉向「身體」與「主體性」的提問，有很大的因素是八〇年代裡廣泛的認同運動和

女性主義運動遭遇了前所未有的困境。這個困境就是，整個八〇年代是歐美新保守政權統治的年代，六〇年代以來基進的民權論述、市民社會與複雜的文化認同內容被新的技術官僚簡化為一個個形式標籤，使深度民主化計畫和轉型正義之實踐被「數量化的分配模型」所支配主導，因而變得相當形式和表面。正如她一開始就明言的，「『身體經驗』是本書書名的另一個關鍵詞。這些論文並不把身體視為觀察、研究或解釋的客體或事物。事實上，這些論文旨在描述以血肉之軀活著、感受著的主體性與女人經驗」。她的理論計畫正是為了在這已被僵化了的兩黨政治對立以及社會正義相當形式化的分配結構中，讓行動者重新恢復能動性，讓市民社會從官僚治理體制中復活，讓陰性身體得以重獲行動能量，以恢復性別政治的提問能力。

因此，楊在這本從「女體經驗」出發並重新編織知識體系的新思路中，不止「重新問題化」了女孩投球的陰性肉身，也企圖問題化「懷孕的身體」、「穿胸罩的身體」、「衣服與身體」、「被觀看又能哺育的乳房」、「月經周期中的身體」，進而追問包容這些身體的更大的「體制」現象，包括那「被家居／拘留的陰性身體」以及保障年老女人身體的「社會福利『體』系」等等重要的公共政治議題。她的提問方式，讓民間社會的正義問題不只是分配，而是更具體地看到是哪些「活生生的身體」在被國家和官僚體制分類、分配與安置。

事實上，八〇年代由於解構主義和後現代主義的衝擊，女性主義理論範型已經出現很明顯的轉型。主要就是理論化被賦予了新的政治目標，那就是更能表達出重視「主體性」（subjectivity）與「立足點」（standpoint）之普遍結構的問題意識，以及更關照大多數人的日常生活實踐的理論化。綜合言之：一、擴大了過去認為公共政治領域運行的場域，讓市民身分（citizenship）和日常生活（everyday life）都可以進一步被理論化為性別政治運作的地方，因而也成為除了國會殿堂之外值得深入研究的權力運行場域。二、對六〇年代以來的認同政治進一步在政治上理論化。主要就是將市民社會中的「非政府組織」、「公民自願性團體」與「市民社區」都嚴肅地視為政治行為者，是政治體制中具能動性的「活生生的身體」，因之團體政治（group politics）和社區政治（community politics）都紛紛成為政治學中重要的理論化對象。三、深化女性主義運動中「個人即政治」的關懷，把被矮化的個人私領域和被部落化的小團體中運作權力的特殊性跟公領域中的普同性重新整合起來，重新進行批判性連結，因而「政治主體性」（political subjectivity）和「政治主體化過程」（political subjectification）成為新理論計畫中重要的課題。

七、一首首由女體開唱的新正義交響樂

因而在八〇年代後，楊的政治哲學與女性主義知識計畫相當明顯地轉向「活生生的身體」之範疇，著重關乎「弱勢者的身體處境」、「政治主體性」、「差異政治」、「日常生活空間」等的政治理論建構。楊的肉身化政治哲學一路走來，不但進一步政治化「女體經驗」，且將之運用在保障弱勢者身體的各種政治與社會制度的再思上，如「社會福利」與「社會正義」的再思。甚至，她晚期也著書討論全球化年代中的新民主計畫，提出以關注他者（other）的「差異政治」（politics of difference）和「接納式民主」（inclusive democracy）為基礎的新共同體想像，非常啟迪人心。

近年來她的正義啟迪早已越界至歐洲、南非甚至亞洲等曾經歷劇烈民主轉型的世界各角落。本書論述出發點從深化並問題化陰性氣質的「特殊性身體」來介入民主正義與公共性這些「普世性價值」，用一種特異的「陰性姿勢」來重新闡述普遍性與特殊性的關聯，以尋找與重建認同與正義的「身體」。正當台灣關切討論轉型民主與轉型正義的此時此刻，這本書來得正是時候，尤其值得那些關心小主體欲望的存有與解放、公民認同的多元發展，以及第三波民主改革內容與新興社會運動之未來的有心人深讀。

雖然楊去年終因不抵食道癌的折磨而英年早逝，但她所啟動的正義思潮和創新政治語言都將永遠銘刻在民主改革者的心底。我這篇短短篇幅的介紹實在是無法道盡她那鮮美多汁的豐富思想的。那麼，就把我這篇簡單的序言當成參加搖滾音樂季或棒球賽前的熱身。準備好了嗎？接下來是一首首由女體帶動開唱的新正義交響樂。

本文作者為美國加州大學洛杉磯分校城市規劃系博士候選人

專文推薦

把活生生的女體找回來

◎陳美華

透納（Bryan Turner）在一九八四年出版了《身體與社會》（*The Body and Society*）[1]這本書之後，社會學界興起了一陣「把身體找回來」[2]的學術浪潮。面對身／心對立的強大傳統，「把身體找回來」這種充滿改革與政治允諾的激情呼籲，固然揭開了九〇年代以來身體社會學研究的序幕，卻輕忽了女性主義者長期來在這個領域的經營與貢獻。

六〇年代末，波士頓的草根婦女組織有鑑於男權主導的醫療體系總是無法適當地提供

---

1 Bryan S. Turner, 1996, *The Body and Society*, 2nd edition, London, Thousand Oaks and New Delhi: Sage Press.

2 Arthur W. Frank, 1990, 'Bringing Bodies Back in: A Decade Review,' *Theory, Culture and Society*, 7(1): 131-162.

關於婦女健康照護的資訊與服務，轉而自行撰寫《我們的身體，我們自己》（*Our Bodies, Our Selves*）這部女性主義經典名著。這部集體創作，描繪了女人從初經、受孕、停經所經歷的生理過程，以及作者群的母親與祖母們所不敢訴說的諸多身體經驗（如墮胎、高潮等）。其次，女體在性別階層嚴明的社會中，也一直是女性主義書寫的主題。這類身體書寫的範圍，最早是以父權體制這個無所不包的籠統分析工具來討論女體如何系統性地淪為男性凝視、挪用的性客體；而常見的分析主題則集中於強暴、色情、賣淫、性騷擾與女體商品化等現象。[3]再者，延續早期婦女與健康議題，討論女體如何在醫療體系中被他者化，進而參與權力協商的過程。這類的研究遍及懷孕、生產的醫療化、美容手術、人工生殖科技以及因應愛滋病危機而衍生的安全性行為的討論等等。[4]

就理論層次而言，七〇年代初以來，女性主義者即挑戰長期來將男／女分置於公／私領

3 這類作品可參見 Kate Millett, 1970, Sexual Politics, London: Virago Press；Catharine A. MacKinnon, 1989, *Toward a Feminist Theory of the State*, Cambridge, Massachusetts: Harvard University Press。

4 這部分的文獻相當多，戴維斯（Kathy Davis）在《肉身化的實踐》（*Embodied Practices*）一書的序言中詳細地整理了當前社會學與性別研究學界在身體理論上的成果，請參閱 Kathy Davis, 1997, 'Embodying Theory: Beyond Modernist and Postmodernist Reading of the Body' in Kathy Davis ed., *Embodied Practices: Feminist Perspectives on the Body*, London: Sage Press。

域，並將女人化約為身體、男人則隸屬於文化範疇這種身／心、自然／文化的二元對立。迄至八〇年代，盛極一時的性／別辯論（sex/gender debate）側重於建立性別作為文化範疇，而未能辨識生理性別其實也是社會建構而來的。從而，早期的討論，陷於女性具生殖功能的身體究竟是女性壓迫的來源，抑或應珍視女人特殊身體差異的討論。生理性別與社會性別的關係，往往被理解為是社會性別強加在「自然的」生理事實之上。部分法國女性主義者固然論及，兩性生理差異是社會建構的，而這種差異的建構目的無非在於維繫、鞏固性別階層，但是這些論點並沒有受到應有的重視。[5]因而，有很長一段時間，女性主義者在拒斥生物決定論，致力於建構性別理論的同時，也一併輕忽了理論化身體的問題，深怕一碰到身體就會掉入生物決定論的泥淖。因而，女性主義書寫遍及各種女體經驗，但身體和性／別的關係卻始終處於低度理論化的狀態。一直到九〇年代，部分女性主義者援引後結構主義作為分析工具，身體不再被視為被動承受文化銘刻的產物，而被視為從事性／別展演的場域。巴特勒（Judith Butler）無疑是其中的代表人物，她致力於拆解性／別／欲望（sex/gender/desire）三位一體的連續性，並強調性別認同是人為的假相，性別充其量是肉體風格一再重複所形成

5 請見 Christine Delphy, 1993, 'Rethinking Sex and Gender,' *Women's Studies International Forum*, 16(1): 1-9。

的結果，基進的、顛覆的性別操演必須阻斷這種連續性。[6]她的《重要的身體》（*Bodies That Matter*）[7]更進一步將性別從肉體操演轉為語言上的操演，意即藉由指稱「這是個女孩」來形構女孩在世界中的性別身分。至此，性別從早期被視為男人壓迫女人的物質結構，被轉化為論述建構（discursive construction）的結果，而身體則從給定的生物事實，變成在時間積累下為了符合異性戀常規性而一再操演的性別化的身體（sexed body）。

從這樣的脈絡來看，楊從活生生的身體來談女體經驗益發顯得重要。活生生的身體是在特定社會脈絡中移動、經驗世界的肉體，同時，這個身體是情境中的身體（body-in-situation）[8]，每個人的身體都有其各自的物質性（例如年齡、高矮、健康、種族、性別、性傾向等），而這些都會影響個體和其周遭環境的關係。她以活生生的身體取代先前性／別辯論中，身體被二元化為兩性生理性別，而忽略了人們複雜的身體經驗（包括具體可辨的肉身的行走與移動、感官的經驗以及身體知覺到的那一切）必須放在人和外在事物以及人和人互動的特定社會脈絡中來理解。藉由將身體置落在交織著年齡、性／別、種族、階級、性傾向

6 Judith Butler, 1990, *Gender Trouble*, London: Routledge Press.
7 Judith Butler, 1993, *Bodies That Matter: On the Discursive Limits of Sex*, London: Routledge Press.
8 本書譯者譯為「處境中的身體」。

等的社會關係中來討論，人們的身體經驗因而不是從生理性別這個軸線一刀切開，形成兩種截然不同的肉身經驗，而是複雜社會脈絡下的產物；這樣一來，也使得她可以突破女性主義對身體的書寫若非趨於受害者化，就是賦予它過高能動性的問題。例如，即便月經是女人特有的身體經驗，但月經的肉身經驗也是複數的，深受女人所處的社會脈絡與物質條件（如在家或在公共空間）影響。

不同於酷兒理論家，楊在摒斥二元生理性別的同時，並未輕忽性別這個社會結構。她認為在性別分工、異性戀常規性、性別化的權力階層仍清晰可見之際，女性主義顯然不能輕易揚棄性別這個足以概念化結構性壓迫的範疇——畢竟，女人的身體經驗很大程度仍受到性別體制的影響。〈像女孩那樣丟球〉是討論性別肉身性（gendered embodiment）的經典教材。她剖析西方文明對於女性特質的建構，使得女孩無法以自由、開放的方式迎向外在世界。她以丟、接球為例指出，在一個需要身體全面性投入的動作中，女孩往往因為受傷的恐懼而未能全身投入，也沒有開展四肢主動接球，而是被動地站在原地，等著球投向她。這種投、接球模式，和女孩向來缺乏訓練並習於將自己置於客體的位置有密切的關係。這篇文章中，女性的肉身性似乎是受害的、客體化的壓迫經驗，但在接下來的章節中，她以和女人日常生活習習相關的身體經驗（懷孕、衣飾、乳房、月經、家事工作以及老年人和家的關係）為題材來理論化肉身性時，則進一步觸及正面、歡愉的身體經驗。

在這些章節中，她以敏銳的觀察力，輔以自己的身體經驗來理論化女性肉身性，對女體經驗的洞察相當有助於我們重新思考日常的女體經驗。在她筆下，女體因性別體制而遺留下來的痕跡清晰可認，她提及有月經的女人在去肉身化（disembodied）的職場與教育環境中要克服時間、空間的限制「藏好月經」；在男性凝視下，女人得執行力求乳房堅實挺拔這種違反重力原則的不可能任務。但她同時也寫出了，女人在給定的社會脈絡中（尤指西方資本主義社會）如何在這些被刻記、汙名化的身體論述中進行翻轉的主體能量，並賦予這些身體經驗一些新的社會意義。她描繪自己在穿衣鏡前似乎是透過男性凝視來觀視自己，但除了這種被凝視的經驗，她也寫到自己的身體與厚重的毛衣之間的親密接觸，以及衣物如何成為女人彼此間建立姊妹情誼的社會過程。我想很多女性讀者讀到這些段落，大都會想起姊妹淘一起逛街血拼的情景而會心一笑。第七章寫女人和家事的關係讀來令人動容。自傳式的寫作方式，緩緩揭露她那位擁有碩士學位的母親在家從事編輯工作，並將親子關係的經營放在看書、唱歌、遊戲、畫畫之上，而不是埋首整理環境，讓家裡一塵不染。當時還是小孩的楊，和六〇年代絕大多數的美國人一樣覺得她母親不稱職，讓她覺得「很丟臉」。她母親無法面對丈夫驟逝的事實，因飲酒而「忽視」三個小孩的照養責任，而當時只有十一歲的楊則扮演證人的角色，對警方說明母親有多麼不盡責。母親因而被送入監獄，而她和弟妹則由社會部門予以安置。一直到一九七八年她才瞭解，「不做家事」是母親消極抵抗的方式。

除卻那些艱澀難懂的哲學語彙，閱讀本書的過程更多的是複雜的情緒經驗，因為它不斷地引領筆者反思自身的身體經驗——想到自己不穿胸罩，卻為朋友帶來「眼睛不知道該擺在哪裡才好」的「困擾」；想到好友懷孕期間，自己經常因為看著某些和她半生不熟的朋友，伸手摸她圓滾滾的肚皮的舉止而感到非常驚訝；聽著年輕女學生抱怨經痛痛到打滾；而身手矯健的朋友則妖裡妖氣地描述如何弓起身體、十指並用達致高潮……。身體是個人的，卻也是社會的。可以預期，讀者也可以在書中看見自己的身體經驗，不論是正面的還是負面的，愉悅的還是令人嫌惡的，大多數人基於社會禮儀或政治正確的理由都鮮少談論這樣的肉身經驗，現在，藉著閱讀這本書，我們可以把自己活生生的身體找回來。

本文作者為國立中山大學社會學系教授

專文推薦

女性主義與現象學的握合

◎劉亞蘭

二〇〇六年暑假我從網路得知：美國著名的女性主義學者楊和癌症搏鬥了十八個月之後，在八月一日因食道癌過世。一看到這消息，我感到些許震驚，可能我認為她的姓氏似乎是永保青春活力的象徵，不會跟死亡發生關連；但更主要的原因是，對於一個充滿活動力和戰鬥力的學者來說，五十七歲不應該是一個結束點。楊除了熱中婦女人權及弱勢工作者的人權問題外，她在學術界的地位亦讓人尊敬。在美國女性主義理論陣營裡，算是一位重量級學者的她，去世前是芝加哥大學法學院政治學教授，研究領域涵蓋當代政治理論和女性主義社會理論。主要的著作包括：著名的《正義與差異政治》（1990），以及《交叉的聲音：

性別、政治哲學與政策的難題》（*Intersecting Voices: Dilemmas of Gender, Political Philosophy, and Policy*, 1997）、《涵容與民主》（2000）與這本將《像女孩那樣丟球與其他女性主義哲學及女性身體經驗論文集》（*Throwing Like a Girl and Other Essays in Feminist Philosophy and Female Body Experience*, 1990）擴充增幅後的《像女孩那樣丟球：論女性身體經驗》（2005）等著作。

《像女孩那樣丟球：論女性身體經驗》收錄了楊從一九七七年到二〇〇四年之間的部分文章。這些文章的共同特色是：關注女體經驗。其中收錄的〈像女孩那樣丟球〉（本書第二章）算是楊最有名的一篇文章，此文可說是美國現象學界最早將法國現象學家梅洛龐帝（Maurice Merleau-Ponty）的現象學理論運用在女性主義範疇的文章之一。這篇文章同時補足當時的兩種匱乏。一是補足了英美女性主義研究裡有關「身體經驗」的論述：在一般所熟知的英美傳統的女性主義論述裡，常常強調的是與政治權利平等相關的論述（例如從沃斯頓考夫特〔Mary Wollstonecraft〕到歐金〔Susan Okin〕），或者當焦點放在女性身體的討論時，強調的多半是對父權社會的控訴（例如法爾史東〔Shulamith Firestone〕）。雖然瑞奇（Adrienne Rich）的著作是少見的例外——她的懷孕生產日記細細述說著女性身體的微妙感受，可是即便如此，對女性身體深入的存在分析仍有所欠缺。楊的〈像女孩那樣丟球〉開始有系統地運用梅洛龐帝的身體現象學，分析女性身體的意向性（intentionality），提供女性主義理論一個較有系統的身體論述。而這又同時說明了這篇文章所補足的第二個匱乏：補足過去現象學研究裡的「性別盲」。

以往現象學常常被認為是對女性主義不夠友善的理論，例如，費雪（Linda Fisher）曾在《女性主義者的現象學》（*Feminist Phenomenology*）一書裡提出，現象學常被認為帶有「男性偏見」和「本質論」的印象，這使得不少女性主義研究者對現象學興趣缺缺。而楊的〈像女孩那樣丟球〉對梅洛龐帝的身體現象學的研究，一方面開啟了這兩個研究領域溝通的可能性，同時楊也藉由對女性身體意向性的研究，指出梅洛龐帝有關身體意向性的限制／其他可能性。例如：梅洛龐帝曾用「運動性」（motility）[1]來定位「意向性」，而這個運動性指的就是，當世界向我開放時，身體的「我能」（I can）亦迎向世界的狀態。然而，女性的身體通常不是這種充滿自信的「我能」。根據楊的分析，女性在社會的期待與壓力下，身體容易有所壓抑或內縮，楊便把這樣的女性身體存在稱之為「抑制的意向性」，這樣的意向性一方面包含著朝向世界的「我能」，但另一方面卻對於這原本可完全投入世界的身體有所抑制，而在自己身上強加「我不能」（I cannot）。

1 本書譯者譯為「活動力」。

楊的這篇文章引發了許多討論與爭議。我們該如何評價楊把梅洛龐帝現象學運用在女性身體經驗的這個嘗試呢？事實上，楊自己在一九九八年，也就是〈像女孩那樣丟球〉第一次發表之後的二十年，又發表一篇〈〈像女孩那樣丟球〉：二十年之後〉（Throwing Like a Girl—Twenty Years Later）[2]的短文，大致反省了〈像女孩那樣丟球〉經歷二十年之後在女性主義論述裡的限制。楊認為〈像女孩那樣丟球〉有兩個主要的限制：一是在描述女性身體活動時，未加批判地接受了波娃對外在（transcendence）與內在（immanence）[3]之間的二分；二是未加批判地把男性的身體活動當作是普遍而理想的身體活動，進而把女性身體建構成是一個負面的（因為不夠男性）身體形象。為了彌補這些困難，楊認為〈懷孕的肉身化：主體性與異化〉（本書第三章）和〈房子與家：女性主義主題變奏曲〉（本書第七章）這兩篇文章正好代表對這些限制的反思。〈懷孕的肉身化：主體性與異化〉試圖說明：女性身體實際上是一個無法用外在／內在二分來加以界定的曖昧流動的身體存在；而〈房子與家：女性主義主題變奏曲〉則試圖說明：某些家務工作其實具有特定的時間和歷史面向，因此不只是內耗的家務工作，同時也會指向外在的意義和價值，並非如波娃所批評的，家務工作全然只是無

2 該文收錄在 Donn Welton, ed., *Body and Flesh: A Philosophical Reader*, Malden, Mass.: Blackwell Publishers, 1998, pp. 286-290。

3 本書譯者將這兩個名詞譯為「超越性」與「內宥性」。

聊、內耗女性生命經驗的工作。事實上，楊在這本書裡所收錄的其他文章，都可以當作是對〈像女孩那樣丟球〉一文進一步的補充和反省。但同時我們也可以把《像女孩那樣丟球：論女性身體經驗》這本書當作是對梅洛龐帝的存在現象學的批判性延伸，因為它的內容不但大大擴展到一名男性現象學家所無法感知的身體經驗，例如懷孕、月經、身體活動、家事經驗，同時也是對梅洛龐帝現象學的批判，因為「我能」的身體意向性，代表的不是普遍、放諸四海皆準的身體操作，它充其量只描述西方中產階級男性文化的身體意向性。

本書所收錄的〈月經冥想〉這篇文章裡，有一個值得觀察的重點是楊對波娃態度上的改變。楊一改過去對波娃的批判火力（因為楊認為波娃太貶抑女性身體），而注意到波娃《第二性》裡對月經的「細緻深度與溫柔」，這與晚近學界對波娃《第二性》的新詮釋正好不謀而合。以往的評論家多半以為波娃在《第二性》裡常常譴責女性，從而加深了女性的負面形象。近年來，克魯克斯（Sonia Kruks）、海納瑪（Sara Heinamaa）等學者紛紛正視《第二性》裡的現象學意涵（運用的正好是梅洛龐帝的身體現象學），從胡塞爾（Edmund Husserl）晚年的身體概念去詮釋波娃的《第二性》，結果發現這樣的詮釋閱讀使《第二性》更具深度和可讀性，並認定它是一本道地的現象學著作（因為那些看似譴責女性的語句，其實是一種「現象學」式的描述），進而扭轉《第二性》「只是」一本「給女人讀的書」、而不是一本哲學著作的刻板印象。

另一方面，楊的女性主義理論，不但與現象學研究相關，也離不開美國政治哲學的脈絡。楊強烈批評自由主義的哲學傳統，她認為自由主義所預設的平等、抽象的個體，忽略了個體之間的差異，而這將導致「女性」被視為是一個普遍不變的概念。面對這個「普遍 VS. 差異」的爭議，楊採取的方式也非常的「現象學」：因為她既反對把「女性」當作是一個普遍的概念，也不贊成「女性」只是女性主義政治活動下的自我認同團體。在此她發展沙特在《辯證理性批判》（*Critique of Dialectical Reason*）裡的「序列」（seriality）概念，表明一種「匿名的」（anonymous）他者：也就是說，作為「序列」裡的成員之間並非有意識地彼此認同、聚集，而是一種像物質般的存在。而「女人序列」作為物質般存在的那個「物質」，便是女性身體：乳房、陰道、陰蒂等等。但是楊特別強調，這些物質不只是物質，更包括這些物質所產生的各種實踐、意義和可能性。然後，在這個匿名的關係中，一個女人可以內化父權社會裡柔順的角色，也可以把異性戀的女性角色只當作是一種達到自己目的的工具，或者可以乾脆拒絕這樣的異性戀互動，和別的女人相愛等等。楊認為透過「序列」概念仍可以把「女人」視為一種社會關連的團體，而又不至於因此陷入本質論的危機裡。

楊在現象學領域以及美國政治哲學脈絡中，皆有其重要性。《像女孩那樣丟球：論女性身體經驗》是台灣第一本翻譯楊專書的譯作。我認為這本書的出版，在台灣具有一些指標性的意義。在台灣，現象學研究（特別是梅洛龐帝研究）很少觸及女性主義研究的相關議題，而台灣的女性主義研究似乎也不太重視現象學這塊論述區域。近年來美國現象學的發展，已經開始注意到女性主義這塊缺口，並已啟動相互對話溝通的可能；另一方面，美國的女性主義研究也一直對梅洛龐帝現象學保持好感，並藉由梅洛龐帝而廣泛瞭解並運用現象學去擴展女性主義研究。如今，楊《像女孩那樣丟球：論女性身體經驗》中文版的問世，期盼能讓台灣不同的學術領域研究，展開更多的互動、瞭解的各種可能。

寫於淡水真理大學

二〇〇六年十一月三十日

本文作者為真理大學人文與資訊學系副教授

致謝

此書所有論文，除了一篇之外，之前全都發表過，我謹向原載這些論文的期刊及書籍的編輯致謝：

〈像女孩那樣丟球：陰性身體舉止、活動力與空間性的現象學〉（Throwing Like a Girl: A Phenomenology of Feminine Body Comportment, Motility, and Spatiality），原載 *Human Studies* 3 (1980): 137-56，經 Kluwer Academic Publishers 許可收入本書。

〈懷孕的肉身化：主體性與異化〉（Pregnant Embodiment: Subjectivity and Aliena-tion），原載 *Journal of Medicine and Philosophy* 9.1 (January 1984): 45-62。經 Martin Scrivener 許可收入本書。

〈找回服裝的女人〉（Women Recovering Our Clothes）之較短的版本，原載 *Post-modernism and Continental Philosophy*, ed. Hugh Silverman and Donn Welton (Albany: State University of New York Press, 1988), 144-52，經許可收入本書。本文前面出現的國際羊毛局（The Woolmark Company）廣告，翻印自 *Self* (Fall 1985), Oxford University Press。

〈乳房經驗：外觀與感覺〉（Breasted Experience: The Look and the Feeling）之較短的版本，收於 *Medicine and Lived Body*, ed. Drew Leder and Mary Rawlinson (D. Reidel/Kluwer Academic Publishers, 1990)；經許可收入本書。

以上四篇文章都收於 Iris Marion Young, *Throwing Like a Girl and Other Essays in Feminist Philosophy and Female Body Experience* (Bloomington: Indiana University Press, 1990)。

〈房子與家：女性主義主題變奏曲〉（House and Home: Feminist Variations on a Theme）原載 Iris Marion Young, *Intersecting Voices: Dilemmas of Gender, Political Philosophy and Policy* (Princeton, N.J.: Princeton University Press, 1997)；經許可收入本書。

〈自己的房間：老年、延展照顧與隱私權〉（A Room of One' s Own: Old Age, Extended Care, and Privacy）的原始版本載於 *Privacies: Philosophical Evaluations*, ed. Beate Roessler (Stanford, Calif.: Stanford University Press, 2004)，此處乃修改版；經許可收入本書。

〈活生生的身體與性別：對社會結構與主體性的反思〉（Lived Body vs. Gender: Reflections

on Social Structure and Subjectivity）原載 *Ratio: An International Journal of Analytic Philosophy* 15.4 (December 2002): 410-28，經 Blackwell Publishing 許可收入本書。

我很感謝柯采新（Cheshire Calhoun）鼓勵我整理這些論文，加上先前尚未發表過的〈月經冥想〉（Menstrual Meditations），集成本系列的一本書。

導論

從一九五〇年代（當時我還是個小女孩，住在紐約）至今，對女人而言，很多事都大有轉變。在許多地方，女人和男人的生活與空間變得沒那麼截然分離，女人更成功扮演起許多角色、出入各種場合，這種種都會讓我祖母大吃一驚。雖然如此，女人的意象仍未擺脫作為「至高他者」（the Other）[1] 的意象，在其表面上反映出人類易毀身體所湧生的幻想與恐懼。就因為這些關於女人的意象及期待，將我們和性、生育、年齡與肉體不對稱地相結合，我們

1 譯注：在拉岡（Jacques Lacan）的精神分析理論中，大寫的 the Other（即至高他者，或稱大寫他者）通常代表一個構成話語的場所，也可指產生主體之結構或組成主體的所在，或最初構成主體及其接受位置之語言及社會關係的不同結構。母親即第一個占據幼兒的「至高他者」位置的人，而當幼兒發現這個「至高他者」也有所匱乏，乃形成閹割情結。而小寫的 the other 則指我們投射欲望的各種對象、物件，即是「他者」。以上參考自 Toril Moi, *Sexual/Textual Politics* (New York: Routledge, 1985)。

的聲音是如此微弱，以致不論對無常現實，或對定位了我們的社會關係，都難以表達自己的觀點。

本書所收的論文，反思了女人日常生活中，活生生的身體（lived body）經驗之不同面向。它們的目的包括純粹的表達：用我希望能喚起認可、甚至些微愉悅的方式，說出那些經常沒被說出來的意義。每篇論文都富含社會批判；它們暴露了世俗之道，在其中，控制身體舉止（comportment）的社會規範及人們對照管身體的需求，不公地限制了女人的行動與機會。這些論文因此採取女性主義立場，表達性／別特定（sex-and-gender-specific）[2]的女性主體性（female subjectivity），也宣告女人並不如我們應得地那般自由。

這些論文含納我對「肉身化」（embodiment）逾二十五年的思考。最早的一篇是寫於一九七七年的〈像女孩那樣丟球〉，最近的一篇則是〈月經冥想〉。當我開始寫女性肉身化的主題時，不論在哲學、女性主義理論或社會學領域，關於此議題的文獻都寥寥無幾。在美國的哲學範疇中，只有存在現象學（existential phenomenology）的學者將身體經驗主題化，

2 譯注：本書中，若作者同時提到性（sex）與性別（gender）時，譯者皆譯為「性／別」，一方面涵蓋 sex 作為性（行為、實踐）及性別的種種概念，一方面凸顯「性別」之「別」的社會強制手段，並藉「／」強調性中有別的差異關係，以及其間的流動跨越，這也符合作者對性／別概念部分出於後現代取徑的思考。

而我首篇作品也正來自存在現象學傳統。然而，這類理論的討論儘管豐富活潑，卻幾乎或根本無涉性差異或性別。就我所知，一心用存在現象學的概念來分析屬於女人的性別特定（gender-specific）經驗的哲學家，只有巴特齊（Sandra Bartky）。

早些年，女性主義理論家雖常引用女人身體的事實與經驗，卻未發展出思考女性肉身化的理論方法。直到一九七〇年代晚期和一九八〇年代早期，美國哲學家才開始注意到導致典範轉移的傅柯（Michael Foucault）權力敘述。之後不久，克莉絲蒂娃（Julia Kristeva）和伊希迦黑（Luce Irigaray）等理論家的著述，讓女性主義學者有了全新且常富爭議性的詞彙，來闡明女人特有的經驗。

在接下來的數十年間，以女性主義觀點反思女性與男性身體經驗的學術文獻，可說百花齊放。重要的女性主義作者使用源於歐陸哲學的方法，探索了肉身化、經驗與意義等議題。這些學者包括貝特斯比（Christine Battersby）、波多（Susan Bordo）、巴特勒（Judith Butler）、克魯克斯（Sonia Kruks）、歐科斯基（Dorothea Olkowski）、魏斯（Gail Weiss），以及女性主義哲學的「澳洲學派」（Australian school），成員如笛普若斯（Rosalind Diprose）、蓋登斯（Moira Gatens）、格羅絲（Elizabeth Grosz）等人。

西方哲學與社會理論傳統，往往忽視或壓抑肉身化對思想、行動與感覺的重要性，女性主義的關懷早該理所當然地引領學者揭露並挑戰此傾向。由於許多女性主義反思都源於社會史事實，即女男身體的差異造成了結構不平等，或成為結構不平等的藉口，因此探究身體地位和可塑性與社會地位的關係，乃成了我們迫在眉睫的要務。婦女研究領域首創以批判社會理論，對社會化的身體做了比較系統化的反思，可說居功厥偉。更甚地，從我在此領域開始耕耘的數十年間，關於肉身化與社會的精彩之作，已廣泛出現在哲學、社會學、文學、傳播與其他學術領域。

我對肉身化經驗的反思，也受益於這些知識浪潮。由於它們變得如此分歧多樣，在此我不想條列或綜合肉身化的理論。我提出這些論文，是作為一組相互重疊的對女性肉身化之社會意義的探究，與其他研究者對話。我也不想因為近來對性別化之主體性或對肉身化的概念、區分與論辯，而修改收於此書的早期論文。本文集無他，乃是呈現一位女性主義批判理論家數十年來、橫跨二十世紀晚期與二十一世紀早期的個人思考軌跡，同時，也可能反映了許多理論家談及性別與性差異主題的演變。在這篇導論接下來的部分，我將稍稍解釋本書書名的主旨，並簡短說明每篇論文的主題。

女性／陰性經驗

在《現象學意義上的女人》（*Phenomenal Woman*）中，貝特斯比區分了「女性」（female）與「陰性」（feminine），將陰性視為另一範疇，想像更多的人類可能性。西方形上學假設了自主的個人主體，以及封閉自身的自我（self-enclosed ego），這自我雖居於身體，但也有別於身體。貝特斯比則提出，對女性身體之存在特質的反思，顛覆了本體論（ontology）大部分的假設——即自我獨立於他人而存在，其理性本質與脆弱身體所受的苦痛折磨有所距離。從女性肉身化、從身體能夠孕育另一個身體的經驗，貝特斯比提議一個不同的哲學架構。她建議，我們該先認知到主體是以血肉之軀活著，且自我與他人間的依賴性是不可避免的。這些又會導致權力不平等，而若人人都該天生被尊重，則這不平等雖無法消弭，也該被認知。[3]

貝特斯比對「陰性」範疇有所疑慮，說得沒那麼明確。就我對此區分的重新建構，「陰性」指涉的是陽剛（masculine）／陰性這個二分法中的一端，而在二分法中，第一個的地位

3 Christine Battersby, *Phenomenal Woman: Feminist Metaphysics and the Patterns of Identity* (New York: Routledge, 1988).

比第二個高，第二個則被部分定義為第一個的負面、缺乏。這個二分法，與諸如心靈／身體、理性／激情、公共／私人、自然科學／人文科學……及其他更多滿載價值判斷的二分法一樣，分享著一致的階層化邏輯，這些二分法推衍應用在私人生活、職場、媒體影像與政治，都發生實際的影響，而上述還只是一些社會性的領域。

既然陰性與女性可相互對照，兩者在符號操作上又邏輯相關，因此我認為陰性也是男性宰制的社會強加給女體的一套常規性的（normative）規訓期待。這些規範依照社會期待，將照顧（care）工作編派給女人，又稱因為照顧工作的特質，使我們不適合其他活動。常規性的陰性，讓被規訓者遠離權力與權威的行使或制定。這套陰性的規訓，最終目的是將肉身化的原始事實予以蒙蔽或次級化，並束縛住流動的肉體，用香水遮蓋肉體器官的氣味，妝扮失去性感光澤的皮膚、嘴唇、眼睛、髮絲，讓身體變得「完美」。

貝特斯比對女性與陰性的區分，與本書書名有所共鳴，也幫助我定位各章節。然而，我對貝特斯比似乎認為此區分所具有的優點有些保留。貝特斯比傾向以此區分建立某種階層化的二分法。在這樣的二分法中，對女性主義理論來說，「女性」這個範疇似乎比「陰性」有用，因為陰性比較順從霸權論述。我認為在性別化的社會經驗中，區分女性及陰性概念，既合理又有用。女性指涉的比較是活生生的身體的物質性，陰性指涉的則比較是性別化的社會慣例。雖然如此，我認為性／別化經驗中的女性與陰性這兩個面向，比起貝特斯比所說的，更為曖昧相干、關係難辨。經驗與社會結構，常常使這兩者的差異難以定論。對陰性意義的思考往往被主流規範貶抑，但我認為此思考有時能為社會批判提供一種基礎。無論如何，不管我們是想將女性還是陰性作為概念的他種可能，兩者都同樣冒著重新嵌入我們亟欲改變的結構的風險。

本書所收的論文，有些偏重思考陰性的限制與可能性，有些則偏重思考以女性身體生活的經驗，這些經驗不可避免，卻也是歷史特定的。舉例來說，〈像女孩那樣丟球〉，便將男性宰制社會中，被社會性地建構的陰性身體舉止之習性，及其與具有這些身體模態（modality）的人之能動性（agency）與力量的關係，予以理論化。〈找回服裝的女人〉和〈房子與家〉，也著重思索傳統上與陰性相關的經驗與價值，以揭露這些經驗與價值所維持的壓迫，並展望其中的解放可能性。

另一方面，〈懷孕的肉身化〉、〈乳房經驗〉與〈月經冥想〉三篇，則較著重女性經驗。我意在探索在世存有（being-in-the-world）中，各種獨特的感覺與模態，而這在世存有，也正是肉身化的種種感覺與模態所締造的。很多女人不曾懷孕生子，但月經與乳房經驗，絕大多數女人的大半生都經歷過。這些具體特性大相逕庭的日常身體經驗，讓大多數女人藉以認知到自己是女人，但說也奇怪，罕有女性主義學者系統性地思考這些經驗。

存在現象學的傳統

「身體經驗」是本書書名的另一個關鍵詞。這些論文並不把身體視為觀察、研究或解釋的客體或事物。事實上，這些論文旨在描述以血肉之軀活著、感受著的主體性與女人經驗。喬爾達斯（Thomas Csordas）指出，近來的哲學與社會理論雖將身體主題化，大多卻常是在分析身體，或分析以身體為文本的言說（discourse）。[4] 例如傅柯，便對主體用以實行在自己身上的規訓言說有所揭露與批判。女性主義與酷兒理論家如巴特勒等人，則延伸了這類關於常規身體之言說的分析。不同種類的例子則像是有些媒體學者，探索身體在電影、電視、流行雜誌中的再現及其互動，並運用解構或精神分析的詮釋方法，來理論化這些影像如何質詢並定位閱聽者。

喬爾達斯指出，視肉身化為「在世存有」的一種模式的批判理論詮釋較少發聲，特別是

4 Thomas J. Csordas, "Embodiment and Cultural Phenomenology," in Perspectives on Embodiment: The Intersections of Nature and Culture, ed. Gail Weiss and Honi Fern Haber (New York: Routledge, 1997), 143-62.

在最近的數十年間。他建議，這兩種理論取徑該互補共存，而不是化約為一。他論道，此種失衡應當修正，產出更多將活生生的肉身化予以理論化的作品。收於本書的論文可說兩者兼顧。它們自由運用文本與言說分析（discourse-analytic）的取徑來談論女性身體與陰性意義，也大量運用道德與政治哲學的規範性論證。不過，這些論文的核心任務主要仍在於透過性／別差異的模態，描述肉身化的在世存有。

就如前文說明的，當我開始書寫女性肉身化時，美國哲學家在此議題可用的首要取徑乃是存在現象學。此處重新收入的早期論文〈像女孩那樣丟球〉，即特別倚重梅洛龐帝（Maurice Merleau-Ponty）和波娃（Simone de Beauvoir）的理論。梅洛龐帝將意識本身肉身化，為現象學傳統踏出革命性的一步，強調構成世界的主體，永遠是一個肉身化的主體。海德格（Martin Heidegger）和沙特（Jean-Paul Sartre）則已遠離胡賽爾式的（Husserlian）對超驗（transcendental）現象之本質的追求，力圖將處境化的在世存有（being-in-the-world as situated）概念化。然而，沒有肉身化的所在與互動，就沒有處境。實際上，活生生的身體永遠與社會和歷史的意義交疊，絕非一種原始事實，可以先於經濟與政治關係或文化意義，或是作為經濟與政治關係或文化意義的根基。波娃視性差異為深刻處境化的在世存有之構成要素，並將之主題化，更深化了此課題。

晚近的法國哲學基於許多理由批判存在現象學，認為存在現象學的意識概念，即使肉身化了，也假定主體是經驗的統整者與源頭。存在現象學對規範的信奉，呈現一種天真的人本主義，不足以覺察到社會的多元性，以及權力與壓迫所能採取的那些出於善意的自由法律與社會批判的形式。在讀了拉岡（Jacques Lacan）、德希達（Jacques Derrida）、克莉絲蒂娃、德勒茲（Gilles Deleuze）、伊希迦黑和布爾迪厄（Pierre Bourdieu）後，我們不可能天真到相信現象學能發現一種先於意識型態與科學的「純粹」肉身化經驗。

本書多數論文，都受益於這些常被稱為後現代的作者，及其對存在現象學傳統之批判。這些批判似乎也說明現象學不能再被視為是一種嚴格的方法，而比較是一種發問的取徑。

值得注意的是，有些與法國後現代論者同一陣營多年的英美哲學家與社會理論家，近年開始對法國現象學家感興趣。他們已研讀了德希達討論甚深的列維納斯（Emmanuel Levinas）[5]的作品。最近，梅洛龐帝哲學也似乎獲得新的注目。更甚地，近來女性主義研究重新評價波娃的存在主義，認為她對女性主義思想貢獻深遠，也有幾位作者認為她的哲學框

5 譯注：德希達於一九六四年寫了一篇一百多頁的〈暴力與形上學：論列維納斯思想〉（Violence and Metaphysics: An Essay on the Thought of Emmanuel Levinas），後收入《書寫與差異》（*L'Ecriture et la Difference*）。

架比較接近梅洛龐帝，而非沙特。[6]

我相信，波娃、梅洛龐帝與其他存在現象學傳統學者持續享有學術關注的原因之一，是因為這套哲學讓主體性的理論化有了獨特取徑。一種存在現象學的取徑，運用與傅柯、巴特勒或布爾迪厄的觀察或詮釋法互補而非複製它們的方法，企圖從構成主體經驗的觀點發話。

梅洛龐帝說，現象學「試著如實直接描述我們的經驗，而不考慮其心理起源，不考慮科學家、歷史學者或社會學家也許能提供的因果解釋」。[7]在梅洛龐帝獨特的理論化中，構成其世界的意識，即是與人類、非人類確實接觸的那個活生生的身體。現象學者的描述性任務，是去顯現「我的經驗在何處相互作用，我的經驗又在何處和他人相互作用，如齒輪般彼此嚙合」的意義。[8]

格羅絲論道，活生生的身體經驗之現象學描述，在參佐更多的精神分析、解構主義及本

6 例如 Toril Moi, *What Is a Woman?: And Other Essays* (New York: Oxford University Press, 1999)、Debra B. Bergoffen, *Philosophy of Simone de Beauvoir: Gendered Phenomenologies, Erotic Generosities* (Albany: State University of New York, 1997) 與 Sonia Kruks, *Retrieving Experiences: Subjectivity and Recognition in Feminist Politics* (Ithaca, N.Y.: Cornell University Press, 2001)。

7 Maurice Merleau-Ponty, *The Phenomenology of Perception*, trans. Colin Smith (New York: Humanities Press, 1962), vii.（譯注：本書所列梅洛龐帝《知覺現象學》引文，中譯主要皆參引自姜志輝譯本〔北京：商務印書館，二〇〇一〕。）

8 Ibid, viii.（譯注：經查應見 xx。）

體論理論後，對女性主義哲學做出了獨特貢獻。她認為將活生生的肉身化予以理論化，能瓦解許多二分法——這些二分法構造出更多抽象思想，例如對私與公、自我與他者、自然與文化的區隔。格羅絲適當地提醒道，把現象學當成是對不受權力與意識型態制約的基礎經驗之描述的危險。因此，她論道：「若未認識到經驗在建構知識上所扮演的形塑功能，女性主義就沒有據以瓦解父權規範的根據。」[9]

同樣地，克魯克斯也提議，活生生的身體經驗之現象學描述，乃是女性主義計畫的重要資源，好從事社會批判與改變。企圖表達肉身化的在世存有的反思探究，能掌握足以促動社會批判與政治組織的某種感受。對活生生的女性與陰性經驗的描述，則能說明為何處境不同的女人可以對彼此的肉身化處境感同身受，同時並保留足夠的模糊空間，好容許各種具體的變異。[10]

9 Elizabeth A. Grosz, *Volatile Bodies: Toward a Corporeal Feminism* (Bloomingron, Ind.: Indiana University Press, 194), 236-248.

10 Sonia Kruks, *Retrieving Experience: Subjectivity and Recognition in Feminist Politics* (Ithaca, N.Y.: Cornell University Press, 2001).

論文的次序與主題

女孩和女人怎樣經由在各種空間的動作與定向（orientation），構築其經驗世界？她們對自己身體，對其曲線、流動與能力，所湧生的矛盾、快感、權力、羞恥、客體化（objectification）及連帶感（solidarity），到底又是什麼？我們所接觸或被接觸的種種人事，又怎樣變成我們的物質支持，或是自我的延伸？女人在性別化的權力與角色結構中，既已站在相對不利的位置，這種屈從（subordination）又是怎麼肉身化？這些問題，就是我在本書著手女性經驗的主旨與主題所要提出的。文章依照主題連貫的合理性來排列，而非依照寫作的日期。

因此，本書的第一篇論文〈活生生的身體與性別〉，其實是最近寫成的文章之一。這篇文章評價了莫伊（Toril Moi）的論辯，她認為女性主義理論得棄絕性別的概念，取代以源自存在現象學的「活生生的身體」之概念。莫伊認為就理論化主體性來說，「活生生的身體」這個概念要比「性別」好用，這點我同意；但我也認為，我們必須保有並重新定位性別這個概念，好將社會結構理論化。我以這篇論文開頭，是因為它是本書最講求方法論、最有系統的一篇。它回顧近二十年來女性主義理論的爭議，並闡釋活生生的身體這個範疇的意義與功能。因此此文對其他篇章所引用的一些概念來說，有如一篇理論導讀。

下一組論文反思女性身體經驗的核心要素：在空間中的動作、懷孕、乳房經驗與月經。正如上述，〈像女孩那樣丟球〉描述的是陰性風格舉止的經驗與壓迫。並非所有女人都必然表現出陰性的活動力（motility）與空間性（spatiality），也就是我所描述的如在受限空間內的動作；有些男人也表現出這種風格，但這樣的人並不多，而且往往要很努力才表現得出來。雖然這篇文章所表達的女性主義感懷，有些已有點過時，我仍收入本書，因為很多老師和學生告訴過我，他們仍在研讀這篇論文，對其產生的討論也很熱烈。

絕非所有女人都會懷孕生子；有些女人積極抗拒育兒的壓力，不管是在特定時候拒絕，或是一輩子都拒絕。我認為，讓育兒成為女人常規的那股力量，也可能奪走選擇生養小孩的女人的主體性經驗。依據主流論述，懷孕是一種偏離軌道的狀況，是為了嬰孩的社會價值，而使懷孕者暫時不便。〈懷孕的肉身化〉對此有不同看法。當我們視懷孕本身就很有價值，認為這不僅是製造寶寶的過程，更是一種獨特而有趣的在世存有方式時，這會帶來什麼？這篇文章主要的靈感，來自克莉絲蒂娃的一些作品，以及一九八〇年代早期婦女健康運動的觀念。

接下來的兩篇論文，將乳房經驗與月經這兩種幾乎所有女人都感受過的女性肉身化層面，予以主題化。女人所經歷的女性肉身化，有歷史性、文化性和個體性的不同。想用一篇論文來釐清這種社會史的特定性，往往因為層次太抽象，以致無法分析實證的差異。我這兩篇論文，試著展現女性身體經驗的普遍意義，以及我們與常規性陽剛體制的遭逢。〈乳房經驗〉以伊希迦黑對兩種本體論的區分為基礎，一種是主流西方中、可如鏡般反射的固體本體論（ontology of solids），一種是她提出的、觸覺的流體本體論（ontology of fluids）。〈月經冥想〉是本書中最晚寫成的一篇，溯及波娃的作品，也有賴一些現代女性主義社會科學家的卓越研究。

最後一組研究衣服、家與老年住居的論文，探索被性別化為陰性的日常生活層面，然而，我論道這其中也隱含可普同的規範性理想。〈找回服裝的女人〉和〈房子與家〉，都運用源於伊希迦黑的方法。文中先描述被父權規範建構的陰性之存在模式，再對學習成為陰性的女人被父權規範所放置的貶抑位置予以反思。接下來，文章翻轉父權評價，提出質疑：陰性他者的位置，能否成為批判主流社會關係的立足點，產生另類的理想？書末的論文〈自己的房間〉，延續我在〈房子與家〉文中開展的社會批判，論道安養院（nursing home）往往不讓老弱民眾擁有自我的一項物質基礎。

這些論文都以女人經驗的核心面向為主題，但我無意說這就是女性身體經驗的決定性說法。我希望它們能與讀者的思考與感覺相互交流，即使它們都很獨特。還有更多主題與問題，值得我們用心描述分析。

第一章

活生生的身體與性別：對社會結構與主體性的反思

莫伊在她那篇詳盡而挑戰性十足的近作〈女人是什麼？〉（What Is a Woman?），論及近年的女性主義與酷兒理論化，已將我們引入性別建構論的末路。[1] 從一九七〇年代，女性主義理論發現性／別區分能同時解放理論與實踐後，後來的女性主義與酷兒批判便持續質疑此區分。女性主義與酷兒理論化近來的解構取徑，更藉著鬆動生物性別（biological sex）與性別認同（gender identity）的範疇，讓我們得以思考一種交錯著各種認同與實踐的多元性。解構主義對性／別區分的挑戰，雖然顯示了性別概念無益於理論化主體性與認同，卻也讓論述逐漸遠離肉身化。見此理論困境，莫伊建議我們完全捨棄性別概念，重新建構源自存在現象學之「活生生的身體」概念，讓它成為性的主體性（sexual subjectivity）之理論化工具，而無落入生物學化約論或性別本質論之弊。

提出女性主義與酷兒理論甚至比解構批判還要深刻地質疑性別概念之有效性的，並非只有莫伊，在我後面的討論中，我將引用其他觀點類似的近年作品。我之所以集中在莫伊，是因為她對我們與性別的麻煩史之分析，做得十分周全，而她的建議——女性主義與酷兒理論應以「活生生的身體」這個概念來做性別範疇做不好的事——也很有吸引力。不過，我也認

1 Toril Moi, "What Is a Woman?" in *What Is a Woman and Other Essays* (Oxford: Oxford University Press, 2001).

為莫伊的論述並不完整。她說性別是個有問題的概念，無法將主體性理論化，這點自然正確；但女性主義與酷兒理論化也有或該有其他面向，是缺少性別概念就無法處理的。回顧莫伊所說的近年女性主義與酷兒理論化，我們發現與社會結構之關係大於與主體性及認同之關係的這些面向，被相對忽略了。對女人及逾越異性戀規範者的壓迫，在整體性的社會過程與結構中無所不在，而這樣的過程與結構，需要用能適當描述主體及其經驗的不同概念來描述。莫伊建議重構「活生生的身體」概念，雖能幫助我們描述主體及其經驗，但要描述社會過程與結構，我們需要重構性別概念。

一、性／別區分

早期女性主義者，挪用在當時還只是一種模糊的心理學上的性／別區分說法——「性」指的是解剖學和生理學，「性別」指的是自我概念與行為——為理論與政治方面帶來很大的貢獻。在當時的理論關鍵時刻，挑戰「生物性即命定」（biology is destiny）的信念，是個重要的女性主義課題。為了讓女人有更寬廣的機會，我們需要能將兩性能力與傾向予以概念化的方法，來讓兩性的行為、脾性與成就脫離生物或自然因素的解釋。性／別區分正符合這個目的。女性主義者當然確定男女的體格與生殖功能有所「不同」，但也反對這些不同與人們該有的機會、該從事的活動有關。這樣的性別規則與期待是社會建構的，也會隨著社會變化。此一早期第二波婦運的女性主義理論化，為女人召喚平等的理想，想望著性別的終結。「雌雄同體」（androgyny）即是許多女性主義者所理論化的理想，在這樣的理想社會狀況中，生物性別不再影響個人生命展望，或人們對待彼此的方式（尤其包括個人對性伴侶的選擇，這是這些理論最為一致的看法）。在轉型、解放後的社會裡，這些雌雄同體的人們，將不會因為肉身化，而有服裝、態度、工作以及侵略或被動傾向等等的範疇區分。我們全都只是有著不同身體的人。[2]

雌雄同體理想的訴求沒有持續多久。一九七〇年代晚期與一九八〇年代早期，一些具關鍵意義的女性主義文本，轉而論述陰性性別化認同及源於性別角色的社會觀點這兩者社會的、心理的特定性。即使不管男女在生物學上的區分，陽剛與陰性的性別化屬性與經驗，仍有深刻的社會區分，這些屬性與經驗關乎男人女人的內在心理、彼此如何互動、他們育兒或行使權威的傾向。邱德羅（Nancy Chodorow）、吉莉岡（Carol Gilligan）、哈特薩克（Nancy

2 對雌雄同體理想的描述，可參見 Ann Ferguson, "Androgyny as an Ideal for Human Development," in *Sexual Democracy: Women, Oppression, and Revolution* (Westview, Conn.: Allen and Unwin, 1991)。

Hartsock）等人發展陰性性別認同（feminine gender identity）理論，表達出一種主體性與社會立足點的普遍結構，相當重大地界定了大多數女人的生活與可能性。[3]

陰性性別認同說法才出現，就被攻擊為「本質主義者」（essentialist）。批評者指稱，這種說法將母職用來定義大多數女人的經驗。他們未能質疑種族或階級位置致使的照顧實踐差異，還假定女人都與或希望與男人配對。他們的推斷建立在二十世紀富裕都市的核心家庭與職業結構的歷史特定性上，未對家庭與工作組織予以歷史的、跨文化的分析。這些批評雖然並不都很公允，大多數女性主義理論者還是都聽進去了。

在傅思（Diana Fuss）、巴特勒代表下，酷兒理論宣告了性別理論的消亡。由於莫伊聚焦於巴特勒對性／別區分的顛覆，而我又在特定議題上支持莫伊的結論，因此這裡我將跟隨莫伊的關注點。

在《性別麻煩》（*Gender Trouble*）中，巴特勒質疑女性主義理論尋求性別認同理論的動機。她論道，女性主義者相信他們需要一種關於性別的普遍理論，好知道何謂女性主義

3 Nancy Chodorow, *The Reproduction of Mothering: Psychoanalysis and the Sociology of Gender* (Berkeley: University of California Press, 1978)，中譯本：《母職的再生產：心理分析與性別社會學》，台北：群學，二〇〇三，張君玫譯；Carol Gilligan, *In a Different Voice* (Cambridge: Harvard University Press, 1982)，中譯本：《不同的聲音》，台北：心理，二〇〇二，王雅各譯；Nancy C. M. Hartsock, *Money, Sex, and Power: Toward a Feminist Historical Materialism* (Boston: Longman, 1983)。

政治的主體。他們認為，若沒有改變的「能動者」（agent），沒有要被解放的主體——也就是「女人」（woman）——女性主義作為具特定改造目標的社會運動，就沒有意義了。而「性別」，乃是得以凸顯女人為何的概念。既然被性別化，「女人」自與生物性別「女性」（female）有區隔。然而，巴特勒論道，正是女性主義所標記的性／別區分，維持了男性女性間的二元論，將兩者視為固定的互補範疇，重製了異性戀常規性（heterosexual normativity）的邏輯。因此，性／別區分應被檢驗質疑，以挑戰任何基於自然與文化之區分而來的信念，或任何認為主體擁有與固定性別認同對應之內在生活的概念。性別不過是一種社會操演（social performative）。常規異性戀的言說規則（discursive rules），衍生了性別化的操演方式，讓主體重複搬演參照；身體的性化（sexing），也衍生自這種操演。在反覆的性別操演過程中，有些人被建構為「賤斥」（abject）[4]，被排除在異性戀二元論外。基進政治

4　譯注：abject/abjection，是克莉絲蒂娃著名的概念，顧名思義，ab 是遠離，ject 是推開，是一種基於強烈的厭斥的推拒動力，產生於主體出現的最早時刻。在此時，「我」為形成主體，推離自身源於母體的不潔雜質、力求與母親分離，以順利進入陽剛的「象徵秩序」（symbolic order）。克莉絲蒂娃引用人類學家道格拉斯（Mary Douglas）的說法，進一步指出，在文化上何以某些事物會使人反感，乃是因為它們違反了象徵系統中的分類規則，才變得噁心。詳參克莉絲蒂娃《恐怖的力量》（*Pouvoirs de l'horreur*：中譯本：台北：桂冠，二〇〇三，彭仁郁譯），此處譯注參考自劉紀蕙所撰導讀〈文化主體的「賤斥」〉。

之道，便在於攪亂性別二元說，戲耍性別參照體系。

評論者批判巴特勒的性別操演理論，說它將身體與性認同僅視為一種言說的產物，對此，巴特勒在《重要的身體／物質的身體》（*Bodies That Matter*）論道，被性化的身體之物質性本身，也是社會建構的。她強調這樣的身體製成很不「觀念論」（idealism），而「唯物主義」（materialism）凌駕「觀念論」的這一價值觀本身，正來自大有問題的二元邏輯。

莫伊認為巴特勒的術語及方法都很有說服力，並未反駁她的論述。雖然如此，莫伊強調在這開始於性／別區分、結束於解構物質／觀念二元論的理論化過程，主體性與性（sexuality）[5]的理想已變得越來越抽象，這樣一來，理論所提出的現實問題就不夠清楚，概念也不易幫助人瞭解並描述其經驗。巴特勒固然成功地指出性／別區分的邏輯問題，其理論化卻從未超越這些術語，而是依然為它們所束縛。依據這種批判理路，莫伊認為性別概念已不再適合用來瞭解主體性與認同，需要完全加以揚棄。酷兒理論與實踐扭轉了性別的意義，一心想從陽剛／陰性的常規性兩極霸權中鬆綁性別。然而，莫伊建議，酷兒與女性主義理論者應該完全與性別決裂。

5 譯注：sexuality 國內有譯為「性特質」者，然而 sexuality 指涉的面向包含認同、經驗、實踐與制度等，若譯為性特質容易只集中在性傾向層次，故本書主要將 sexuality 譯為「性」，並視情況譯為「性特質」。

二、活生生的身體

為了替代性與性別的範疇，莫伊提議重回波娃所倚賴的存在現象學架構。[6]這個理論取徑的核心範疇，即是**活生生的身體**。莫伊論道，以「活生生的身體」重新建構的概念，能提供女性主義者希望從性／別區分中取得的功能，卻不會有這個區分所導致的問題。

活生生的身體是一個統合觀念，指在特定社會文化脈絡中行動、經驗的肉體；它是一種處境中的身體（body-in-situation）。對存在主義理論來說，**處境**（situation）是**事實性**（facticity）與**自由**（freedom）共同造成的。人總是面對著她的身體所具有的物質事實，以及這個身體與給定環境的關係。她的身體官能，以特定的方式，擁有某些感受力與功能；她的體型、年齡、健康與體能訓練狀況，讓她能擁有力量且能行動，以特定方式與其環境產生關

6 克魯克斯重讀波娃的存在主義，以試圖回應女性主義理論「認同政治」的當代難題。她也提議以理解波娃，來發展活生生的身體之概念，好裨益女性主義理論。她論道，波娃的詮釋，未能看出自己受梅洛龐帝之「活生生的身體」概念影響的程度。參見 Sonia Kruks, "Freedoms That Matter: Subjectivity and Situation in the Work of Beauvoir, Sartre, and Merleau-Ponty," in *Retrieving Experience: Subjectivity and Recognition in Feminist Politics* (Ithaca, N.Y.: Cornell University Press, 2001), 27-51。柏高芬（Debra B. Bergoffen）也建議回顧波娃，來為近年女性主義與酷兒理論所遭遇的性別理論化難題找出路。參見 Debra B. Bergoffen, "Simone de Beauvoir: Disrupting the Metonymy of Gender," in *Resistance, Flight, Creation: Feminist Enactments of French Philosophy*, ed. Dorothea Olkowski (Ithaca, N.Y.: Cornell University Press, 2000), 97-119。

連。她獨特的膚色，她特有的五官，她不與人同的髮色髮質，都有屬於自己的美學特質。她特定的身體活在一個特定的脈絡——為他人所包圍，給地心引力定在地球，被有著特定歷史的建築與街道環繞，聽著獨特的語言，有食物可吃、房子可住，或是與以上相反……都是具有文化特定性的社會過程的結果，這些過程對她的進入又有所特定要求。個人身體存在與其物理的、社會的環境之間的所有具體物質關係，即構成她的**事實性**。

儘管如此，這樣的人，是個行動者（actor）；她擁有一種本體論的自由，來建構自己與事實性的關係。這個人類行動者有特定的計畫，有她立志完成的事情，有她表達自己、在世上留下印記、轉變她的環境與關係的方式。她的這些計畫往往與他人緊密連結。**處境**，即是依個人計畫所顯現的肉身化、社會與物理環境之事實的樣貌。她發現自己的動作和她想跳舞的欲望比起來，是如此笨拙；她將這巨大城市與其千年歷史，視為從先輩學習的機會。「宣稱身體是一種處境，就認知到女人身體的意義攸關她運用自由的方式。」（Moi, "What Is a Woman?" 65）

莫伊是怎樣提議活生生的身體概念，應能取代性別概念及性／別區分的？她認為，活生生的身體之範疇，就像性的範疇般，能指涉身體那些特定的肉體事實，包括性與生殖的分化。「女人」和「男人」意指某些身體的肉體事實性，有些有陰莖，其他的有陰蒂與乳房，個個都有不同的欲望經驗與性的感覺。進一步說，活生生的身體之範疇，無須製造二分的性差異；有些身體在某些方面具有像男人的肉體特徵，其他則具有像女人的特徵。人們經驗欲望和感覺的方式千奇百怪，絕不剛好吻合性二分或異性戀規範。還有，作為一個活生生的身體，知覺力與活動力並不明顯與性的特定性相關；體型大小、骨骼結構或膚色也是如此。莫伊建議中最重要的一點，是活生生的身體之概念，不像性的概念那樣是生物性的。它不指涉一種將生理學法則與功能普遍化的客觀科學敘述。對身體科學式的取徑，比起對活生生的身體的描述，顯然是在較高的抽象層次上進行。因此，活生生的身體之概念能將各種身體的肉體事實納入理論，而無「性」範疇那簡化且二分的意涵。

更甚地，活生生的身體之概念，拒絕自然與文化的區分，而正是這自然／文化的區分，製造了性／別區分。活生生的身體永遠適應所處社會的文化：這適應來自身體自幼便學著發聲的音素（phonemes），來自她身穿的顯示其族裔、年齡、職業地位的衣服，以及文化對她的期待或要求。這具身體也在公事或娛樂等不同的互動場所中，習得往往是某場所或群體特定的舉止習慣，以適應所處社會的文化。言說與互動的脈絡，定位著處於評價與期待系統中的人們，而這個系統往往含有人們肉身化的存有；當她被以某種方式觀看、被以某種方式描述她的肉體存有，她就經驗了自己，經驗了他人對她的身體反應，而她也有所回應。藉著活生生的身體之概念，在女性主義理論中一直涵蓋於「性別」大類的種種現象，可被重述為我們與他人聯繫時，所扮演、經歷的各種身體習性與互動的形式。在這樣的重述中，我們發現巴特勒至少在以下這方面是對的：把被認為與「性別」範疇相關的層面，歸因於一個主體之認同的某種內在核心，這種歸因方式不管是強調「自然生成」或後天養成，都是一種神祕化。

尼柯爾森（Linda Nicholson）在最近的一篇論文中，也提出類似的建議：女性主義與酷兒理論，應把焦點置於活生生的身體在社會史上的分化，而非持續區分生物性別、肉身化以及隨著歷史有不同定義的性別。只要性與性別間還有區分，女性主義理論就會持續一種「生物基礎論」（biological foundationalism），有別於生物化約論。男女在性、生殖與角色的研究，應也解讀身體本身，並勿預設自然／文化的區分，因為這區分會視性別「僅僅是文化的」。[7]

因此，活生生的身體之概念不僅可完成「性別」概念所達成的使命，還能做得更好更多。能做得更好，是因為它並無「陽剛」、「陰性」之常規異性戀二元論的必然化約，而能

7 Linda Nicholson, "Interpreting Gender," in *The Play of Reason: From the Modern to the Postmodern* (Ithaca, N.Y.: Cornell University Press, 1999), 53-76.

涵納行為的各種可能性，以描述男女、女女、男男之間的習慣與互動。能做得更多，是因為它在描述個體建構的認同時，能避免用如「性別」、「種族」、「族裔」、「性傾向」等歸屬性（ascriptive）的普遍範疇所會產生的問題，也就是這些認同在如此敘述中似乎具有的附加性（additive）特質。若我們將個體認同概念化為它由各種群體認同如性別、種族、階級、性傾向等構成，那麼，人怎麼被個體化，而各種群體認同又如何在此人身上合併，就似乎無解。然而，若我們運用活生生的身體之概念，就無此困擾。這個概念認為，每個人都是一具獨特的身體，有其特殊容貌、能力與欲望，而這些與他人在特定方面各有異同。她誕生於一獨特的時空，受養於一獨特的家庭環境，而這一切都有特定的社會文化史，以獨特的方式與他人的歷史相關。我們所稱的性別、種族、族群等範疇，其實是對各種將人予以定位的結構的略稱，關於這一點，我在下文會加以處理。在理論化這些範疇時，我們不該將它們視為普遍性群體認同，而其加總構成了個體的認同。事實上，個體是在他人行為與期待的社會文化史脈絡中，活出她獨特的身體，而不須在一串普遍化的「串珠」中，煩惱著該如何構成她的認同。[8]

8 見 Elizabeth Spelman, *Inessential Woman: Problems of Exclusion in Feminist Thought* (Boston: Beacon Press, 1988)。

如此，藉由活生生的身體之範疇，「我們能對身體與主體性產生高度歷史化且具體的理解，無須倚賴巴特勒視為解剖學的性／別區分」（Moi, "What Is a Woman?" 46）。活生生的身體之概念認識到：個人的主體性，被社會文化的事實、他人的行為及期待，以非她選擇的方式所制約。但同時，活生生的身體之理論也說道，面對這些無可選擇的事實，每個人可用她自己的方式接受並行動。

> 將身體視為一種處境……即思慮到作為特定身體的事實，以及這個具體身體對處境化個體的意義。這不等同「不是性，就是性別」。包含我們所有處境（種族、階級、族裔等）之經驗的「生活經驗」（lived experience）亦是如此，這個概念遠比性別認同這高度心理化的概念寬廣。（ibid., 81）

三、活生生的身體就夠了嗎？

莫伊論道，活生生的身體之概念，要比性別概念適用於女性主義理論的目的。她認為這些目的包括提供一種主體性與身體的理論，並對在特定社會中作為女人或男人意味著什麼，提供一種解釋（ibid., 4, 36, 14）。她說，女性主義理論應該成為一種能釐清身體、性、性特質、性差異之困惑的計畫，並消除女與男、異性戀者與同性戀者間權力關係的困境（ibid., 120）。關於權力關係的這句話極為模糊不清。依照權力關係怎麼界定，將權力關係予以理論化的此一主題範圍，可能超過前述莫伊在定義女性主義理論職責時的主要強調。莫伊認為女性主義理論的焦點在於主體性，像是作為能動者的身分、個人為求體驗所具備的特質與能力，以及能促進自我意識的與他人之關係。我稍早曾述及的尼柯爾森，似乎也認為性別概念應具備一種理論性的功能，好將自我認同及人類個性之社會構成予以理論化。

近來的討論，質疑起性別的固定性與性／別區分的適當與否，適切揭露其困境與益發增加的抽象性，而這是女性主義與酷兒理論之前已被迫面對或必須有所回應的。這些關於性別概念的問題之所以浮現，至少部分是因為性別企圖作為一種普遍範疇，但主體性卻永遠是獨特的。莫伊挪用活生生的身體之概念，為性化的主體性以及處境各異的男女的經驗，提供了比模糊的性別範疇來得精確的理論化工具。同意這種挪用，就意味全然揚棄性別，但此挪用的前提是女性主義與酷兒理論的計畫只想理論化主體性。然而我認為女性主義與酷兒理論的目的不僅如此。莫伊的論述致力結束關於性別與本質論的爭辯，但我認為，那些爭辯似乎窄化了女性主義與酷兒理論者對經驗、認同及主體性議題的興趣。莫伊的討論，讓人開始質疑前述爭辯是否蒙蔽了女性主義與酷兒理論計畫的其他面向，而那些面向仍然需要重構的性別概念。接下來，我想指出性別概念對理論化社會結構的重要性，及其與人類自由和福祉的關係。

就我瞭解，女性主義與酷兒理論，不只想詮釋男女生活中關係與性別多樣化的意義。它們也不只想分析言說如何建構主體，或分析其中一些言說的刻板、具汙衊性的面向如何折磨偏離常規化過程的男女。除了上述目的，女性主義與酷兒理論也是社會批判的計畫。這些理論性的努力，為的是辨識出那些不當的傷害或不公義，探究並解釋它們在制度和社會關係的起源，並為制度性的行動建議方向，以改變這些不公義。而要完成這些任務，理論家所須提供的不只是個人經驗、主體性與認同的解釋，還包括社會結構的解釋。

我在另外一些文章中說明過社會結構的概念，目的在於從制度方面解釋不公義的來源，以回應個體共享群體身分一說造成的困境。[9]結構指的是制度規則與互動慣例的輻湊總合、資源的動員及物理的結構，上述這些構成了與個體行動相關的歷史給定，也相對地穩固。結

9 見 Iris Marion Young, *Inclusion and Democracy* (Oxford: Oxford University Press, 2000), especially chapter 3；亦見 Iris Marion Young, "Equality of Whom? Social Groups and Judgments of Injustice," *Journal of Political Philosophy* 9.1 (March 2001): 1-18。在這些文章中，我對社會結構的定義，基本上來自布勞（Peter Blau）、紀登斯（Anthony Giddens）與沙特的概念。

構也意含較廣泛的社會結果，而這是在給定的制度性關係中由眾多個體行動所共同造成的，但這集體性的後果，往往不留下任何個人或群體意向的痕跡。

溫特（Alexander Wendt）將結構分成兩種層次，微視（micro）和鉅視（macro）。微視結構指涉的是對互動的結構分析。實踐與互動慣例的類型化（patterning）、行動者內在及外顯所遵循的規則，以及行動者在互動中所動員的資源與工具，都可視為是被結構的。在此微視層次中，性別結構對互動非常重要。然而，就建議女性主義社會理論重新關注社會結構，以與對主體性與認同的關注有所互補方面，我比較關心的是溫特所說的涉及「乘數顯現效應」（multiply realizable outcomes）[10]的鉅視層次。我的意思是說，社會理論若要對剝奪了個人與群體相對機會的限制有所瞭解與批判，就得要能描摹一種由許多制度與實踐運作出來的大規模的系統性效應，因為正是這些制度與實踐製造了以特定方式限制一些人、同時其他人卻不受此限的效應。溫特認為，鉅視結構固然有賴微視層次互動之製造與再造，但其形式與限制誰、准許誰的方式，卻不能簡化為個殊互動的結果。

社會結構以勞力與生產、權力與屈從、欲望與性、名望與地位來定位個體。一個人在結

10 Alexander Wendt, *Social Theory and International Relations* (Cambridge: Cambridge University Press, 2000), chapter 4.

構中被定位的方式，隨著他人在各種制度環境中如何看待他或她而變，也隨著個人怎麼看待自己而變。任何個體在結構中都具多種位置，這些位置又隨制度環境與他人在其中的定位而有明顯不同。

從批判社會理論的觀點來看，關注結構的主要理由，是為了解釋社會不平等的構成與原因。相較於其他處於較有機會或管道謀利之社會位置的人，有些人的自由與物質福祉受到相對限制，而這乃是其社會位置可能性所長久累積的結果。被種姓（caste）、階級、種族、年齡、族群，當然還有性別所界定的社會群體，與其說命名了主體認同，不如說命名了結構不平等的軸線。它們也命名了結構位置，而這些位置的占有者較他人優越或不利，端賴行動者對制度規則與規範的遵循程度，及其在制度內對利益與目標的追求而定。這種結構性的說法，為機會、壓迫、優勢的不平等提供一種理解的方式，這樣的理解，並非要追索單一個體的元凶，而在思考大多數行動者都多少成了這不平等狀況的共犯。

佛伯爾（Nancy Folbre）用她稱為「限制的結構」（structures of constraint）的術語，概念化這些社會不平等的議題。[11] 限制的結構包括成套的資產分配、規則、規範，以及讓哪些人

11 Nancy Folbre, *Who Pays for the Kids? Gender and the Structures of Constraint* (New York: Routledge, 1994), especially chapter 2.

比其他人得到更多自由與謀利機會的優先排序。限制為個體界定了有效的選項範圍，或界定追求一些選項而非其他選項所需的成本：時間和金錢是最基本的資產。法律規章、文化規範，也都具有重要的限制功能。它們要不守規者付出「代價」。當優先排序彼此衝突，它們也會變成限制。獨特的資產、規則、規範與優先排序的構成，創造了種種限制，這些限制定義了我們基於性別、階級、種族、年齡等所稱的社會群體。因此，成為所謂「女人」的群體中的一員，乃是此包含不同結構因素之鬆散構成的產物。

我認為，要描述並解釋現代社會中造成了分化的機會與特權的那些結構與過程，一定得運用性別概念。女性主義與酷兒理論需要概念工具來描述制度的規則與實踐，它們假定了男人與女人分化的角色，也／或假定了男女該在親密關係中成雙配對。我們需要工具，來瞭解職責分配或地位認知的某些模式，是如何及為何以限制許多女人可能性、也限制許多情欲親密選擇偏離了異性戀規範的人的自由的方式而繼續維持下去。無論如何，當我們將性別概念視為理論化結構而非僅是理論化主體的工具，一個重要的概念轉變就此誕生。我們不再需要將男人和女人歸屬於一種單一或說共有的性別認同。

我對早期女性主義性別理論的批判的回應，是將性別理論化為社會結構之特質而非個人特質。在〈性別序列性：對女人作為一種社會集體的思考〉（Gender as Seriality: Thinking about Women as a Social Collective）一文中，我使用了沙特較晚期的哲學中的一個概念，即所謂序列（series）的構想。[12]在該文中，我建議最好將性別理解為在具歷史及社會特定性的制度與過程（這些制度與過程會對環境造成實質影響，而人們則在此環境中行動並再製彼此的權力與特權關係）中，與他人相關的活生生的身體在社會定位中所具的一種獨特形式。依照這種說法，個體的被「性別化」，即指我們都**發現自己**被動地遭這些結構關係所群體化，而這方法因為太過非個人，無法建立認同。我在該文提議性別結構有兩條基本軸線：性別分工與常規異性戀。而這裡，我要借重康乃爾（Bob Connell）的說法，增添第三條軸線：性別化的權力階層。[13]

工作與職業被性別所結構化，是所有現代社會（以及許多前現代社會）很基本的現象，這對個人生活及其面對的限制與機會，都造成極為深遠的影響。在現代社會，性別分工的核心乃是區分「私人」與「公共」工作。這些社會的基本結構裡，都有個面向是照顧工作——照顧個人、照顧他們的身體需要、照顧他們的情緒健康，以及保持居家整潔——基本上皆是

12 Iris Marion Young, *Intersecting Voices: Dilemmas of Gender, Political Philosophy, and Policy* (Princeton, N.J.: Princeton University Press, 1997).

13 R. W. Connell, *Gender and Power* (Stanford, Calif.: Stanford University Press, 1987).

私人家庭中的無給勞動。即使最近數十年來，男女的工作分配已有一些改變，無給的照顧與家務工作，主要仍落在女人身上。整個社會的運作，都仰賴照顧工作的規律行進，然而這種工作卻相對地不受注意，價值更遭貶抑。被指派做這些工作的人，比起那些較少做這些工作的人，少有時間與精力從事其他工作與活動。這種性別分工之所以能持續，很明顯是因為人們都不願廣籌基金、組成公共服務單位，好為照顧工作負起較多的集體責任。即使現代社會的性別概念與意識型態已有許多重大改變，性別分工的改變仍是微乎其微。事實上，橫跨全球的新自由主義（neo-liberal）經濟政策，也有緊縮這種分工的效果，以保它永不鬆散。

近二十年來的女性主義社會與政治理論，記錄了性別化的結構用來限制無給照顧工作者機會的多種方法，而這些工作者多數是女人。[14]他們的工時比別人長，生活所需卻得仰賴他人提供，而這使得他們易於受貧或遭虐。女性主義研究者也記錄了這種基本的性別化結構，是怎樣依照性別來構成公共有給職之職業區別的基礎。只要是關於照顧的職業，就很容易被性別化為女性的工作。由於許多女人對其公共工作的安排都與照顧責任有關，職業空缺因此相對有限，這些職業的薪資也就一直很低。在這種狀況下的私人與公共工作的結構化，顯示

14　前引的佛伯爾著作，對這些限制如何在歐洲、亞洲、拉丁美洲國家與美國運作，分析得極為剴切。

了性別化的地位與權力階層，當然也顯示了性別化的財務收入階層。

有人可能會說，性別分工的結構性後果所描述的，主要是西方工業社會。然而，在適切的範疇普遍性層次上理論化的類似結構，也能描述許多低度發展國家，特別是在都市生活方面。舉例來說，正如一些女性主義發展學者論述的，政府政策及例如國際貨幣基金（International Monetary Fund）等國際組織的政策，都蘊含同樣的假設：無給家務可無限增加，家務操持者會在食物補助削減、學費增加、診所關門時做好整頓調節，以應付其家庭成員的需求。

性別分工的結構性說法，並未假定此分工內容跨社會皆同。事實上，它是一個理論架構，用以提出如下的探詢：是否存在著通常由單一性別執行的工作與職業，以及／或者社會的社會規範與文化產品（cultural product）是否往往再現了某些工作或職業較適宜由某種性別擔負。不管是哪個社會、在今日或過去，上述問題的答案通常都會為「是」，但在這些社會中，卻也存在相當變異，這些變異包括**哪些**職業與性別相關（意識型態往往將這種關連正當化），有多少工作被性別類型化（sex-typed），此一性別分工與人們的資源分配、他們的相對地位以及那制約了他們生活的限制與機會又有何關係。

在我們的社會裡，性別結構化的第二條軸線是常規異性戀。這個結構化存在於給予異性戀伴侶特權的種種體制與意識型態的事實。這些事實包括許多法制的形式與意涵、私人組織分配職位與利益的規則與政策、迎合制度的教育與主流媒體之結構化，以及許多人在日常生活中與他人互動時所含的假設。這類社會事實（social fact）共同製造結構，對不同男女的生活帶來各有差異的影響，有時還造成嚴酷的折磨或不當的自由限制。常規異性戀的系統，箝制男女的生活及其多變的性與欲望傾向，促使一些人用其相信能獲取物質報酬與接納的方式來改變生活，並促動其他人在不符其欲望與計畫之社會關係的空隙中存活，或是公然反叛。

柯采新（Cheshire Calhoun）論道，女同志與男同志的屈從，與結構對女性或有色人種生活的限制，在形式上有所不同。柯采新指出，女性屈從的結構或制度化的種族主義，是將人們局限於某些類別，就像擁有某種位置或地位；但逾越異性戀規範者，則是不論在政治公民權、公民社會及私人領域中，都毫無正當位置。常規異性戀的結構，乃是強迫女同與男同隱形，好來限制他們。[15]

特定組織對男性特質（maleness）或陽剛性的制度化評價，以限制多數人可能行動的方式約制了權力階層，使得權力階層似乎相當難以改變。在此最為重要的，乃是制度化且組織

15　Cheshire Calhoun, *Feminism, the Family, and the Politics of the Closet: Lesbian and Gay Displacement* (Oxford: Oxford University Press, 2000).

化之暴力的位置與實踐——如軍隊與警察、監獄系統等等。一般說來，國家制度、公司及其他科層制的結構化，依照決策權威與地位的階層，提供一些人——通常是男人——重大的特權與自由，同時限制、束縛他人，並使之屈從，包括大多數女人和許多男人。性別化的權力階層，與性別分工及常規異性戀以多種方式交織，讓男人覺得享有該由女人服務的權利，也造成異性戀陽剛性與武力、命令相結合。

在將社會結構描述為性別化之時，既不須將男人女人普遍化，也不須將多變的性別結構化約成一種共通原則。性別化的職業分工，可能會強硬地將特定職業編派給女性，其他職業則給男性，這種編派方式深刻地影響了從事不同職業者所享有的權力、特權、物質利益。然而，我們不能由此推導出絕大多數男女的實際謀生狀況。對常規異性戀結構的認知，有助理論化對性別的多元理解，也可改變那些對男女的性互動、成人與孩童的關係、社會審美、個人與職場角色的關係等方面有所期待的規則與實踐——這些規則彼此間沒有共同邏輯，在某些方面還會相互扞格。性別化的權力階層的結構，並非僅分化男人與女人，也依照社會角色與屬性來分化男人與男人。在分析這些結構時，最重要的一點，是去瞭解這些規則、關係及其實質結果怎樣為某些人製造特權、維繫他們的利益，同時卻限制他人的機會、造成相對損失，讓他們易受支配或剝削。

在本篇論文中，我贊同莫伊的提議，認為存在現象學中活生生的身體之範疇，對理論化女男的社會構成經驗來說，是個比性或性別都更為豐富有彈性的概念。活生生的身體有獨特的型態與物質性，與其他身體都大異其趣。我也進一步論述，這個提議不應意味揚棄性別範疇，而是要限定只在社會結構的分析中使用性別，好瞭解權力、機會與資源分配的某些特定關係。因此，很明顯地，此處必須討論活生生的身體與這些結構之關係的問題。

認為活生生的身體之概念能幫助女性主義與酷兒理論發展的另個理由，是這個概念能表述處於社會結構裡的人們，怎麼在這些結構製造的機會與限制中活出自己的位置。這裡我沒有篇幅來發展完整的架構，只能稍稍勾勒一下輪廓。

誠如上述，性別結構是歷史給定的，制約了個體的行動與意識。它們先行於行動與意識。每個人都會經驗性別結構，它是一種事實性，是她或他都須因應的社會史事實。舉例來說，每個人都會面對該穿什麼的問題，而服裝選項與慣例即產生自利益追求、階級與職業區分、所得分配、異性戀常規性、場合與活動的空間與期待以及人們順服與逾越的可能性的多重結構。但不管可用的選擇或資源再怎麼受限，人人都用自己的方式，發揮性別結構提供的有限可能，形塑自己的習慣，成為有限可能的新變異，或是積極試圖拒絕或重塑這些可能。被結構化的性別，也透過個人身體的生活表現出來，它永遠是一種個人經驗的回應，而非人人皆同的成套特質。

布爾迪厄的習性（habitus）概念，為普遍化的社會結構怎樣在身體的行動與互動中被製造、再製，提供了一種解釋。然而，布爾迪厄對社會結構與行動者和經驗之關係的理解，尤其是在對性別結構的理解上，實在把這些結構概念化得太僵硬且反歷史。[16]若我們引用諸如梅洛龐帝的活生生的身體之理論，並比梅洛龐帝更明顯地將此理論應用到身體如何在勞動分工、權力階層與性規範等社會結構中活出自己的位置，應會更有建設性。[17]更重要地，在這樣一種談論身體如何活出其結構位置的社會理論影響下，人們應會發現，諸如巴特勒等人的解構性別理論，並非一種決定或構成性別化主體的理論，而是習性化的身體如何以多變的行動反應、再製並修正結構的理論。

16 例子可見 Pierre Bourdieu, *The Logic of Practice*, trans. Richard Nice (Stanford, Calif.: Stanford University Press, 1990), especially chapters 3 and 4。莫伊也探索了布爾迪厄理論對女性主義理論的意義：參見 Toril Moi, “Appropriating Bourdieu: Feminist Theory and Pierre Bourdieu’s Sociology of Culture,” chapter 3 of *What Is a Woman?*。在 *La Domination masculine* (Paris: Editions du Seuil, 1998) 一書中，布爾迪厄假設他能藉著對於北非卡比爾人（Kabyle）社會的觀察來普遍化性別結構。

17 克羅斯利（Nick Crossley）論道，梅洛龐帝對社會性（sociality）與習慣（habit）的理論，比布爾迪厄的習性概念，對社會理論更有幫助，因為梅洛龐帝的概念化給予自由與個人差異較大的空間。參見 Nick Crossley, “The Phenomenological Habitus and Its Construction,” *Theory and Society* 30 (2001): 81-120；也可參見 Nick Crossley, “Habitus, Agency, and Change: Engaging with Borudieu,” paper presented at “Philosophy of the Social Science,” Czech Academy of Science, Prague, May 2001。

第二章

像女孩那樣丟球：陰性身體舉止、活動力與空間性的現象學[1]

在討論側邊空間（lateral space，以直立姿勢行走的人類所產生的獨特空間面向之一）的根本重要性時，史特勞斯（Erwin Straus）稍稍談到了「兩性丟球方式的顯著差異」（Straus, "The Upright Posture," 157）。[2]他引用關於男女孩的一篇研究與照片，將這種差異描述如下：

> 這五歲的女孩，沒運用任何側邊空間。她沒橫向伸展手臂；她沒扭動身軀；她雙腿併攏，動都不動。她所有的丟球準備動作，只是舉起右臂、水平前伸，再彎曲前臂、向下收回……。球丟得毫無力量、速度，也無法對準目標……。同齡的男孩，在準備丟球時，會橫向並往後伸展他的右臂；前臂向上；扭動、旋轉並彎曲身軀；將右腳往後移

---

1 這篇論文最初發表於一九七七年十月女性哲學學會（Society for Women in Philosophy〔SWIP〕）中西分會的會議。之後的不同版本分別發表於一九七八年四月由女性哲學學會贊助的美國哲學協會（American Philosophical Association）西區分會會議其中一個場次，以及一九七八年九月杜肯大學（Duquesne University）的第三屆梅洛龐帝讀書會（Merleau-Ponty Circle）。在這幾場會議的討論中，許多人的回應都鼓勵、幫助了我。我特別感謝巴特齊、卡德（Claudia Card）、西蒙斯（Margaret Simons）、亞歷山大（J. Davidson Alexander）與麥克布萊德（William McBride）等教授的批評與建言。我在芝加哥大學擔任美國人文獎學金基金會的大學教師駐校（National Endowment for the Humanities Fellowship in Residence for College Teachers）計畫的研究員時，這篇論文終於定稿。

2 Erwin W. Straus, "The Upright Posture," *Phenomenological Psychology* (New York: Basic Books, 1966), 137-65。此處所引依照原書內文頁碼。

> 動。用這樣的姿勢，他可以盡可能地使出運動中樞的全力，來把球丟出去……。這顆球以可觀的加速度被投擲向前；它直直射向目標，拉出一條長而平滑的曲線。（ibid., 157-60）[3]

史特勞斯雖然並未停在這議題上，多花點時間探討此問題，卻仍做了些評論，企圖解釋這「顯著差異」。既然這種差異在如此年幼時便可觀察到，史特勞斯說，這似乎「表現出生物學的差異，而非後天上的差異」（ibid., 157）。然而，談論到此差異的來源，他多少有些不知所措。既然這種丟球的陰性風格是在孩童身上觀察到，原因就不會是乳房的發育。史特勞斯提供進一步的證明，反對乳房差異的說法，他說「我們幾乎可以確定」，割去右乳的亞馬

3 後續的研究也得出類似的觀察。例如 Lolas E. Kalverson, Mary Ann Robertson, M. Joanne Safrit, and Thomas W. Roberts, "Effect of Guided Practice on Overhand Throw Ball Velocities of Kindergarten Children," *Research Quarterly* (American Alliance for Health, Physical Education, and Recreation) 48 (May 1977): 311-18，這篇研究發現男孩擲出的球速遠超過女孩。也可參見 F. J. J. Buytendijk, *Woman: A Contemporary View* (New York: Newman Press, 1968), 144-45；和我一樣，布依登狄耶克（F. J. J. Buytendijk）在提出丟球這個例子時，特別強調我們該探查的重點並非純粹的身體現象，而是不同性別藉由動作表現其在世存有的態度。

遜（Amazon）女戰士[4]「在丟球時，仍如我們的貝蒂、瑪麗、蘇珊」（ibid., 158）。史特勞斯以此打發掉乳房的問題，認為「女孩的肌肉力量較弱」可用以解釋她們與男孩丟球方式的差異，但又結論道女孩該盡量伸展身體、做足準備，以彌補相對的無力。史特勞斯提出一種關係到世界與空間的「陰性態度」（feminine attitude），來解釋丟球方式的差異。對他來說，這種差異是以生物學為基礎，但又不特別是解剖學的。女孩丟球的方式之所以和男孩不同，是因為女孩是「陰性的」。

比起上述陰性態度的「解釋」，更讓人驚訝的是這個事實：一個認為身體舉止與動作決定了人類生活經驗之結構與意義的觀點，竟只隨意地花了一頁來處理陽剛與陰性身體舉止與動作風格間的「顯著差異」。丟球絕非唯一可觀察到如此差異的活動。如果確實有典型「陰性」風格的身體舉止與動作，應會激起存在現象學者的關切，詳細說明活生生的身體之模態的分化。然而，關於「陽剛」與「陰性」身體舉止及動作的差異，未能表現其模態、意義與影響的人，並不只史特勞斯。

在史特勞斯關於兩性丟球方式之典型差異的說法中，可取的是他並未以身體屬性的差異

4 譯注：傳說中，古代存在亞馬遜女戰士一族，她們是戰神艾瑞斯（Ares）的後裔，居住在小亞細亞，舉國上下都是女人，由女王統治。為了方便拉弓，她們將右乳割去。

來解釋。然而，史特勞斯相信既然這種差異在年幼期就顯現，表示它並非後天差異，因此他不得不返回到神祕的「陰性本質」（feminine essence）說法解釋之。女性主義者拒絕將男女間行為與心理學方面的真正差異，歸因於某種先天且永恆的陰性本質，對此表達得最透徹也最系統化的，大概就屬波娃。每個人類的存在，都被其處境所定義；女性的獨特存在，正是被其處境的歷史、文化、社會及經濟限制所定義。如果我們「解釋」女人的狀況時，訴諸某種先天且反歷史的陰性本質，就等於是將女人狀況簡化成一句「難以理解」。無論如何，在拒絕所謂的陰性本質時，我們不應落入「唯名論」（nominalism）[5]的陷阱，以免連男人與女人行為及經驗的真實差異都否認。雖然沒有永恆的陰性本質，卻有「作為每個女性在教育與習俗的現狀中的存在基礎的共同根據」。[6]處於既定社會史環境中的女人之處境，雖然有個人經驗、機會與可能性的種種變異，卻仍有個可加以描述與理解的共通性。無論如何，必須強調的是，這個共通性專屬於個殊時代中的個殊社會形構。

5 譯注：相對於實在論（realism）的一種哲學思想，在中世紀晚期特別盛行。唯名論只承認個體的存在，否認抽象概念具有獨立的實在性，認為概念只是空名，不能反映事物的特性與本質。這種主張日後為經驗主義哲學家所繼承。

6 Simone de Beauvoir, *The Second Sex* (New York: Vintage Books, 1974), xxxv（譯注：波娃此書英譯本，被指遭英譯者刪去頗多原著章節，翻譯亦不精確。台灣有中譯本譯自法文原版，譯者為陶鐵柱〔台北：貓頭鷹，二〇〇四〕）。亦見 F. J. J. Buytendijk, *Woman: A Contemporary View*, 175-76。

波娃一直以相當的深度、清晰度與慧眼，來解釋女人的處境。然而，在很大程度上，波娃未能重視女人身體在與其周遭活生生地關連著時的地位與定向。波娃確實也談論女人的身體存有，以及她與其環境在軀體上的關連，但她傾向鎖定女人在生理學上那些較外顯的事實。她討論女人是如何將身體經驗為包袱；討論身體在青春期、經期及懷孕時所經歷的荷爾蒙及生理變化，怎樣被認為是可怕且神祕的；她並宣稱這些現象藉由將女人束縛於先天因素、內在性（immanence）及以其個體性為代價的物種需求，壓迫了女人的存在。[7]由於大大忽略女人實際身體動作的處境性，以及身體對周遭及世界的定向之處境性，波娃的說法往往給人一種感覺，即女人的身體構造與生理機能**本身**，至少是決定其不自由狀況的原因之一。[8]

對於因此出現於存在現象學與女性主義理論的鴻溝，本篇論文希望能開始填補。為達此目的，本文會先溯及陰性身體舉止的一些基本模態、動作方式、空間關係。我們社會中的女

7 見 Simone de Beauvoir, *The Second Sex*, chapter 1, "The Data of Biology."

8 法爾史東（Shulasmith Firestone）宣稱，她自己的下述論題以波娃的說法為基礎：女人之受壓迫乃先天因素使然，因此，要改變此壓迫，必須超越先天本身。見 Shulasmith Firestone, *The Dialectic of Sex*, (New York: Bantam Books, 1970)。對此，波娃應會指稱，法爾史東不該藉由歸咎先天因素本身，將女人處境「去處境化」。無論如何，波娃作品啟發了法爾史東論題一事，顯現波娃距離「先天」因素之說，也許沒她所希望的那麼遠。

人典型用以表現自己及動作的方式，與男人大不相同，而本文即是要解讀這些可觀察且相當常見的特定方式，分析其意涵。基於存在主義者對人類經驗處境性的關切，我不會聲稱女人的身體舉止以及基於它的現象學描述之典型具有普同性（universality）。這裡所發展的敘述，只想描述身處當代先進工業、都市與商業社會中的女人，她們陰性身體存在的種種模態。敘述中的元素，可能也可能不適用於其他社會或時代的女人處境，無論如何，判定該敘述適用於哪些社會環境，並非本文的關切所在。

在本文中，我關切的身體存在及動作範圍也有限定。我首先注意的，是那些與身體整體之舉止或定向相關的身體活動，那些需要身體全體動作，或必須投入力量、用身體的能力及可能性，來與某事物之阻力與延展性相抗者。我主要關切的動作，是身體致力去完成一特定目的或任務的動作。因此，許多陰性身體存在的面向，不在我討論的範圍。這其中最引人注意的，便是性存有中的身體（the body in its sexual being）[9]。另一種我未考量的身體存在面向，乃是無特定目標的結構性身體動作——例如舞蹈。我對主題的限制，除了空間上的理由，也基於源自梅洛龐帝的信念：最先定義主體與其世界之關係的，乃是身體整體朝向事物

9 譯注：這也是梅洛龐帝《知覺現象學》第一部〈身體〉（The Body）第五章章名，此章主要探討性欲與身體的關連。

與其環境那平凡的、具目標性的定向。因此，注意陰性身體經常或典型地用什麼舉止或動作來表現自己，或許最能清楚揭示陰性存在的結構。[10]

在開始分析前，我得先澄清此處我所說的「陰性」存在的意思。我的「陰性」就像波娃的解釋那樣，指的並不是所有女人因身為生物上的女性而有的神祕特性或本質，而是一套限定在特定社會中身為女人之典型**處境**的結構與狀況，這套結構與狀況同時也限定女人在此處境中如何生活的典型方式。依照這般定義，並非**任何**女人都必然是「陰性」的——也就是說，所謂女人典型處境的特殊結構與行為，並不必然存在。[11]對「陰性」存在的理解，讓我們發現到有些女人在不同的程度與層面上，逃避或超越了女人的典型處境與定義。我論及此，主要是想指出此處提供的陰性身體存在模態之敘述，不會因為此敘述的部分面向不適用於一些女人，甚或適用於一些男人，就被指為證據不足。

10 在布依登狄耶克對「陰性存在的動態」的討論中，他將討論對象鎖定為那些沒有目標的動作。他主張，純粹的陽剛或陰性存在意象，唯有透過那些純表達性的動作——例如，為走路而走路——而非致力完成某特定目標的行動，才能凸顯出來（F. J. J. Buytendijk, *Woman: A Contemporary View*, 278-79）。然而，這樣的觀點與存在主義的基本假設相矛盾，因為後者認為「在世存有」在於規畫將個人處境性加以結構的意圖及目標。雖然思考非工具性活動中的陰性動作，當然也有所獲，但既然具目標性的任務乃是人類存在結構的基礎，它自然是探究陰性活動力較佳的起點。就像我在本文末指出的，討論陰性存在的現象學必須也考量非工具性的活動，才算完整。

11 更進一步說，依照上述的定義，男人在至少某些方面顯得「陰性」，並非不可能。

這裡所發展的敘述，綜合了梅洛龐帝的活生生的身體之理論以及波娃的女人處境之理論的洞見。我假定在最基本的描述層次上，梅洛龐帝在《知覺現象學》（*The Phenomenology of Perception*）中對活生生的身體與其世界之關係的敘述，大致適用於任何一種人類存在狀況。無論如何，在更特定的層次上，有一種獨特的身體舉止風格是陰性存在之典型，而此風格乃由身體在世界中之存在的結構與狀況的獨特**模態**組成。[12]

在發展這些模態時，我的架構以波娃對女人在父權社會之存在的看法為基礎，她認為，這種存在被內宥性與超越性（transcendence）間一種根本的緊張關係所界定。[13]女性所居處的文化與社會，將女人定義為他者、定義為男人概念下無關緊要的附屬物、定義為僅僅是客體與內宥性。女人因此在文化上、社會上都被否定有主體性、自主權（au-tonomy）與創造性，這些性質專屬於人類，而在父權社會中，即是專屬於男性。然而，在這同時，由於女性也是一種人類存在，她必然具有主體性及超越性，而她自己也知道這一點。這一切，導致在父權社會中展現女人存在的女性過著矛盾的生活：作為人類，她是一個自由的主體，具有超

12 在此一特定的層次，也存在著陽剛活動力的獨特模態，亦即多少是男人之典型的獨特動作風格。不過，它們並非本文的關切所在。

13 見 Simone de Beauvoir, *The Second Sex*, chapter 21, “Woman’s Situation and Character”。

越性；但作為女人，她的處境又否決其主體性與超越性。對此我認為，陰性身體舉止、活動力與空間性的種種模態，展現了此一相同的介於超越性與內宥性、介於主體性與僅僅是客體之間的緊張關係。

本文第一節，我將提供關於身體舉止、軀體之投入事物、運用身體去完成任務的方法以及身體自我意象的一些特定觀察，我發現它們是陰性存在特有的。第二節，將對陰性身體舉止與活動力之模態，予以概略的現象學敘述。第三節，將根據模態產生的空間性，進一步建構這些模態。最後，在第四節，我將引出此敘述的一些意涵，以瞭解女人之受壓迫，也將提出關於陰性在世存有的進一步問題，這些問題需要我們更深層的探討。

一

史特勞斯觀察到男孩、女孩丟球方式的基本差異，是女孩不像男孩那樣用整個身體來丟球。她們不會回身扭轉、向後移動、踏步站穩、向前傾身。事實上，除了手臂以外，女孩相對地傾向保持不動，甚至連手臂也沒盡可能伸長。丟球並不是唯一一個顯示男女使用身體之典型差異的動作。思考在其他軀體活動中的陰性舉止與身體動作，就會發現它們也像丟球一樣，常常表現出一種特徵，即未能完整運用身體之空間的、側邊的潛能。

即使從最簡單的身體動作如坐、站、走，也可觀察出男女在身體風格與伸展的典型差異。一般說來，女人不像男人那樣闊步行走。陽剛步伐占男人身長的比例，多半大過陰性步伐占女人身長的比例。比起女人，男人走路通常雙臂擺動得較開、較放鬆，腳步抬起、落下也較有節奏。雖然我們現在比以前要常穿長褲，並不需要因為服裝而正襟危坐，但相對於男人，女人仍然習慣將腿併攏、雙臂在身上交叉。在站著或傾身時，男人的腳也比女人張開得多，而我們則習於用手和手臂貼著或護著身體。最後一個指標性的差異，是男女拿書或小包裹的方式；女孩和女人往往將書抱在胸前，男孩和男人則手持著書在身側晃。

對需要強力、力量與肌肉協調的軀體任務，不同性別採取的方式常常相異。男女力量的類型與限制，確實有真正體格上的差異。然而，在需要整合力量來完成的工作上，許多觀察到的男女差異，主要來自**使用**身體的方式不同，而非純粹肌肉力量的不同。女人往往不覺得自己能提舉重物、強力推撞或用力拖拉、榨擠、抓握、扭轉。因此，當我們嘗試這類任務時，常常未能全力以赴，未能充分引出肌肉協調、姿勢、平衡與耐力的潛能。女人比較不像男人那樣，會自在而自然地用整個身體投入軀體任務。舉例來說，在嘗試舉起某物時，女人比較不會像男人那樣牢牢站穩，並用大腿盡可能承載住此物。我們傾向把力量集中在與此工作最直接相關的身體部分——手臂和肩膀——極少使出腿的力量來完成工作。再舉個例，在轉動或旋扭某物時，我們經常把力量集中在手和手腕，不會用到肩膀的力量，但這卻是能有效完成工作不可或缺的力量。[14]

前引的丟球例子，也可延伸適用到其他體育活動。大多數男人並非優良的運動員，他們往往是靠支撐力在逞強，而不是靠真正的技術與協調整合力。雖然如此，這些相對未受訓練的男人運動起來，卻依然比女人來得自由自在、無拘無束。存在著的典型陰性風格，並非只有像女孩那樣丟球，還有像女孩那樣跑步、像女孩那樣攀爬、像女孩那樣揮棒、像女孩那樣擊打。這些風格的共同點，首先是整個身體的動作並不流暢且彼此關連，而是會把動作集中在某個身體部分，例如在揮棒和擊打時；再來，女人較不會做拉長、伸展、傾身、擴展以及動作後的收尾。

許多女人在運動時，會覺得不可自由逾越周遭的空間，覺得可用的運動空間有所限制。因此，例如在打壘球或排球時，女人比男人傾向停在一個位置不動，也不會跳起來或跑去接

14　應該說明的是，這可能只適用於發達工業社會中的女人，在這類社會中，中產階級女人的典型延伸為大多數女人的典型。這並不適用於那些大多數人——包括女人——都需從事沉重體力勞動的社會。此特定觀察當然也不適用於我們社會中那些從事體力勞動的女人。

球。男人通常比較會向球飛奔而去、正面面對，女人則傾向等待並反應球的到來，而非跑向前去接球。我們常常只是回應球的到來，好像這球就是向著我們而來，而我們瞬間的身體衝動，乃是逃離、閃避，或其他在球飛來時保護自己不被打到的動作。另外，比起男人，女人在運動時的動作也較少有自覺的方向和位置。舉例來說，當我們擊球時，我們比較不是瞄準一個想在那裡擊中球的特定位置，而只是想在一個「大概的」方向擊中它。

女人對事物的軀體投入，往往是怯懦、不確定、猶疑的。一般說來，我們並不充分信任自己的身體能帶我們達成目標。我認為，這裡有一種雙重猶疑。一方面，我們往往缺乏信心，不認為自己有能力完成必須完成之事。我曾經多次拖累整支健行隊，在健行中，面對一條毫無危險的小河，男人一躍而過，而我則在河的另一邊，用腳小心翼翼地試探哪塊石頭可以踩踏，手則攀援著四周懸垂的樹枝。雖然其他人都輕鬆過河，我卻不相信自己能輕鬆辦到，即使我只要堅定地邁出一步，便能瞬間跨過。我猜想，在此猶豫的另一面，乃是一種對受傷的恐懼，而女人的這種恐懼要比男人大得多。我們的注意力經常分散在要完成的目標以及必須完成目標的身體上，同時還要不讓身體受傷。我們往往把身體視為一種脆弱的累贅，而非達成目標的媒介。我們覺得自己好像必須把注意力放在身體上，確定它在做我們想要它做的事，而不是把注意力放在自己想**藉著**身體做什麼上。

上述所有因素運作的結果，讓許多女人產生或多或少的無能感、挫折感與自我意識。我們比男人易於大大低估自己身體的能力。[15]我們事先就決定——經常是錯誤地——自己辦不到某項任務，並因此根本沒全力以赴。在這樣一種漫不經心的狀況下，我們當然沒法完成任務，又因此受挫，實現了自我預言。在進行任務時，我們常常自覺地表現得很笨拙，也不想表現得太強壯。這些思慮又加重了我們的笨拙和挫折感。如果我們能夠從這種循環脫離，真的使盡全力運用身體，就會大為驚訝地發現我們的身體其實能完成那些任務。已有研究指出，女人比男人容易低估自己能達到的成就層次。[16]

前述所做關於女人身體動作及舉止之典型方式的觀察，並非可以適用於所有年代、所有女人。即使是表現出部分典型特質的女人，所表現的程度也各不相同。在種種典型舉止與身為女性之間，並無先天的、神祕的關連。兩者間的關連，正如稍後將討論的，泰半來自缺乏

15　參見 A. M. Gross, "Estimated versus Actual Physical Strength in Three Ethnic Groups," *Child Development* 39 (1968): 283-90。在一個對不同年齡層孩童的測驗裡，除了最年幼的孩童，各個年齡層的女孩對力量的自我評估，都低於男孩，而當女孩越大，她們的力量自我評估變得甚至更低。

16　參見 Marguerite A. Cifton and Hope M. Smith, "Comparison of Expressed Self-Concept of Highly Skilled Males and Females Concerning Motor Performance," *Perceptual and Motor Skills* 16 (1963): 199-201。比起男人，女人通常遠遠低估自己在諸如跑步和跳高的技能成就。

運用身體並完成任務的練習。然而，即使有這些條件限制，我們還是可以談論一種普遍的陰性身體舉止與動作的風格。第二節將對這舉止與動作的模態，發展一種特定的範疇描述。

二

陰性活動力的三種模態如下：陰性動作所呈現的**模稜兩可的超越性**（ambiguous transcendence）、**遭抑止的意向性**（inhibited intentionality），以及與其周遭**不連續的統一**（discontinuous unity）。這些互相矛盾的模態的一個來源，是陰性舉止的身體之自我指涉（self-reference），而這來自女人將其身體經驗為**物**（thing），同時又將它經驗為一種能力。

一、在《知覺現象學》中，[17] 梅洛龐帝的目標是闡明存在的原初（primordial）結構，這種結構先於一切與世界相互反應的關係而存在，也是一切關係的基礎。在探詢主體的世界如何能形成時，梅洛龐帝藉著把主體性放在**身體**而非心靈或意識上，重新調整了這個問題的整個傳統。梅洛龐帝給了活生生的身體本體論的地位，而對沙特和他之前的「理智主義

17 Maurice Merleau-Ponty, *The Phenomenology of Perception*, trans. Colin Smith (New York: Humanities Press, 1962).

者」（intellectualist）思想家來說，這個為己存有（being for itself）的超越性的地位，只屬於意識。梅洛龐帝認為，身體面對環境的自我定向，以及其對環境與在環境之內的行動，構成了最初的、生成意義的行動（Merleau-Ponty, *The Phenomenology of Perception*, 121, 146-47）。[18] 身體作為對世界的純粹的在場（presence），以及對世界之可能性的開放性（openness），乃是意向性最初的所在。最原初的意向行動，是身體隨周遭定向自己、在環境內移動的動作。只有當身體具有能力，可以藉此依其意向來趨近、抓握與取索其環境時，主體的世界才會存在。

雖然陰性的身體存在也是一種對世界的超越性與開放性，但這是一種**模稜兩可的超越性**，一種同時負載著內宥性的超越性。當然，一旦我們將主體性與超越性置於活生生的身體，而非純粹的意識，所有的超越性就都是模稜兩可的，因為先天、物質性的身體是內宥性的。但我所謂陰性的活生生的身體之超越性的模稜兩可，指的並不是活生生的身體也可以是被動的、可以是被觸碰或主動觸碰的、可以是被抓握或主動抓握的那種始終存在的可能性。

18 譯注：梅洛龐帝在原書頁一六四寫道，「……（身體的）空間是所有其他空間的起源，表達運動本身，是它把一個地點給予意義，並把意義投射到外面，是它使意義作為物體在我們的手下、在我們的眼睛下開始存在」（中譯引自姜志輝譯本，頁一九三）。

梅洛龐帝所描述的活生生的身體的超越性，是一種離開身體之內宥性而以開放的、無中斷之導向性的行動朝向世界的超越性。作為超越性的活生生的身體，是純粹的、流暢的行動，持續召喚著被應用於世界的能力。然而，陰性身體的存在則不單只是起始於內宥性，而是保持在內宥性中，或者說是**負擔**著內宥性，即使它在抓握、操縱等等動作中朝向世界而去，也是如此。

在上一節，我觀察到女人通常不將整個身體投入一個動作，而是把動作集中在身體的某個部分，其他身體部分則保持相對不動。也就是說，身體只有部分朝向任務，其他部分則固守住內宥性不動。稍早，我也觀察到女人經常不信任自己身體的能力，不信任它能投入與事物的軀體關係。如此，她往往活得好像身體是個負擔，必須被拖駁、驅趕，同時又被保護。

二、梅洛龐帝將意向性放在活動力（ibid., 110-12）；開敞於世界中的可能性，有賴於身體「我能」（I can）的模式與限制（ibid., 137, 148）。然而，陰性存在往往不會以堅定而自信的「我能」，來回應它周遭的環境，建立身體的各種可能。就如稍早所說的，女人常常傾向在還沒嘗試前，就斷定某個任務超過自己的能力，儘管只要她嘗試，就會發現這個任務能相對輕鬆地完成。一般說來，陰性身體低度運用自己實際的能力，包括其軀體與力量的潛能，以及實際的技能與促進身體能力的協調整合力。陰性身體存在是一種**遭抑止的意向性**，一方面以「我能」邁向計畫目標，同時又以「我不能」（I cannot）自欺，阻擋身體完全投入目標。[19]

未經抑止的意向性，投射出待完成的目標，並以一種組織、統一了身體活動的無中斷之導向性使得身體完成目標的動作變得流暢相連。身體的能力與運動，結構了它的周遭，也投射出動作與行動那深具意義的可能性，而這些可能性又會反過來召喚身體的動作來落實（enact）自己：「理解，就是體驗到我們指向的東西和呈現出的東西、意向與實現間的一致。」[20]（ibid., 144；也可參見 101, 131, 132）陰性動作往往切斷目標與落實間此一相互制約的關係。對於需要整個身體協調與導向才能圓滿完成的目標，女人在動作時常常很矛盾。她們的身體投射出一個待落實的目標，卻又在實踐任務的同時，變得僵硬緊張。在實踐軀體

19 費雪（Seymour Fisher）關於身體意象之性差異的不同面向的討論，有很多會令人聯想到我文中展開的現象學描述。然而，由於費雪的論證中某種純推論的面向，我很難用他的結論來支持此處的敘述。因此，我此處對他一些發現的引用，是心懷保留的。

費雪的發現之一，是比起男人，女人對腿懷著更大的焦慮感，對此他還引證了早期做出同樣結論的研究。費雪解釋這種對腿的焦慮其實是對活動力本身的焦慮，因為就身體概念與身體意象來說，腿是與活動力最相關的身體部分。參見 Seymour Fisher, *Body Experience in Fantasy and Behavior* (New York: Appleton-Century Crofts, 1970), 537。如果費雪的發現與解釋沒錯，那麼，此處提及的這種作為陰性身體舉止的一個面向的對動作的抑止和膽怯，便應與這種現象相關。

20 譯注：此處譯文參引姜志輝譯本，頁一九一。梅洛龐帝原句中，在作者所引句後，還有一句：「——身體則是我們在世界中的定位。」

任務時，女人的身體雖然確實帶領她朝向其意向的目標，卻往往是以迂曲繞行而非自在直接的方式，在嘗試與一再定向的努力中虛耗許多動作，而其原因往往在於陰性猶豫。

對任何活生生的身體來說，世界乃是與其意向相關的可能性的系統（ibid., 131），卻也處處是讓自己受限、受挫的隔絕與抵抗。這意味著，對於任何身體的存在，「我不能」可能即是對「我能」設限。然而，就陰性身體存在是遭抑止的意向性而言，看來與其意向相關的種種可能性，也同樣會是與其猶豫相關的挫折的系統。藉著約束或抑止自己的動態能量，陰性身體存在經常對同一個目標投射出「我能」和「我不能」。當女人懷著遭抑止的意向性進行任務時，她投射了任務的可能性——因此投射出「我**能**」——但這投射的僅僅是「某人」的可能性，而不真的是她的可能性——因此她也投射出「**我**不能」。

三、康德（Immanuel Kant）認為超驗的主體性具有統一（unify）與綜合（synthesize）的功能，梅洛龐帝則認為這功能屬於身體。藉由投射出一個目標，並朝向目標前進，身體完成整合，並與其周遭合一；藉由其投射的可能性之向量（vector），身體將關係到他人與自己之事物安排就緒。身體的動作與定向，將周遭的空間組織為自己存有的延伸（ibid., 143）。同時，在綜合周遭時，身體也用同樣的行動綜合了自己。身體的綜合是立即且原初的。「我不是逐個把我身體的各個部分連結在一起的；這種表達和這種連結在我身上是一次

完成的：它們就是我的身體本身。」（ibid., 150）

陰性身體存在的第三個模態，是它與身體本身及其周遭的**不連續的統一**。我稍早論道，對許多需要整個身體積極投入及協調才能圓滿完成的運動，女人傾向把動作集中在身體的某個部分，其他部分則相對不動。這樣的動作和它自己就不連續。這個超離而朝向目標的身體部分，和那些保持不動的身體部分，形成相對的不統一。無導向且虛耗的動作，往往是陰性投入某個任務會發生的狀況，也顯現出身體的欠缺統一。讓陰性動作切斷目標與落實之間、世上可能性與身體能力之間的關連的遭抑止的意向性的特質本身，製造了這種不連續的統一。

依據梅洛龐帝的說法，身體若欲作為對世界的超越性的在場以及意向的立即落實而存在，它就不能作為**客體**（object）而存在（ibid., 123）。作為主體，身體指涉的不是它自己，而是世界的可能性。「為了讓我們能把身體移向一個客體，客體必須先為我們的身體存在，我們的身體必須不屬於『在己』（in-itself）的範圍。」（ibid., 139）然而，對陰性存在來說，身體經常在同一個行動中同時既是主體、也是它自己的客體，而這個事實，正是陰性身體存在的三種矛盾的模態——模稜兩可的超越性、遭抑止的意向性與不連續的統一性——的根源。陰性身體存在經常並非對世界的純粹的在場，因為它既指涉**自己**，也指涉世上的可能性。[21]

前一節的數個觀察，證實了這樣的自我指涉。例如，觀察指出，女人傾向將物體**朝向**她們而來的移動，看做**正對**著她們而來。我也觀察到女人在動作時，有一種潛在的受傷恐懼，而且有時她們也意識到這種恐懼。也就是說，當女人把自己當成動作的**客體**而非動作的發動者時，陰性身體存在即在自我指涉。當女人不確定自己身體的能力、不覺得自己能完全控制動作時，陰性身體存在也在自我指涉。她必須將注意力分散到待完成的任務，以及須被誘哄、被操縱去完成任務的身體。最後，當陰性主體假定其動作是**被注視**的動作時，陰性身體存在也在自我指涉。在第四節，我們將探討女人的社會存在被當成他人凝視對象這個基本事實的意涵，而被當成他人凝視的對象，也是她的身體自我指涉的主要原因。

大致說來，陰性身體存在的模態之根源，在於陰性存在體驗到身體僅是一件物的事實——一件脆弱的物，必須被鼓勵、誘哄才會開始動作，因為**被注視與被運作**而存在。當然，

21 在費雪發現的男女一般身體意象之差異中，最引人注目的是女人在他稱為「身體顯著」（body prominence）的程度明顯較高，所謂身體顯著，指的是對身體的覺察與關切。他引用了許多有著同樣結果的不同研究。費雪對這個發現的解釋，是女人對身體的關注、對身體的雕琢與裝扮，以及煩惱自己在別人眼中看來如何，都是社會化的結果。Seymour Fisher, *Body Experience in Fantasy and Behavior*, 524-25。也可參見 Seymour Fisher, "Sex Differences in Body Perception," *Psychological Monographs* 78 (1964), no. 14。

任何活生生的身體都既是一件物質性的物，也是一個具超越性的主體。但對陰性身體存在來說，身體往往活得有如非身體的物，就像世上其他的物一樣。當一個女人將她的身體活得像是一件物，即是她遭到抑止，固守住內宥性，遠離作為具超越性的動作之她的身體，遠離對世上可能性的投入。

三

對梅洛龐帝來說，生活空間（lived space），或者說現象空間（phenomenal space），跟客觀性空間（objective space）是有區分的，後者是幾何與科學的均質空間，在其中，所有位置都位於其他位置之外，且可彼此互換。現象空間源於活動力，而空間中的生活關係則產生自身體動作的能力，以及動作所構成的意向的關係。「身體的空間性顯然是在行動中實現的，因此對我們自己動作的分析，應能使我們更深刻地理解身體的空間性。」（ibid., 102；參照148, 149, 249）依照這種說法，如果陰性身體舉止與活動力有特定的模態，那麼陰性空間性一定也有特定的模態。陰性存在所生活的空間是**封閉**或受限的，就好像有個**雙重**結構，而女人體驗到自身都是在空間中**被定位**的。

一、艾瑞克森（Erik Erikson）在數年前有個很著名的研究，是要求幾個前青春期的男女童，用一些玩具構築想像中的電影場景。他發現女孩通常會描述室內場景，有高牆和圍籬，而男孩則通常會構築室外的場景。艾瑞克森對此結論道，女性傾向著重他所稱的「內在空間」（inner space）或封閉空間，男性則傾向著重「外在空間」（outer space）或開放且向外展開的空間定向。艾瑞克森對這些觀察的解釋是精神分析式的：女孩描述「內在空間」，乃是對其子宮及陰道等封閉空間的投射；男孩描述「外在空間」，乃是對其陽具的投射。[22]我認為這樣的解釋完全不具說服力。假若女孩果真傾向投射封閉空間，而男孩果真傾向投射開放及向外展開的空間，那麼，說這反映了不同性別在空間中生活及運用身體的方式，要遠比上述解釋合理。

在第一節，我觀察到女人在日常動作中較不開放自己的身體，不管是坐、站、走，都傾向用四肢緊靠或圍住身體。我也觀察到女人較不會盡力量所及地拉長、伸展、傾身、弓身或跨步，即使她們只要這麼做，就能更圓滿地完成任務或動作。也就是說，可為陰性身體**軀體**

22 Erik H. Erikson, "Inner and Outer Space: Reflections on Womanhood," *Daedelus* 3 (1964): 582-606。艾瑞克森對其發現的詮釋也具性別歧視。在認為自己發現了「內在空間」（他用以指稱體內空間）對女孩所具有的特定意涵後，他繼續討論女人的「先天特質」，例如子宮與成為母親的可能性等，而女人所做的任何事一定得符合這些特質。

上使用的空間，經常比她實際所使用和占據的來得大。陰性存在似乎在她自己及其周遭的空間之間，設了一道存在的圍籬，好壓縮屬於她的、能抓握操縱的空間，而圍籬之外的空間，則是她的動作無法觸及的。[23]更進一步的關於陰性生活空間之限制的例證，是我前面在運動方面的觀察，例如女人較不會跑去接球，而是待在一個地方，在球進入她所在的空間時，才對球的移動有所反應。膽怯、固定不動、猶疑，常常成為陰性運動的特徵，投射出一種陰性「我能」的受限空間。

二、依據梅洛龐帝的說法，超離地運作的身體統一性，創造了身體與外在空間的立即連結。「運動的每一時刻，包含了運動時刻的整個空間，[24]特別是第一個時刻，因為運動的開展開始了一個這裡和那裡的聯繫。」（ibid., 140）然而，在陰性存在中，一個封閉空間的投射切斷了「這裡」和「那裡」之間的連續。陰性存在有一種雙重空間性（double spatiality），因為「這裡」的空間不同於「那裡」的空間。「那裡」那個未聯繫我身體可能

---

23 費雪另外還發現，比起男人，女人會更清楚地表明身體疆界。比起男人，她們會更明確地將自己與周遭空間區分開，並與這些空間保持距離。參見 Seymour Fisher, *Body Experience in Fantasy and Behavior*, 528。

24 譯注：作者在本書所載的引用文首句是「Each instant of the movement embraces its whole space,...」，但其引用本（*Phenomenology of Perception*, New York: Humanities Press, 1962）寫的則是「Each instant of the movement embraces its whole span,...」。為免逸出作者全文脈絡，此處仍依前者翻譯。

性的空間，與「這裡」這個我居處自己身體可能性的封閉空間，其間的區分，表現了目標與實現目標之能力間的不連續性；對於這樣的不連續性，我稍早曾將它說明為陰性活動力遭抑止的意向性所獨具的猶豫且不確定的意義。在「那裡」的空間中，陰性存在懷者「有人」能在其中行動、但那人不是我的理解，投射各種可能性。因此，「那裡」的空間是為陰性存在而存在的，但那只是她會向裡面看的空間，而非她會進入的空間。

三、陰性空間性的第三種模態，是陰性存在體驗到自身是**在**空間**中被定位**的。對梅洛龐帝而言，身體是構成空間的原始主體；沒有身體，就沒有空間（ibid., 102, 142）。作為空間關係的起源與主體，身體所占據的位置，並不等同其他事物所占據的位置，彼此也不可互換（ibid., 143, 247-49）。因為活生生的身體並不是一個**物體**，不能被說成像水**在**杯**中**那樣存在**於**空間（ibid., 139-40）。「用於我身體的詞語『這裡』，指的並不是相對於其他位置或外部座標的限定位置，而是第一個座標的設置，是主動的身體在一個物體中的定位，是身體面對其任務的處境。」（ibid., 100）

由於陰性身體存在既是空間構成的，又是構成空間的主體，陰性空間性是矛盾的。又因為陰性存在的身體具超越性及意向性，陰性身體主動地構成空間，也是統一空間場（spatial field）的原始座標，並依其意向投射空間關係與定位。但就陰性活動力負載了內宥性且遭抑止的情況來說，這個身體的空間有如被構成。從這個角度來說，陰性身體存在是自我指涉的，且因此活得有如一個**物體**[25]，所以陰性身體的確存在於空間。在第一節，我觀察到女人經常只是對動作做出反應，甚至對自己的動作亦然，就好像我們是一個來自外來意向之動作的客體，而不是把自己視為動作的主體。在這樣的內宥性與抑止性中，陰性的空間存在被一個座標系統所**定位**，而此系統並不源於女人自己的意向能力。陰性身體在該用整個身體來完成任務時卻保持局部不動的傾向，證明了陰性身體存在扎根**於某處**的特性。而女人等待物體來到她們鄰近的身體空間、而不是動身向物體而去的傾向，也是另一例證。

梅洛龐帝用了很多心力論辯道，活生生的身體的各種感覺和活動都綜合相關，因為它們每一個都與其他的感覺和活動共有一種相互制約的關係。視覺與活動力尤其具有一種可逆關係（relation of reversability）；舉例來說，一個功能受損，會導致另一個功能也受損（ibid., 133-37）。如果我們假定視覺與活動力是可逆的，那麼從前面所說的陰性活動力的模態以及源於這些模態的空間性看來，視覺空間也該有自己的模態。

許多心理學研究指出，不同性別有不同的空間知覺特徵。在這些結論中，最常被討論的

25　譯注：物體的英文 object，也有客體、對象等多重意義，其間關係常相連重疊，時難區分。本書中譯視脈絡將 object 譯為不同意義（比如在特別相對於主體〔subject〕時譯為客體），但讀者不妨也同時留意該字的其他意涵。

是女性比較常「依賴場域」（field-dependent）。已有研究指出，男性較善於將人物從其周遭空間抽離出來，把空間中的關係視為流動且可互換的，女性則傾向視人物為嵌入其周遭環境且被環境固定住。[26]上述陰性活動力及空間性的說明，給予這些發現理論上的意義。假如陰性身體空間性，即是女人自身經驗到的固定不動與封閉，那根據上述的可逆假設，陰性存在的視覺空間，也有其不動性與固定性的藩籬。視覺空間中的物體，並不是處於一種關係流動的系統，在其中，這些關係可變也可互換，且與身體的各種意向和投射能力相關。換句話說，在陰性存在的視覺空間中的物體，也有自己的**位置**，且被其內宥性所定住。

26 得出類似結果的研究不可勝數。參見 Eleanor E. Maccoby and Carol N. Jacklin, *The Psychology of Sex Differences* (Palo Alto, Calif.: Stanford University Press, 1974), 91-98。許多年來，心理學者將空間能力的測驗結果推論為一般性的場域依賴，並進而將之推論為一般性的「分析」能力。女人的分析能力不如男人的結論，就是這樣做出來的。然而在最近，這樣的推論遭到嚴重質疑。可參見 Julia A. Sherman, "Problems of Sex Differences in Space Perception and Aspects of Intellectual Functioning," *Psychological Review* 74 (1967): 290-99。雪曼（Julia A. Sherman）提醒我們，在關於空間的任務上，女人雖然一直被認為比男人容易依賴場域，但在測量場域獨立性的非空間測試中，女人的表現大體上和男人一樣。

四

我要聲明，此處描述的陰性身體舉止、活動力、空間性的模態，是當代社會的女性存在多少共有的。這些模態有其根源，但這根源並非解剖學或生理學，當然也不是神祕的陰性本質。它們的根源其實是女人獨特的**處境**——被當代社會的性別歧視壓迫所制約的**處境**。

在性別歧視的社會中，女人的肉體是殘缺的。我們依照父權文化分派給我們的定義去學習過生活，在此情況下，我們的肉體被抑止、限制、定位且客體化。作為活生生的身體，我們並非開放而明確的超越性存在，可以起身主宰屬於我們的世界，一個由我們自己的意向與投射所構成的世界。當然，當代社會中，確實有女人並不適用或不全然適用上述敘述。當這些模態在特定女人身上並不明顯或不具決定性時，它們是處於否定的模式——像是她因為意外或好運而得以免除這些模式，或是更常見的，她必已克服了它們。

陰性身體存在模態的一項源頭，因為太明顯而不必做出長篇累牘的討論。大體上，女孩和女人沒能擁有機會去運用所有的身體能力，去自由、開放地投入世界，也不像男孩那樣，被鼓勵盡量發展特定的身體技能。[27]女孩的遊戲比男孩的遊戲來得靜態封閉。在學校和課後活動中，女孩都不被鼓勵投入運動，控制身體的運用以邁向特定目標。更重要地，女孩幾乎沒機會去練習「修理」東西，好發展與空間相關的技能。還有，女孩不常被要求完成需要體能努力與力量的任務，而男孩則會隨著年齡增長，被要求完成更多這類任務。[28]

無論如何，陰性身體存在的模態不僅是負向的、被剝奪機會的，其源頭也因此不僅是缺乏練習，雖然練習當然是個重要因素。陰性身體舉止與行動有其特定的正向的、確切的風格，在女孩開始瞭解自己是個女孩時，就會開始學習。小女孩養成許多陰性身體舉止的微妙習慣——像女孩那樣走路，像女孩那樣偏著頭，像女孩那樣站著和坐著，像女孩那樣擺姿勢，等等。女孩積極學習如何阻礙自己的動作。她被教導一定要小心，以免受傷、弄髒、扯破衣服，被告知那些她想做的事對她很危險。是故，隨著年齡增長，她的身體越來越膽怯。

27 女孩也不會被提供關於體能表現活躍的女孩與女人的例子。參見 Mary E. Duquin, "Differential Sex Role Socialization toward Amplitude Appropriation," *Research Quarterly* (American Alliance for Health, Physical Education, and Recreation) 48 (1977): 188-92。有個對兒童教科書的調查指出，兒童在書上看到活力十足的男人的機率，是看到活力十足的女人的機率的十三倍；看到比較活躍的男人的機率，是看到比較活躍的女人的機率的三倍。

28 雪曼指出男女孩分化的社會化，諸如鼓勵男孩「修理」、探險等，導致雙方空間能力的差異。Julia A. Sherman, "Problems of Sex Differences in Space Perception and Aspects of Intellectual Functioning"。

既然自己是個女孩，她想自己一定很脆弱。許多研究發現，幼童不分性別，一致認為女孩比男孩容易受傷，[29]男孩可以去晃遊、探險，女孩則不應離家太遠。[30]女孩越假定自己的陰性地位，就越把自己看做是脆弱、靜止的，也越積極抑止自己的身體。當我大約十三歲時，我花了幾個小時練習「陰性」的行走方式：僵硬、封閉，左右款擺。

對性別在空間知覺、空間的問題解決能力及運動技能之差異的研究，也觀察到上述差異有隨年齡遞增的傾向。幼童在運動技能、動作、空間知覺力等，還看不出什麼差異，但到了小學，差異就逐漸明顯，並在青春期增大。如果這些發現正確，似乎可看做下述結論的佐證：陰性身體舉止、活動力與空間性，是在成長為女孩時形成的。[31]

然而，還有一個陰性身體存在模態的源頭，可能比上述源頭都深刻。我在前一節說過，那些模態的根源，乃是女人同時把身體當作**客體**和主體。而這又源於父權社會將女人定義為物體，且僅是一具身體，源於在性別歧視的社會中，女人事實上經常被他人視為物體，且僅

---

29 見 L. Kolberg, "A Cognitive-Developmental Analysis of Children's Sex-Role Concepts and Attitudes," in *The Development of Sex Differences*, ed. E. E. Maccoby (Palo Alto, Calif.: Stanford University Press, 1966), 101。

30 Lenore J. Weitzman, "Sex Role Socialization," in *Woman: A Feminist Perspective*, ed. Jo Freeman (Palo Alto, Calif.: Mayfield Publishing Co., 1975), 111-12.

31 Maccoby and Jacklin, *The Psychology of Sex Differences*, 93-94.

是一具身體。身為女人的處境的基本狀況，是永遠活在被視為僅僅是一具身體、曲線與肉身的可能性中，把自己表現得像是其他主體所意欲、操縱的潛在客體，而不是活生生地呈現出自己的行動與意向。[32]被客體化的身體存在的源頭，在於他人觀看她的態度，但女人本身卻也常把自己的身體視為僅是一件物。她凝視鏡中的身體，煩惱身體在別人眼中看來如何，她修剪、形塑、打造、裝飾身體。

被客體化的身體存在，說明了陰性對自己身體的自我意識，也說明了這個意識所造成的她與自己身體的距離。身為人類，她具有超越性、主體性，不能僅作為身體存在。因此，在她確實僅作為身體而存在的狀況下，她無法與自己合為一體，必須與身體保持距離，和身體維持不連續的狀態。此一「讓她就定位不動」的客體化目光，也能說明被定位的空間模態，以及為何女人的動作常常比較沒那麼大方自在，而是用四肢包圍住自己。對女人來說，自

32 女人被至高他者的凝視所客體化的方式，與被至高他者客體化的現象並不同，後者是沙特所說的自我意識的一項條件。參見 Jean-Paul Sartre, *Being and Nothingness*, trans. Hazel E. Barnes (New York: Philosophical Library, 1956), part 3。為他存有（being for others）之根本的本體論範疇，是為己而被客體化，但女人在被客體化時，卻被視為僅是在己的存有（譯注：沙特在《存在與虛無》〔*Being and Nothingness*〕中，稱「在己存有」〔being-in-itself〕為「不具意識的物體或現實」，而「為己存有」〔being-for-itself〕則指「具有意識的個體」）。關於性別的客體化這獨特的動態運作，參見 Sandra Bartky, "Psychological Oppression," in *Philosophy and Women*, ed. Sharon Bishop and Marjories Weinzweig (Belmont, Calif.: Wadsworth Publishing Co., 1979), 33-41。

由、主動、自在地伸展身體並大膽向外，無異是邀請別人來客體化她。

然而，女人生活於其中的客體化威脅，並非僅有被觀看的威脅。她也活在自己身體空間被侵入的威脅下。這種空間與身體的侵入，最極端的形式乃是性侵的威脅。但我們天天都可能遭遇更微妙的身體侵入。舉例來說，在某些狀況下，人們通常不允許男人被女人以某些方式碰觸，卻允許女人被他人——即男人——在同樣的狀況下以同樣的方式碰觸。[33]我認為，那被描述為陰性空間性模態的封閉空間，部分是為了防衛這種侵入。女人傾向在自己周邊投射一道存在的屏障，與「那裡」不連續，好保持與他人的距離。女人生活的空間之所以緊繞著自己、狹窄且封閉，至少部分是為了規畫出一個自己能在裡面做個自由主體的小小空間。

這篇論文是女人經驗與處境層面之研究的引言，這些經驗與處境，從未得到其應得的對待。在此我想以一些需要進一步思考與研究的問題來結束本文。這篇論文主要關注需要全身一起動作的軀體任務和身體定向。若要更深入地探討女人的身體存在，應去注意那些不須全身投入、更為精細的動作。想要繼續發展女人在處境中的身體存在之敘述，就須思考女人身體的性存有經驗之模態，以及較非任務導向的身體活動，例如跳舞。另一個問題，是這裡提

33　見 Nancy Henley and Jo Freeman, "The Sexual Politics of Interpersonal Behavior," in Freeman, *Woman: A Feminist Perspective*, 391-401。

供的描述，對各種軀體任務是否同等適用。這種任務，和特別被性別類型化的任務或動作，是否影響了陰性身體存在的模態？更深入的問題，是對於女人身體存在的模態和我們其他的存在與經驗層面之間的關連，我們能發展出多少理論解釋。舉例來說，我直覺認為，我們常常對自己的認知或領導能力缺乏信心，部分原因可溯及對自己身體能力的原始懷疑。無論如何，若未先完成這些具引導作用的觀察，上述問題都無法適當處理，而我為此文所做的資料蒐集，還有很大的執行空間。

第三章

懷孕的肉身化：主體性與異化

The Advertisement from The Woolmark Company facing "Women Recovering Our Clothes" is reprinted from *Self* (Fall 1985) Oxford University Press.

圖書館目錄卡的「懷孕」項下，包含一大串類別：詳述病變徵兆的醫學專著；附有詳盡圖片的胎兒成長研究書冊；醫師等相關人士所寫的簡明手冊，給予孕婦飲食、運動的建議。懷孕不屬於女人自己。懷孕是一種發展胎兒的狀態，對此狀態而言，女人只是容器；或者是一種在科學監控下客觀的、可觀察的過程；或者被女人自己客體化成一種「狀況」，在此時她必須「好好照顧自己」。也許除了一本不顯眼的日記，沒有類別卡會列出一本——像克莉絲蒂娃所說的——是在「關注主體、關注那就是進程所在的母親」的書。[1]

我們無須驚訝關於懷孕的論述遺漏了主體性，因為在多數關於人類經驗與歷史的文化論述中，女人的特定經驗一直是缺席的。本文將從懷孕主體的觀點，探討懷孕經驗的一些面向。藉著對日記與文獻的參引，以及對懷孕經驗的現象學反思，我希望讓女人用自己的聲音說話。

第一節描述了懷孕所獨有的一些身體狀況。我認為，懷孕的主體在很多方面都是去中心化（decentered）、分裂或雙重的。她經驗著是她與不是她的身體。身體內在的運動，屬於另一個存有，然而因為她的身體邊界轉變了，因為她身體的自我所在（self-location）

1 Julia Kristeva, "Motherhood According to Giovanni Bellini," in *Desire in Language* (New York: Columbia University Press, 1980), 237.

既在頭也在軀幹，那些運動又並不完全屬於他人。這個分裂的主體顯現於懷孕的情色性（eroticism）。在懷孕的情色性中，女人感受到一種純真的自戀，這種自戀來自她重拾在母親體內時被壓抑的經驗。[2]最後，懷孕的存在產生了一種獨特的過程與成長之時間性（temporality），在此時間性中，女人會經驗到自己在過去與未來間分裂。

對活生生的懷孕身體的此一描述，對史特勞斯、梅洛龐帝及其他幾位存在現象學家作品中的身體存在現象學既有所發展，也有所批判。這個描述延續上述思想家揭舉的對笛卡兒主義（Cartesianism）的基進破壞，卻也挑戰了這些思想家內含的假設：主體是統一的，而超越性與內宥性完全不同。我論道，懷孕呈現了一種身體經驗的典範，即自我那顯而易見的統一性分解了，身體一方面落實其投射[3]，一方面也積極關注自己。

第二節反思懷孕主體面對醫療體制與實務的遭遇。我論道，在這些體制與實務的現有組織中，女人常常會發現這樣的遭逢在許多方面是異化（alienation）的：醫學自視為治療專業的自我認定，促使他人和女人自己認為懷孕乃是偏離正常健康的狀況；醫師藉由儀器對懷孕

2 譯注：作者對這部分的理解如後文所示，應是來自克莉絲蒂娃的《語言中的欲望》（*Desire in Language*）一書，克莉絲蒂娃認為，女人透過懷孕生子，與自己的母親重合，變成自己的母親；她們是自我分化了的同一的連續體。母性的同性戀面向即在於此。（參見該書頁三〇五）

3 譯注：關於身體對目標的投射與落實，可參見第二章第二節及第三節。

與生產過程知識所具有的控制，進一步貶低了她和胎兒、和她懷孕的身體間的特許關係；在當代脈絡中婦產科醫師通常是男人的事實，降低了醫病間出現身體同理心的可能性；更甚地，在現今構成醫病關係的權威—依賴脈絡裡，以及生產過程中儀器與藥物的使用，讓孕婦及產婦在這些經驗中往往缺乏自主權。

在繼續討論前，我得先聲明這篇論文的分析，只限於高度科技化的西方社會中的女人之特定經驗。這篇分析預先假定懷孕可以為懷孕本身之故被經驗、關注，並細細品嘗。這意味這樣的懷孕是女人選擇的，或者是明確地決定要懷孕，或者至少是選擇認同懷孕並正面接受之。在人類史中，多數女人並非由自己在這樣的意義上選擇懷孕。對今日世界絕大多數女人，甚至是對自由社會的許多女人來說，懷孕都不是她們自己選擇的經驗。因此，在很大程度上，我是為了一個必須被建立的經驗而發聲，以及為了那些沒能自己掌握懷孕處境的孕婦而發聲。

一

史特勞斯——以及梅洛龐帝和某些其他存在現象學者——對西方哲學傳統獨特的貢獻，

乃是認為意識與主體性就在身體本身。認為主體性就在活生生的身體的這一想法，讓二元論形上學岌岌可危。主體與客體、內在與外在、我與世界這些彼此相斥的範疇，沒了立足的基礎。史特勞斯是這麼說的：

> 「我的」（mine）的意義，是被相關且相對的世界／他人（Allon）[4]決定出來的，雖然如此，我仍然屬於這世界／他人。在我／非我、自己的／陌生的、主體／客體、構成中的我／被構成的世界等反命題中，若沒有中介物，就無法理解何謂「我的」。一切都證明：分離與統一源於同一處。[5]

不過，正如薩哈諾（Jacques Sarano）指出的，反二元論的哲學家仍然傾向運用一種二元論的語言，即區分出兩種經驗身體本身的形式，一種是將之經驗為主體，一種是將之經驗為客體，而這兩種形式都凌駕自由與單純的事實性本身。[6]我將指出，對懷孕經驗的反思，甚

4 譯注：Allon 字源應出於拉丁文或希臘文。

5 Erwin Straus, *Psychiatry and Philosophy* (New York: Springer-Verlag, 1969), 29.

6 Jacques Sarano, *The Meaning of the Body*, trans. James H. Farley (Philadelphia: Westminster Press, 1966), 62-63.

至可以對身體哲學家暗中運作的這個二元論提出一種基進的挑戰。

這些存在現象學者之所以延續一種主體與客體的區分，至少部分是因為他們假定主體是統一的。例如，梅洛龐帝在《知覺現象學》中，便認為統一經驗的「意向弧」（inten-tional arc）[7]存在於身體，而不是存在於一種抽象的、構成中的意識。然而，他並未放棄將一種統一自我的觀念作為經驗的條件之一。

> 一定有一種主體性的開放而不確定的統一性，對應於這種世界的開放統一性。如同世界的統一性，每當我進行知覺、每當我獲得一種明證時，我的統一性與其說被體驗到，還不如說是被召喚。普遍的我，是這些明亮的形狀清楚顯現的背景：我正是透過一種當前的思想，形成我的思想的統一性。[8]

然而，梅洛龐帝後來的作品及近年的法國哲學都指出，認為統一主體乃經驗條件的超驗

7 譯注：梅洛龐帝在《知覺現象學》中這麼描述意向弧：「意向弧在我們周圍投射我們的過去、我們的將來、我們的人文環境、我們的物質情境、我們的意識型態情境、我們的精神情境，更確切地說，它使我們置身於所有這些情境中。正是這個意向弧造成了感官的統一性……。」原文見頁一三六，中譯引自姜志輝譯本頁一八一。

8 Maurice Merleau-Ponty, *Phenomenology of Perception*, trans. Colin Smith (New York: Humanities Press, 1962), 406.

信念，可能只不過是種意識型態。[9]拉岡、德希達、克莉絲蒂娃的作品，指出自我的統一本身就是一種投射，一種有時會被一個動作著且經常是矛盾的主體性所成功落實的投射。我以克莉絲蒂娃關於懷孕的評論為起點：

> 懷孕似乎被經驗為主體分裂的根本體驗：從身體內長出另一身體，自我與他人、自然與意識、生理與言語，都既分離又共存。[10]

這種視懷孕為分裂的主體性的想法，甚至可以外於克莉絲蒂娃所使用的精神分析框架而得到確認。對懷孕經驗的反思，揭露了一種去中心化的身體主體性，即自我置身於非我型態。

在我剛開始懷孕時，我經驗到的乃是身體上的變化；我變得和以前不同了。我的乳頭變得較紅、較柔軟，我的腹部隆起如梨。我感到腰部周邊浮起的一圈有些發癢，那圓圓硬硬

---

9 見 Rosalind Coward and John Eills, *Language and Materialism* (London: Routledge and Kegan Paul, 1977)。

10 Julia Kristeva, "Women's Time," trans. Alice Jardine and Harry Blakes, *Signs: Journal of Women in Culture and Society* 7 (1981): 31；參見 Julia Kristeva, "Motherhood According to Giovanni Bellini," 238。

的肚腹，仍帶有幾分過去的鬆軟。然後我覺得肚子裡有一些觸動，有一些聲響。這是我的感受，發生在我體內，它像是個氣泡，但又不是氣泡；它不同於我，存於另一處，屬於另一人、另一個雖然也屬於我的身體。

胎兒的第一個動作，製造了這種分裂主體的感受；胎兒的動作全都是我的動作，完全發生在我體內，制約著我的經驗和空間。好比只有我可以從這些動作的源頭感受它們。幾個月來，只有我能見證我體內的生命，也只有在我指導下，別人才知道該把手放在我肚子哪一處，來感覺這些動作。我與這個另一人的生命有種特許關係，好似我與自己夢境及思想的關係——我可以告訴別人我的夢境與思想，但他們永遠無法以和我一樣的方式來感受它們。對於我對體內這些動作的感受——這些動作像是我的，雖然那是另一人的動作——瑞奇（Adrienne Rich）如此敘說。

> 在懷孕初期，胎兒的騷動，感覺起來就像是我自己身體幽靈般的震顫，後來又像是一個被監禁在我體內之存有的運動；然而這兩種感受都是**我的**感受，促成我自己對身體空間

與心理空間的感知。[11]

什麼位於我體內、是我自己，什麼又是外在的、分離的，這兩者間的界線，因為懷孕而流動起來，懷孕正是藉此挑戰我身體經驗的整合性。我將我的內裡感受為另一人的空間，然而那是我自己的身體。

懷孕時，我並不覺得胚胎像佛洛依德（Sigmund Freud）所說，是絕對內在的，而是像在我體內的我的某個東西，一刻刻、一天天地逐漸與我分離，以它自己的方式離開我、成為它自己……。

女人絕非存在於「內在空間」的樣態，而是有力地、脆弱地同時適應「內在」與「外在」，因為對我們來說，這兩者是連續而非對立的。[12]

內在與外在的身體區分最極端的不確定狀態，發生在生育過程。隨著時光流逝，我越來

11 Adrienne Rich, *Of Woman Born* (New York: W. W. Norton, 1976), 47.

12 Adrienne Rich, *Of Woman Born*, 47-78.

越覺得內裡繃緊而擠壓，也越來越感到體內身體的運動。在痛苦與血水中，我體內的小東西從我兩腿間出現，短暫地既在我體內又在我體外。稍後，我困惑地看著稠糊糊的下身和我的孩子，驚訝於這嚎啕大哭、手腳漫天踢打的小東西，是和我如此不同，卻曾經就在我體內，是我身體的一部分。

我身體的整合性在懷孕中被鬆動，不僅是因為內裡的外在化，也因為我身體的邊界本身就是流動的。在懷孕期，我真的無法確切感覺我的身體在哪終止，世界又從何處開始。我反射性的身體習慣被硬生生去除；我習慣的身體和我此刻的身體之間的連續性破裂了。[13]在懷孕期，我的動作與預期仍記得我懷孕前的身體形象，然而我此刻移動著的身體，卻是這個懷孕的身體。這是懷孕主體雙重化的另一個例子。

我移動著，想要像在七個月前辦得到那樣地穿過椅子、擠過人群，卻發現自己前凸的身體阻擋了我的去路——但那不是我，因為我並不期待它擋住我的去路。當我在椅上彎身綁鞋帶，我堅硬肚腹與大腿的碰觸，讓我驚訝不已。我沒想到我的身體會碰到它自己，因為我的習慣還留有過去身體邊界的感覺。在這身體碰觸的曖昧時刻，我感到我的膝蓋和肚子，同時

13　見 Maurice Merleau-Ponty, *Phenomenology of Perception*, 82。

既被碰觸也主動去碰觸。[14]肚腹可說是他者，因為我沒想到它在那裡；然而因為我感覺到它所受到的碰觸，肚腹又可說是我。[15]

身體的存在現象學者通常會假設，超越性與內宥性這兩種身體存有樣態間有所區分。他們假定在我積極與世界產生關係的情況下，我並不是為了身體本身而知覺到身體。在成功落實我的目標與投射時，身體不過是種透明的媒介。[16]這類思想家中有幾位認為，只有或基本上在我跟世界的工具性關係瓦解時，比如在我虛弱或生病的時刻，我的身體才會知覺到其為沉重的物質，即肉體。

> 身體轉變成為肉體，總是意味不適與抑鬱。我們活生生的身體性日漸確認的這個軀殼的特徵，顯示它自己困於其沉重，變得遲鈍，成為包袱、重擔。[17]

---

14 關於碰觸的雙重性，參見 Maurice Merleau-Ponty, *Phenomenology of Perception*, 93；也可參見 Erwin Straus, *Psychiatry and Philosophy*, 46。

15 史特勞斯討論過身體作為「他者」與身體作為自我間的一種意向轉變；可參見 Erwin Straus, *The Primary World of the Senses* (London: Free Press, 1963), 370。

16 Maurice Merleau-Ponty, *Phenomenology of Perception*, 138-39.

17 Hans Plugge, "Man and His Body," in *The Philosophy of the Body*, ed. Stuart Spicker (Chicago: Quadrangle Books, 1970), 298.

這些思想家假定，當我為了身體本身而知覺到身體，疏離化與客體化即隨之而生。

如果我突然再也不對我的身體漠不關心，如果我突然關注起它的功能與過程，我的整個身體就是被客體化了，對我變成一個他者，變成外在世界的一部分。雖然我也許能感受它的內在過程，我自己卻被我排除在外。[18]

因此，主體與客體的二元論在身體本身的概念化中再次出現。這些思想家似乎假定我的身體若知覺其重量、體積、平衡，就永遠表示是對我身體一種疏離的客體化，在這樣的客體化中，我不是我的身體，我的身體囚禁我。他們也傾向假定我身體的這些知覺，一定會在落實我的投射時，把我排除在外；我不能既參與我身體的肉體性（physicality），又把身體當作完成我目標的手段。

當然，在有些時候，我會覺得我的身體只是一種阻力，只是一個令人痛苦的他性

18 Erwin Straus, *Primary World of the Senses*, 245.

（otherness），阻撓我完成我的目標。然而，把這種負面意義添賦至所有身體知覺到其重量與物質性的經驗，並不適當。岡朵（Sally Gadow）即論道，除了感受到身體是落實我們投射的透明中介，或是一種客體化的、異化的阻力或苦痛，我們有時也會在一種美學模式中經驗身體存有。也就是說，我們可以知覺到自己就是身體，為了身體本身而關注其感覺與限制，體會它們是一種完整而非缺乏。[19]岡朵認為疾病與老化都可以是這種美學模式下的身體經驗，而在這些知覺到自己身體的經驗中，最具典範性的就是懷孕。截然不同於作為某些理論基礎的超越性與內宥性的互斥範疇化，我的身體對肚腹與重量的知覺，並未阻礙我完成目標。

這種肚腹與膝蓋的碰觸，這種我的額外部分，讓我在穿過狹小處時驚喜不已，讓我即使在完成目標時，也會被召喚回到身體本身。懷孕的意識引發自一種雙重意向性：在知覺到自己作為身體，與知覺到我的目標與投射間，我的主體性是分裂的。確實，即使在懷孕期，有時當我沉浸於手邊事務，就不會感覺到自己作為身體，但當我移動或感覺到他人的注視，就會讓我憶起身體的厚實。

我走在圖書館書架間，尋找沙特的《辯證理性批判》（*Critique of Dialectical Reason*），覺

19 Sally Gadow, “Body and Self: A Dialectic,” *Journal of Medicine and Philosophy* 5 (1980): 172-85.

得假收縮正拉扯我的背，雖然那並不痛。我把手放在肚子上，感覺它的堅硬，眼睛則繼續搜尋。當我和朋友坐在黝黯的酒吧聽爵士，我感到內裡胎兒的踢打彷彿跟隨著音樂的節奏。當我在這些狀況下留意我懷孕的身體時，我不覺得自己被身體異化，像是在生病時那樣。我只是興致盎然地注意著它的邊界與聲響，有時還帶著快感，而這種美學上的興趣，並不會使我從手邊的事分神。

這種關注的分裂——既關注我的身體，也關注我的投射——很類似我把我自己放在我身體的雙重位置。史特勞斯提出，在涉及事務處理的日常工具性活動中，即理解、觀察、意欲與行動，「我」從現象學上來說，是存在於頭部。然而，在某些活動中——舞蹈是其中具典範意義者——「我」從雙眼轉移到軀幹領域。在史特勞斯稱為「體感」（pathic）[20]的這種定向中，我們經驗到自己與周遭環境有較寬廣的感官連續。[21]

我認為，懷孕的主體是以自我同時存在於眼睛和軀幹來經驗自己。她往往會體驗到她日常的行走、轉身、坐下都宛若舞蹈，因為這些動作都不只是帶她去她想去的地方，還會表現出一種直接的開放性，讓她滑越空間。她有時會驚訝於自己變成的這個沉重固體，竟仍能自

20 譯注：史特勞斯指出和世界相連有兩種方式，一是身體上的感知，即 pathic，一是知覺或認識，即 gonstic。

21 見 Erwin Straus, "Forms of Spatiality," in *Phenomenological Psychology* (New York: Basic Books), especially 11-12。

在移動。

懷孕讓我在大地扎根，讓我意識到我身體的肉體性並非客體，而是我移動時的物質重量。身體只是我的投射的中介的想法，是一種哲學的幻覺，其猶未揚棄人作為精神而存在的西方哲學傳統。[22]我的動作永遠包含對努力的知覺與阻力的感覺。懷孕時，這種存在的事實一直如影隨形。我是一個時時刻刻都在超越以邁向進一步計畫的行動者，但是固體的慣性與我身體的需求，把我拉回到我的限制，然而，這些限制並不是行動的障礙，只是一種與大地的血肉關係。[23]隨著胎兒長大，以前我視為理所當然的坐下、彎腰、走路等這些人類存在中再平凡不過的努力，現在顯然本身就成為計畫。例如起身這個動作，就越來越變成一個需要我關注的任務。[24]

在孕婦的經驗裡，此一重量與物質性往往產生一種權力感、充實感與認可感。因此，雖

---

22 見 Elizabeth V. Spelman, "Woman as Body: Ancient and Contemporary Views," *Feminist Studies* 8 (1982): 109-23。

23 關於身體與地面的關係，參見 R. M. Griffith, "Anthropology: Man-a-foot," in *Philosophy of the Body*, 273-92；也可參見 Stuart Spicker, "Terra Firma and Infirma Species: From Medical Philosophical Anthropology to Philosophy of Medicine," *Journal of Medicine and Philosophy* 1 (1976): 104-35。

24 史特勞斯的論文〈直立的姿態〉（The Upright Posture）很適切地表達了起身與站立對身為一個人的核心性；見 Erwin Straus, *Phenomenological Psychology*, 137-65。

然我們的社會往往貶低並輕視女人，認為女人軟弱嬌氣，孕婦卻仍能獲有某種自尊感。

這樣的體積讓我走路的速度慢下來，讓我的姿勢與心靈都變得較安定。我想如果我訓練自己未來走路都這麼厚實，或許就永遠能擁有厚實的想法。[25]

過去曾有一段時光，孕婦象徵高貴性感的美女。[26]儘管懷孕仍是一種執迷的對象，我們的文化卻粗糙地分離懷孕與性。主流文化定義陰性美是苗條、曲線美好的。雖然孕婦的性欲望與敏感度可能增加了，她卻往往不被看作性活躍或可欲。她的男伴——如果她有的話——可能會拒絕與她共享魚水之歡，醫師也可能建議她限制性活動。若女人的自我價值感是來自看來「性感」——主流文化的意象助長了這種評斷——她也許會覺得自己懷孕的身體又醜又怪。

雖然孕婦可能會發現自己被他人去性化（desexualized），她可能也會同時發現自己性欲

25 Ann Lewis, *An Interesting Condition* (Garden City, N.Y.: Doubleday, 1950), 83。當我開始為此文閱讀文獻時，女人談及懷孕的文本之稀少令我震驚；就此而言，這本書可說是奇珍異寶。

26 瑞奇探討了看待懷孕與母性的觀點史；參見 Adrienne Rich, *Of Woman Born*, chapter 4。

高漲。克莉絲蒂娃指出，孕婦和產婦更新了與存在中被壓抑的、前意識的、前象徵的面向的連結。懷孕的主體，不是統一的自我，不是父性象徵秩序（symbolic order）的主體，她跨越了語言和本能的範圍。在主體的分裂中，懷孕的女人重拾一種與此母體連續的原始性欲，即克莉絲蒂娃所稱的「歡愉」（jouissance）[27]。[28]

孕婦與身體的關係可以是一種純真的自戀。當我早晚更衣時，我久久凝視鏡中，毫無躲藏或虛榮。我不是在鑑賞自己、自問在別人眼中是否夠好看，而是像個孩子般，從身體發現新事物來取樂。我轉向側面，撫摸我在胸下凸出的、緊繃的肉體。

也許主流文化對懷孕身體的去性化，讓這樣的自我愛戀變得可能。文化對懷孕與性的分離，讓她能從性的客體化凝視中解脫，那是一種在她未懷孕時將她異化、工具化的凝視。這種性的客體化的斜睨，支解了女人，將她的身體部分視為男人欲望與碰觸的可能對象。[29]在

27 譯注：jouissance 為法文，有享受、歡愉等意，又特指性歡愉或源自身體的享樂，國內也有譯為「快感」者。原書誤寫為 juissance。

28 Julia Kristeva, "Motherhood According to Giovanni Bellini," 242。賀許（Marianne Hirsch）對此有篇很具建設性的評論，見 Marianne Hirsch, "Mothers and Daughters," *Signs* 7 (1981): 200-222。

29 Sandra Bartky, "On Psychological Oppression," in *Philosophy and Women*, ed. Bishop and Weinzweig (Belmont, Calif: Wadsworth Publishing Co., 1979), 330-41。

懷孕期，女人可能多少會覺得自己從這種異化凝視解脫。緊盯她肚腹的眼光並非出於欲望，而是出於肯認。有些眼光會讓她不快，比如覺得她的身體很可笑，但那跟隨她的眼光並非懷著欲望異化她、工具化她。確實，在這個仍然將女人的可能性窄化為母職的社會，孕婦往往會發現自己被滿懷嘉許地注視。

當我一看即知懷孕，在我的青春期與成人歲月中，我第一次感到無罪。我沉浸在一種被嘉許的氣氛——甚至連街上的陌生人都似乎這樣看我——這種氣氛彷若一種靈光伴隨我，阻絕了所有疑慮、恐懼、不安。女人向來如此。[30]

在古典藝術中，圍繞母親的「靈光」描摹出恬靜感。主流文化將懷孕投射為一段安靜等待的時光。我們稱這樣的女人是「期待的／待產的」(expecting)，就好像新生命是從另一個星球飛來，而她坐在窗邊的搖椅上，有時將窗帘拉到一邊，看看太空船是否即將到來。這種將平靜等待與懷孕連結在一起的意象，清楚揭示了懷孕論述是多麼排除女人的主體性。從他

30 Adrienne Rich, *Of Woman Born*, 6.

人的觀點來看，懷孕基本上是一段等待與張望的時光，沒有什麼事情會發生。

另一方面，對懷孕主體而言，懷孕具有一種動作、成長與改變的時間性。懷孕的主體並非只是在開放與靜止這兩半間分裂，而是兩者之間的辯證。孕婦感受到自己有如一個創造過程的源頭與參與者。雖然她並未計畫且指導這個過程，這過程倒也並非僅是與她擦身而過；正確地說，她**就是**這個過程、這場改變。時光前進，每一時分、每一日夜都刻畫更多深度，因為她經驗到更多自己與身體的改變。每一天、每一週，她都注視著自己，追索著轉變的徵兆。

> 如果我失去意識一個月，我仍可藉由肚裡胎兒長大的尺寸，辨識過了多少時間。有一個恆常的成長、進展、時間感存在著，它就算因為妳個人的緣故被浪費，卻仍然被運用著，因此，即使妳這九個月啥都不做，仍會完成某事、達到巔峰。[31]

對他人來說，嬰兒的誕生可能只是開始，但對產婦來說，這也是終點。這代表她熬了九

31 Ann Lewis, *An Interesting Condition*, 78.

個月過程的結束，代表她一直移動著的獨特身體的消失，而這個身體之邊界的改變與內在的踢打，總是讓她有些驚訝。特別是，如果這是她第一個孩子，她會覺得生育好像讓她轉變成全新的自我，而這新自我是她既愛又怕的。她擔憂同一感的喪失，就好像在生育之後，她自己變成了另一個人，使得她「再也不一樣了」。

就如一般說的，她的「時候」終究會到來。然而，在分娩時，再也沒有成長感與改變感，只有靜止的時間。沒有意向，沒有活動，只有持續的意志。我只知道我痛苦地躺著，一心一意熬過去，那是很長的一段時間，因為時鐘的指針這麼顯示，牆上的陽光也已灑向產房的另一邊。

> 時間徹底靜止。我已在這待了很久。時間不再存在。時間因為生育而停止。只剩下推擠和陣痛。[32]

32 Phyllis Chesler, *With Child: A Diary of Motherhood* (New York: Thomas Y. Crowell, 1979).

二

女性主義作家經常用異化的概念，來描述在男性宰制社會與文化中的女性經驗。[33] 27 在這節，我論道懷孕主體在美國產科醫務的遭遇，往往將她的懷孕與生育經驗異化。這裡的異化，指的是一個主體對另一個主體的身體、行動或行動結果的客體化或挪用，如此她或他就無法辨識該客體化其實源於她或他的經驗。當一個主體的經驗或行動，被另一個並未共享其假設或目標的主體所定義或控制時，就產生異化。我將論道一個女人的懷孕、生育經驗之所以往往被異化，是因為她的情況傾向被定義為一種失序；因為醫療器械以貶低女人內在過程經驗的方式，將這些過程客體化；也因為醫療環境的工具化以及社會關係，降低她對自己經驗的控制。

綜觀大部分醫療史，不論是理論家或醫師，都未在其領域談及女人的生殖過程。女人的生殖過程只要進入醫藥領域，就會被定義為疾病。確實，在十九世紀中期，至少在維多利亞時期的英格蘭和美國，身為女性本身即是疾病的徵兆。醫學作家認為女人天生虛弱且心理不

33 Ann Foreman, *Femininity as Alienation* (London: Pluto Press, 1977); Sandra Bartky, "Narcissism, Femininity, and Alienation," *Social Theory and Practice* 8 (1982): 127-43.

穩定，而卵巢和子宮乃是眾多生理與心理疾病與失序的主因。[34]

當代產科與婦科醫師，通常會煞費苦心地主張月經、懷孕、生產、更年期都是正常的身體功能，只是有時也會失序。然而，將懷孕和其他生殖功能定義為需要醫療處理的傳統，並未完全遭棄。

羅絲曼（Barbara Katz Rothman）指出，即使是堅拒懷孕是疾病的醫學作家，也認為與懷孕相關的正常改變，諸如血紅素降低、水腫與體重增加等，都是需要「治療」的「症狀」，而這些「治療」乃是產前照顧正常過程的一部分。[35]雖然有百分之七十五到百分之八十八的孕婦在懷孕初期有害喜症狀，一些產科教科書仍稱這種生理過程「可能是沒準備好擔任母職的女人，所表現出的憤怒、矛盾、不適應」。[36]名為《正常分娩》（*Normal Delivery*）的產科教學影片，詳述如何使用各種藥物與儀器，並示範子宮頸旁阻斷術與會陰切開術。[37]

34 Barbara Ehrenreich and Deirdre English, *For Her Own Good* (Garden City, N.Y.: Doubleday, 1978), chapter 2 and 3.

35 Barbara Katz Rothman, "Women, Health, and Medicine," in *Women: A Feminist Perspective*, ed. Jo Freeman (Palo Alto, Calif.: Mayfield Publishing Co., 1979), 27-40.

36 引自 Gena Corea, *The Hidden Malpractice: How American Medicine Treats Women as Patients and Professionals* (New York: William Morrow, 1977), 76。

37 Barbara Katz Rothman, "Women, Health, and Medicine," 36.

醫學持續視懷孕和生育為身體機能障礙的傾向，首先來自醫學定義其目標的方式。雖然醫學領域已延伸到許多不該被概念化為生病或疾病的身體與心理過程——如兒童發展、性、老化及女人生殖功能——醫學仍將自己定義為尋求疾病治療之道的實務。舉例來說，佩勒奎諾（E. D. Pellegrino）和湯瑪斯瑪（D. C. Thomasma）就將醫學的目標定義為「拯救身體所受的破壞」及「讓器官恢復到之前或更好的健康或安康狀態」。

> 當病人前來諮詢醫師，他或她心中懷有特定目的：想治好病，想恢復健康且安然無恙，也就是說，消除身體或心理狀況的有害元素，病人把這些有害元素視為疾病——它會扭曲我們習慣的安逸生活。[38]

這往往並非促使孕婦找上產科診間的動機。然而，因為醫學一直將自己定義為治療的專業，它會有一種將女人生殖過程概念化為疾病或體弱的內在傾向。

這種傾向——婦產科臨床上將月經、懷孕、更年期視為需要「治療」的有「症狀」的

---

38 E. D. Pellegrino and D. C. Thomasma, *A Philosophical Basis of Medical Practice* (New York: Oxford University Press, 1981) 122；先前的引文分別參見頁七六及七二。

「情況」——的第二個概念基礎，在於醫學的健康概念中內含的男性偏見。主流的健康模型假定正常、健康的身體是不會改變的。健康和穩定、均衡及固定狀態相連結。然而，只有少數人——也就是還沒老的成年男性——會感覺身體狀況並無規律或顯著的改變。對他們來說，身體狀況的顯著改變，通常即標誌一種破壞或失常。然而，身體狀況規律、顯著或有時是激烈的改變，乃是成年女人身體正常運作的一種面向。改變對健康的孩童、老年人及一些所謂身心障礙者的身體存在而言，也是一種核心面向。然而，醫學卻隱隱將不變的成年男性身體概念化為所有健康狀態的標準。

這種視懷孕為疾病的醫學概念化傾向會異化孕婦。在懷孕期，她往往懷有一種身體安康感，也對受寒、感冒等常見疾病有較高的免疫力。更重要地，就像我們在前一節看到的，她往往有一種充滿力量且堅實的身體自我意象。因此，儘管她的身體可能帶給她各種感受，當她進入醫學定義時，卻可能被引向完全相反的理解。即使與懷孕相關的特定不適如害喜、腹脹、呼吸急促，也會發生在最健康的孕婦身上，她對各種關於懷孕之脆弱的討論的內化，卻會讓她把這些經驗定義為虛弱的訊號。

關於產科臨床對儀器、藥物、手術與其他侵入方法的運用，近年有眾多批判發聲。[39]我不想在這裡重述這些批判，也不想辯論在懷孕及生產時使用儀器及藥物通常是不當或危險的。然而，這種主導當代產科之工具性、侵入式的定位，至少會以兩種方式造成女人的異化感。

首先，美國醫院生育環境所提供的一般程序，比女人需要的消極許多。舉例來說，即使是在孕婦分娩初期，大部分醫院也不允許她們四處走動，雖然事實上，有證據指出走動能減輕痛苦，還能加速生育過程。而一旦羊水破了，產婦更被強制要躺在床上。女人通常是以平躺或接近平躺的姿勢分娩、生產，但這使得她無法藉助重力，也使得她無法有效率地運用推力。使用靜脈注射設備、監視儀、止痛藥，都會抑制女人在分娩時的行動能力。

第二，儀器的使用，提供一種客體化懷孕、生產的手段，而這種客體化會否定或貶低女人對這些過程的親身經驗，造成女人的異化。正如前一節所述，從現象學來說，孕婦對其身體過程與胎兒的生命，有其獨特認知。她感覺著胎兒的動作、子宮的收縮，而這只有她能立

39 Suzanne Arms, *Immaculate Deception: A New Look at Women and Childbirth in America* (Boston: Houghton Mifflin, 1975); D. Haire, "The Cultural Warping of Childbirth," *Environmental Child Health*, 19 (1973): 171-91; Adele Laslie, "Ethical Issues in Childbirth," in *Journal of Medicine and Philosophy* 7 (1982): 179-96.

即、確定地認知，無他人能分享。近來發明的儀器似乎貶低了這種知識。胎兒心臟探測器，能將六週大的胎兒心跳投射到整個室內，因此所有人都能用同樣的方式聽到這心跳。超音波的使用也逐漸增加，以追蹤胎兒發展過程。分娩期使用的胎兒監視儀，能將每一次子宮收縮的強度和間隔記錄在白紙上，分娩進展如何已不再需要女人說明。這類儀器將懷孕與生產過程觀察方式的控制權，從女人手上移轉到醫療人員。在這些過程中，女人的經驗被貶低價值，代之以較客觀的觀察手段。

由於在當代產科脈絡中，相關醫師通常是男人，這又會進一步造成孕婦的異化。人本主義論者在談到醫療時，多半會指出良好的醫療臨床的基本條件，乃是醫病能分享活生生的身體經驗。[40]如果上一節描述的懷孕之活生生的身體經驗正確，那麼，懷孕和生產所造成的獨特身體主體性，除了曾經或正在懷孕的人，都很難感同身受。既然絕大部分產科醫師是男人，產科就無法提供良好的臨床治療的基本條件。因此，醫師與孕婦的關係比起其他醫病關係，可能更有距離。醫病之間的性別比例失衡也會產生一種距離，因為醫病關係必須去性化。產前健康檢查遵循著像婦科檢查一樣的程序，講求冷淡地就事論事，以免附加上性意

40 E. D. Pellegrino and D. C. Thomasma, *A Philosophical Basis of Medical Practice*, 114.

義。[41]

女人在醫療環境經驗到的最後一種異化，來自在當代醫療臨床上通常構成醫病關係的權威／屈從關係。許多論者注意到，醫療已逐漸變成一個具有廣泛社會權威的體制，就像是法律系統甚或宗教組織。[42]醫病關係的架構通常是優勢／屈從。醫師經常表現出一種父親般的永遠無誤，不容自己的意見被挑戰；當醫病之間的社會距離增加，醫病關係的威權色彩也隨之升高。[43]在婦產科，醫師凌駕病人的權威，更被性別階層的動態所放大。若社會文化一般仍認為男人比女人重要，且給予男人在許多體制中凌駕女人的權威及權力，女人往往會覺得醫師對她身體過程的知識及客體化的權力，以及指導她求診過程與生育的權力，有如另一種男人凌駕女人的權力。[44]

41 J. Emerson, "Behavior in Private Places: Sustaining Definitions of Reality in Gynecological Examinations," in *Recent Sociology*, ed. H. Dreitzen, no. 2 (London: Macmillan, 1970), 74-97.

42 見E. Friedson, *The Profession of Medicine* (New York: Dodd and Mead Co., 1970)；Irving K. Zola, "Medicine as an Institution of Social Control," *Sociological Review* 2 (1972): 487-504；Janice Raymond, "Medicine as Patriarchal Religion," *Journal of Medicine and Philosophy* 7 (1982): 197-216。

43 見G. Ehrenreich and J. Ehrenreich, "Medicine and Social Control," in *The Cultural Crisis of Modern Medicine*, ed. John Erenreich (New York: Monthly Review Press, 1979), 1-28。

44 見B. Kaiser and K. Kaiser, "The Challenge of the Women's Movement to American Gynecology," *American Journal of Obstetrics and Gynecology* 120 (1974): 652-61。

醫學哲學家已指出，健康這個概念，並非一種科學性概念，而是一種關於人類安康與良善生活的規範性概念。[45]我已論道，在把健康定義為身體狀況不變的醫學概念裡，存有一種男性的偏見。我認為，醫療文化對健康與疾病必須有更自覺的分殊理解。[46]當代文化對於老人、肢體障礙者、孩童及荷爾蒙分泌過多的女人，已相當程度地發展出不同的健康與疾病規範。這樣的發展該受鼓勵，醫學理論家和醫師對於視身體差異為疾病的傾向，應該有所警覺。

尤有甚者，若要解決我所說存在於產科及其他醫學臨床之潛在的異化，醫學必須捨棄首重治療的自我定義。有鑑於幾乎所有人類身體生活與改變的面向都已包含於醫學體制與臨床的領域，上述定義已不適宜。在許多生命狀態和身體情況中，人們需要的是幫忙或照顧，而非會改變、壓抑或加速身體過程的醫學或手術努力。產婦在生產過程中，當然需要幫助，需

45 E. D. Pellegrino and D. C. Thomasma, *A Philosophical Basis of Medical Practice*, 74-76；亦見 Tristram Engelhardt, "Human Well-Being and Medicine: Some Basic Value Judgments in the Biomedical Sciences," in *Science, Ethics and Medicine*, ed. Engelhardt and Daniel Callahan (Hastings-on-Hudson, N.Y.: Ethics and the Life Sciences, 1976), 120-39；Caroline Whitbeck, "A Theory of Health" in *Concepts of Health and Disease: Interdisciplinary Perspectives*, ed. Arthur L. Caplan, Tristram Engelhardt, and James J. McCartney (Reading, Mass.: Addison-Wesley, 1981), 611-26。

46 Arlene Dallery, "Illness and Health: Alternatives to Medicine," in *Phenomenology in a Pluralistic Context: Selected Studies in Phenomenology and Existentialism*, ed. E. Schrag and W. L. McBride (Albany: State University of New York Press, 1983), 167-76.

要有人握住她的手、對她說話、給予她指導、幫她補充水分，也需要有人引導嬰兒出世。孩童、老人及肢體障礙者，雖然並沒生病，也往往需要幫助與照顧。在現今的醫療與相關體制中，都有負責這些照顧任務的專業人士，他們往往是女人，往往薪資微薄，工作往往被視為是用來補足診斷、開藥、手術等醫師任務的次等工作，而醫師則往往是男人。如果照顧能從治療中區分出來，獲得不再屈從於治療的實際價值，可能就能減少孕婦與產婦的異化經驗。

二〇〇三年十一月後記

〈懷孕的肉身化〉首次發表於一九八三年。雖然如今在美國和其他地方，影響懷孕和生產經驗的科技已劇變，我還是讓文本保持原貌。我相信，懷孕肉身化的基本描述依然有效，這種主體性被醫學凝視所異化的分析也仍然適用。然而，至少有一種科技造成的懷孕經驗改變，值得我另外評論。本文對懷孕經驗的描述，並未考慮超音波科技的影響，而它現已大大改變了孕婦及其伴侶的經驗。現在，在胎兒大到可以藉著超音波來辨別形貌時，產科醫師安排拍一張以上的超音波影像已成了慣例。超音波會投射出成長中的胎兒影像。孕婦及其伴侶，乃至其他看到此影像的人，往往會談到初次見到這種影像的震撼。我遇過不只一位驕傲的父親，將他兩個月大的胎兒影像，四處秀給朋友和同事看。

美國產科臨床運用超音波的頻繁性，並未改變本文的基本分析。事實上，它強化了這些分析。本文有兩部分在描述女人經歷的懷孕及生產經驗中的一種緊張關係。從一方面來說，她**是**一個懷孕的人；是她也只有她，與這成長中的身體共存，與它一起動作。是她也只有她，擁有一種**感覺**這成長中的胎兒的特許關係。孕婦感覺著胎兒的重量、位置和動作，好像它是自己的一部分，卻又不是她自己。其他人唯有藉著接觸孕婦、透過她，才有辦法感覺到這個成長中的生命。

然而，在另一方面，正如本文第二節描述的，這種主體性的經驗，變成任何人都可用適當的儀器觀察到的客體化存在。這些客體化的觀察所得，轉而被定義為懷孕過程與胎兒狀況的權威知識，孕婦那特許的局內人認知，因此被貶低價值。我認為，近二十年來，在美國和許多其他發達的工業社會，這種客體化的過程已在加速進行。超音波科技讓每個人都能藉由看著同樣的投射影像，經驗到胎兒的動作。孕婦對胎兒影像的經驗，和任何看到影像的人都一樣。比起只有孕婦能敘說的感覺，這種共有且可分享的胎兒經驗，傾向具有更多的「實在」地位。對我來說，此一權威的實在以**視覺**的方式向目擊者現身，似乎並非偶然。在現代知識論系統的脈絡裡，視覺的地位永遠優先於觸覺甚至聽覺，而超音波科技藉由將胎兒的視覺再現置於核心地位，正是對懷孕與準父母的經驗起了革命。

第四章

找回服裝的女人

「看自己穿羊毛衣。」是的，我想要那樣。我看著自己穿著羊毛衣，它沉重、厚密、溫暖，以波動的愛撫，在我腿邊擺盪。而我會是誰？也許是位藝術家，已有某種程度的穩固地位，正思考下個系列的作品。或者我是位剛下飛機的大學講師，接機的同事已為我訂好五星級的餐廳。也或許我正準備見我的新愛人，他會面對面地歡迎我，撫觸我的羊毛衣。

但在我身後的人是誰？把我的高度壓得跟他一樣？別往後看，我不能往後看，他的凝視是單方向的，他看著我，但我看不見他。但事實也非如此——我其實正看著我自己穿著羊毛衣，看著他看著我。難道若我看不見自己被看，就看不見我自己嗎？所以我需要他在那裡，好統一我和我自己的形象？他認為我是誰？

所以我是分裂的。我看著我自己，也看著自己被看。這樣的分裂有可能表達了女人與服裝的關係、與服裝意象的關係、與她穿著服裝的意象的關係嗎，不管她想像自己是誰？我們能分開這兩幅圖像嗎？我納悶我們是否有什麼方法，把那男人趕出圖外。

邊框：這是一種限制嗎？

在哈蘭德（Ann Hollander）的不朽著作《透視服裝》（*Seeing through Clothes*）中，她論

道，服裝的意義被圖像中的意象所制約。整個現代時期，西方藝術家描繪服裝意象並將其聖化（sanctified），把服裝和各種人物與處境連結在一起。這種對服裝的再現，把習慣凍結成自然，人們即用服裝意象所創造的這種自然的審美觀，來估量著衣的女人。[1]

在大部分的現代時期，關於服裝經驗與服裝意象之關係的此一論題，只適用於那些買得起藝術品或會受邀參觀這些藝術品之展示的階級。然而，就如艾文（Stuart Ewen）和艾文（Elizabeth Ewen）討論的，由於廉價彩色印刷術的出現，十九世紀中期見證了這種意象那具革命性的無產階級化。在二十世紀初期，服裝的經驗，特別是女人的服裝經驗，似乎被著衣女人之意象的經驗所滲透——這些意象出現在廣告畫、照片、型錄與電影中。[2]

哈蘭德引證二十世紀女人被電影制約的服裝標準與意象之歷史特定性。十九世紀的女人意象，是舉止宛如雕像，靜止不動，掩藏或交縛四肢。相比之下，二十世紀強調的是著衣女人的可動性——對雙腿、裙子以及不那麼束縛動作的長褲的展現。服裝意象顯現女人在動——在街上大步行走，興奮地跳躍，在沙灘奔跑，仰身坐在桌上。如果她靜靜站著，她的

1 Ann Hollander, *Seeing through Clothes* (New York: Viking Press, 1978).

2 Stuart Ewen and Elizabeth Ewen, *Channels of Desire: Mass Images and the Shaping of American Consciousness* (New York: McGraw-Hill, 1982).

頭髮、裙擺或絲巾也必然在風中飛舞。在當代的著衣女人意象中，敘事的開始與結束都在框外，意象只捕捉到敘事中的一格。[3]

哈蘭德指出，在穿衣時，我們追求的是用主流圖像的審美模式來塑造自己。在這種投射中，鏡子提供我們一種再現的方式。在鏡中，我們看到的不是「純粹的事實」，而是我們那回應主流雜誌與電影意象的著衣意象。當代都市生活提供我們無數機會，讓我們看到自己——在旅館和戲院大廳，在餐廳和洗手間，在火車站和商店櫥窗。[4]當我覺得自己打扮得光鮮亮麗，我很喜歡沿著城市街道行走，藉商店櫥窗瞥見我走路的樣子，卻又試著不看到自己正在看自己。我想像自己身在電影中，裝扮得適意愉悅，自在地沿街晃遊，走我自己的路。鏡子給了我圖像，而在雜誌與型錄中的圖像，反映了我在沒說出來但已示意的故事中的身分。女性主義的問題是：是**誰的**想像，召喚了這些圖像及其意義？

3 Ann Hollander, *Seeing through Clothes*, 345-52.
4 Ann Hollander, Seeing through Clothes, 391-416.

圖像一：白雪公主魔鏡的反映

杜林（Maureen Turim）指出，我們那源於電影的服裝經驗，不僅是透過一種聯想的方式，還透過電影對我們的服裝所製造的隱含敘事想像。

> 電影不只是為閱聽大眾陳列新的時尚，也不只是為時尚工業提供一只炫麗的展示櫃；由於我們是在一種敘事脈絡看到那些時尚，電影也為流行賦予了潛意識的附加意涵、內含意義。這個過程，這種時尚的敘事，意味的不僅是與既有故事或小說之風格的結合。它是一種融合了電影經驗之潛意識效應與服裝設計之線條、色彩的過程。[5]

我的問題是：我該怎麼描述女人對服裝的快感？如果我是藉由電影敘事的經驗，衍生我對服裝意象的認同，那若藉由女性主義電影理論來探索我們對服裝的快感，也不會太不合理。女性主義電影理論家依循拉岡的架構，發展出一種論述，談論女性從在父權秩序裡被客

5 Maureen Turim, "Fashion Shapes: Film, the fashion Industry, and the Image of Women," *Socialist Review* 13.5 (September-October 1983): 86.

體化的女體所得到的快感經驗。說法大約如下。[6]

觀看的關係對主體性的構成至為關鍵。主體藉著主動觀看，獲得一種足以抵銷客體的主體感。藉由凝視鏡中自己的形象，主體將自己整體化的動作誤認為一個統一體，獲得一種自戀式的認同。然而，在父權秩序中，從凝視自己以外的客體以及從凝視自己整體化的形象中得到快感的，都是男性的主體。陽具崇拜秩序（phallocratic order）將觀看分裂成主動和被動的時刻。凝視是陽剛的，它所凝視的則是陰性的。女人只是一種匱乏，是支撐陽具主體的他者，是給予男人觀看權力與統一身分的客體。如果女人想獲得任何主體性，只能藉由採取男性主體的位置，此一主體是從女人的客體化中得到快感。

在電影中，觀看的活動有兩種面向——一是窺淫（voyeuristic），一是拜物（fetishistic）——電影就是用這兩種觀看來定位女體。窺淫的觀看，與其凝視的對象保持距離，自己不在現場、置身他方。在這種距離下，被凝視的對象無法反過去回望，或與之交換凝視；這種窺淫的觀看是審判性的，對其凝視的有罪對象，握有懲罰或原諒的權力。另一方面，在拜物的

6　我對男性凝視與電影的說法，源於下列作品：Maureen Turim, "Fashion Shapes"；Laura Mulvey, "Visual Pleasure and Narrative Cinema," *Screen* 16.3 (Autumn 1975): 6-18；Annette Kuhn, *Women's Pictures: Feminism and Cinema* (London: Routledge and Kegan Paul, 1982), 47-65；E. Ann Kaplan, *Women and Film: Both Sides of the Camera* (New York: Methuen, 1983), 23-35。

觀看中，主體則是在其對象中發現與自己的相似處——再現為陽具之統一。在電影中，窺淫與拜物這兩種觀看，都拒絕女性那具威脅性的差異，因此要不就判定她匱乏、有罪，要不就將她的身體或身體部分轉變成一種聖像（icon），好讓主體在其中發現自己——他的陽具。

女人也看電影且樂在其中。那麼，依照這種說法，是什麼讓女人在觀影時得到快感？唯一的可能是認同男性主體。我引用卡普蘭（Ann Kaplan）的說法：

> 為什麼我們從被客體化與投降中得到快感？……如果我們考慮到女孩戀母情結危機的形式，就不會驚訝何以有這種快感……。在前語言階段（prelinguistic realm），女孩被迫離開和母親相連的幻想共同體（illusory unity），必須進入有主客體之別的象徵世界（symbolic world）。她被分派為客體（即匱乏）的位置，乃是男性欲望的接收者，是被動地出現而非主動地行動。在這種位置上，她的性快感只有在她被客體化的情況下才會產生。此外，倘若男性是虐待狂式的，女孩可能會採取一種與之對應的被虐狂態度……。我們可以說，在情色幻想的自我定位中，女人要不把自己視為男性欲望的被動

接收者，要不就是隔個距離地**看**一個女人被動地接受男性的欲望與性行動。[7]

我無法否認這些分析適用於我們的服裝經驗、我們關於著衣女人意象的經驗。雜誌的服裝廣告中，經常隱含或明示窺淫的凝視，也不難發現著衣女人被附加上罪惡或瑕疵的意涵。巴特齊描述女人如何內化她稱為「時尚美女情結」（fashion-beauty complex）的客體化凝視，即一種貶低並評價女體的凝視。

> 我必須永遠與我的肉身自我保持距離，固守這個距離，永遠擺出一種非難的姿勢。在時尚美女情結形成內置性主體（introjected subject）、而我乃是客體的情況下，我感到自己有缺陷。我無法用任何方法控制那些意象，那些意象決定了何謂缺陷的準則……。所有這些時尚美女情結的投射，都表現出同一訊息：它們是**我所不是**的意象。[8]

好衣服、新衣服、當季的衣服將遮掩我的缺陷，讓我符合標準，讓我得到認可的眼光。

7　E. Ann Kaplan, *Women and Film*, 26.

8　Sandra Bartky, "Narcissism, Femininity, and Alienation," *Social Theory and Practice* 8.2 (Summer 1982): 136.

杜林討論道，在電影影像源體（matrix）中，女人的服裝時尚怎樣將女體物神化（fetishize）。透過杜林所稱的「割裂美學」（slit aesthetic），服裝剪裁使得布料與裸露在外的肌膚相抗，將身體或身體部分轉變成物神。領口或後背挖低的毛衣、高叉及臀的泳衣和內衣、露出腰部的中空裝、開叉裙或短裙、短裁褲裝——都是要讓服裝剪裁把焦點集中在露出的肉體，這種剪裁也往往引導注意力集中在被物神化的頸項、胸部、肚腹、陰部、大腿、小腿、足踝。[9]割裂美學造就了性感的著衣身體之意象，一種陽具女性（phallic female）的權力意象。有時，我們女人也懷著欲望回應這種意象，欲望成為那性感的女人。

我想，以上皆對；至少我無法否認：藉由服裝，我尋求那具優越性的男性凝視認可；藉由服裝，我亟欲變身為魅惑撩人的尤物，捕捉他的欲望與認同。當我翻閱雜誌和型錄，我喜歡想像自己在那些不在場或鏡射的男性凝視下，是那般精緻完美而性感。我從這些女體穿著服裝的意象中得到快感，因為我自己的凝視在我終究是一個主體的意義下，占據了男性凝視的位置。我不會否認這點，但這在我心中留下了一處虛空。假如我不做其他思索，就只是單純地確定這點，那麼我就得承認對我來說，沒有不是他的主體性，也沒有我從服裝獲得的特

9 +Maureen Turim, "Fashion Shapes," 86-89.

定女性快感。[10]

但我記得蘇珊和我玩紙娃娃的歲月，我們裁紙、描畫、著色、交換服裝，把她們的服裝放在鞋盒。蘇珊和我談論這些服裝，還替這些娃娃打扮，好讓她們進行各種活動——上班或度假，彼此拜訪或一起購物；當然，她們也約會，雖然我不記得有任何男娃娃。我記得和蘇珊玩紙娃娃的歲月，而且我想忠實於她。

圖像二：穿越鏡子[11]

伊希迦黑的《他者女人的內視鏡》（*Speculum of the Other Woman*）[12]關心的是西方文化怎

---

10 舉例來說，索恰克（Kim Sawchuck）同意女性主義學說的批判，即時尚基本上是將女人商品化，是再製女人在父權資本主義中所受壓迫的主要源頭；然而，她也論道，這類說法通常太單一且單面向，傾向「落入一種陷阱，將父權與資本主義內的所有社會關係都解釋為本質上具壓制性的，且其效應也是同質的」。Kim Sawchuck, "A Tale of Inscription/Fashion Statements," *Canadian Journal of Political and Social Theory* 11.1-2 (1987): 55。（譯注：原書將引用冊頁誤寫成 9:1-2 (1987): 56。）

11 譯注：此節標題應是借用英國作家路易斯．卡洛爾（Lewis Carroll）《愛麗絲夢遊仙境》（*Alice in Wonderland*）的續集之書名 Through the Looking Glass，台灣譯為《愛麗絲鏡中奇緣》。

12 Luce Irigaray, *Speculum of the Other Woman*, trans. Gillian C. Gill (Ithaca, N.Y.: Cornell University Press, 1985).

樣表達一種陽剛欲望，讓特定的女性欲望消音受抑。在西方本體論中得到表述的陽剛論述，認為自我同一、一模一樣的固體物存有，能在繫縛男性社會契約的商品交換關係中，被轉手觀察、測量、傳遞。在父權社會中，女人是最重要的物體，是補足他的主體性的所有物。伊希迦黑指出，在西方文化的父權論述中，女人是陽剛主體性與欲望的鏡子。她反映出他的自我，就像生出他的母親，或是那服侍他、讓他從孩子身上看見自我形象的妻子。我在前面概略說明的男性凝視理論，例證了陰性作為鏡子的功能，好讓男人在鏡中看見被反映的自己。父權體制藉著將女人的欲望與行動組織為與他的欲望與行動同一，藉著渴望讓她自己成為一個美麗的物來供他凝視，藉著在他的滿足中發現她的快感，來加強男性主體性。

如此，要顛覆父權，依照伊希迦黑所說，需要女人說出我們的欲望——不是那種已為了男人利益而形成的欲望，而是出於自己、也為了自己的欲望。發自女性的血肉與想像、為了自己而向彼此說話的這個由我們所創造的不同聲音，能刺穿超驗主體性那自鳴得意的普遍性。我不確定伊希迦黑的「一起張唇說話」何指，但對我而言，這意味女人文化的發現、復甦與創造。我們可以挖掘傳統的女性社會實踐與經驗，在其中發現我們身為女人而與彼此及自己發生關連的特定方式，即特屬女性的內在價值。無疑地，在女人彼此的關係中，存在著種族、階級與性等差異，在這種女人的文化中，女人也往往是與和自己有同樣種族或階級認同者來往。儘管如此，我發現藉著談論女人文化的元素——往往是衣服——可以比較容易地消除這種我和其他女人間的差異。

此一說出女人文化的計畫，並不是要否認女人所受到的壓迫，也不是要否認陰性結構對此壓迫的支持。只是我們若終究是個能動者，那麼，我們就同樣能以正面的象徵和實踐，表達出我們的欲望與能量。伊希迦黑提出，父權的陽剛欲望執著於看得見的可辨認物體，女人的欲望則是多元、流動的，對觸覺的興趣大於視覺。她將財產與身分的陽具中心邏輯加以連結，即一種對畫設邊界、數算測量且占為己有的癖好；她認為，當貨品（女人）聚集，可能會訴說出不同的關係。當我找回我們的服裝，或也許從整塊布裁出這些服裝，我將會依循這些關係／線條。

父權時尚叢結製造了一種細密的典範，要女人為了男性凝視而好好打扮，再讓我們因自己可能從這些服裝得到的快感感到罪惡。厭女者（misogynist）神話心滿意足地注視著被它描繪為聊備一格的人形裝飾的女人。我們訓練有素，去迎合那評量我們的華服、那評量我們是否將他襯托得更加出色的凝視，然後還要被譴責為多愁善感、膚淺無知、心口不一，只因我們專注於這魅人的裝扮技巧，有時甚至還學會愛上它。[13] 男性凝視者將我們畫成在梳妝室、在他們稱為虛榮的梳妝台前凝視自己。在這屬於他們自己的意象中，男性神話製造者只想像得出自戀的快感。然而，在這種自我參照的軌道外，我發現我們還能從服裝中得到三種快感：觸覺、相繫、幻想。

但在「我們」這個稱呼下，我究竟是為了誰而發聲？為了女人。我又如何能代表女人發聲？這個問題顯現了一個困境。要顛覆父權宰制的權威，需要一種超越父權知識權力的特屬女性欲望發聲。但那不能只是一個女人的欲望；女性主義的顛覆計畫，正是要引領我們終結那樣的普同狀況。那麼，當我發聲，我是為了誰發聲？當然是為了我自己。但這是政治，不是自傳，我從我的經驗發聲，是因為我認為這經驗能與其他女人的經驗有所共鳴。我的經驗是個殊且限定的，它最可能與晚期資本主義社會中的白人中產階級異性戀職業婦女起共鳴。至少我能說自己只是在為像我這樣的女人的經驗發聲。我相信我表達的這些經驗，有些能與其他女人的經驗起共鳴，但這句話該由她們來說。女人間的差異，並不會將我們限定於互斥的範疇，但知道彼此異同的唯一方式，就是表達出各自的個殊經驗。因此，我將女人對服裝

13 Kim Sawchuck, "A Tale of Inscription/Fashion Statements," 58.

的快感表述如下。

觸覺

伊希迦黑提出，陽剛欲望透過視覺隱喻表達自己，而觀看、凝視的經驗，在陽剛美學中是最主要的。視覺是所有感官中最具距離感者，在視覺裡，主體與客體分離且相對，客體是在那邊的他者。然而，依據伊希迦黑的說法，父權的觀看之所以是分離的，只是為了要辨別客體、要以心靈之眼控制客體，好在客體身上看見主體光芒的反映。

伊希迦黑認為，陰性欲望比較是透過觸覺媒介行動，而非視覺媒介。觸覺較不關切對物的辨識，較不關切以物與物間的關係來比較、測量它們，觸覺將主體沉浸於與客體那流動的連續性中，而對碰觸的主體來說，被碰觸的客體與其交換了觸覺，模糊了自我和他人間的邊界。我所謂的觸覺，確實是指皮膚感受物質、手指觸摸紋理那樣的特定官能，但我也是指一種對包括所有感官的官能本身的定向。舉例而言，我們可以想像一種視覺模式，比較不是那種與其對象保持距離且予以控制的凝視，而是一種在光與色彩中的浸浴。如此，這種觸覺式的官能定向是置身其中的，感覺到碰觸者與自己關係難分、互相連續，但又可彼此區別。

當我「看」我自己穿著羊毛衣，吸引我的有部分來自羊毛本身，包括它的厚重溫暖與緊密質感。服裝的快感有些即是布料的快感，以及布料懸垂在身體周邊的方式。開叉的直筒裙可能會讓別人看到大腿，但這種裙子美就美在旋身時，裙側懸綴的縐褶形成的波浪。布料代表的高貴與光耀在史上多有明證。女人被這樣的歷史囚禁，被用來當作展示豪奢服飾的模特兒。

但陰性經驗也提供許多女人一種觸覺的想像，提供我們在布料中迷失自己的單純快感。我們在布店徘徊，拉開一捲布料撫觸，品賞它的花色，想像該把它設計成什麼樣子，好在身上、椅上或窗上時有最美的展現。

有時，我們是因為服裝本身而喜愛它們，因為它們的布料、剪裁和顏色令人著迷，因為它們以特定方式和我的身體產生關連——因為，我幾乎想說，它們想要我們回到它們身邊。這件混羊毛的條紋大喇叭褲，縐褶得恰到好處，在我行走間，自在愉悅地拍打我腳踝。這件我親手做的綠色魚骨紋羊毛外套，因為襯裡裂開、新襯裡又太小，我只好傷心地轉贈我妹妹。這件酒紅印花、光滑的長袖人造絲罩衫，雙肩的縐褶輕盈地垂綴我胸前。當然，我們也有許多服裝，從未得到這種備受寵愛的特權地位，原因可能是當時我們太基於外在動機而擁有它：為了跟上流行、為了顏色討喜、為了價格便宜，或是為了取悅他人。然而，我們仍對某些服裝滿懷熱愛或柔情，並在它們受損或退流行時悲傷氣憤不已。

相繫

庫希斯（Diane Kurys）[14]的電影傑作《薄荷汽水》（*Peppermint Soda*），講的是兩位在巴黎讀中學的青春期姊妹的故事，片子則「獻給那還沒還我橘色毛衣的姊姊」。

對這個社會的女人而言，服裝常像是連結姊妹情誼的絲線。女人經常靠評論彼此的服裝建立關係，這麼做也往往能在嚴肅或正式的處境中，製造一種親密或輕鬆感。當我們彼此放鬆，放下防衛或只是閒聊，我們常常會談到服裝：我們喜歡什麼服裝，無法忍受什麼服裝，這種尺寸或那種料子很難買到，我們穿上某類服裝的感受，或是為何我們不喜歡穿某些類型的服裝。我們常常覺得女人會瞭解服裝對我們的重要性，而男人不會瞭解。別的女人會瞭解我們的焦慮，也能體會微妙的服飾美學。我們喜歡討論披繫圍巾的方法，還有混搭的規則和選擇。女人往往有許多關於她們服裝的故事——甚至比關於她們珠寶的故事還要多——這些

14　譯注：法國女導演，以半自傳電影《薄荷汽水》等活躍於影壇。原書誤寫為 Diane Keury。

故事將她們穿過的服裝與曾穿過這些服裝的女人連結起來，藉著分享這些故事，我們往往彼此相繫。

我們往往分享服裝。女孩常藉著交換服裝，建立親密關係；姊妹和室友突襲彼此的衣櫃，有時還未經許可；女兒的腳踩著母親的鞋。我愛我的毛衣，而在讓妳穿時，妳就穿上了我的一種面貌，但我並不占有這件毛衣，因為妳也會穿它。又或者我發現妳穿走我最愛的上衣，為之勃然大怒，因為妳這麼做，就是想占據我的位置。當服裝在我們之間流動，我們的身分也在流動；我們並不擁有自己，而是彼此分享。

在這些關係中，我的服裝不是我的**財產**，即那種價值清楚的身外之物，可以帶去市場當商品，和他人建立一種交易關係，留下一張明確的帳單。我並不占有我的服裝；我是和它們一起生活。在透過服裝與其他女人相繫中，我們不只是交換；我們是讓或不讓對方進入我們的生活。

女人經常靠逛街購衣來彼此聯繫。在許多個午餐時刻，女人三三兩兩地在飛琳地下商場（Filene's Basement）[15]來回搜尋，從橫桿上取下衣架，一起走入裝有鏡牆的試衣間。在那

15　譯注：總店於波士頓的過季商品名店，在美國各地均有分店。

兒，她們聊著彼此的生活，還有衣服穿起來形象如何——什麼事件讓她們想買新衣，煩惱得修改一下，好讓肚子看不出來。女人在試衣間照顧彼此，往往知道何時該勇於批評、打消對方念頭，何時又該鼓勵對方冒險嘗試或放手超支。在這些探險中，女人往往買得很盡興，但她們也常在一個小時的換裝試穿後，兩手空空地走出店門；快感在於選擇、嘗試、談話，在於彼此分享的世俗幻想中。

幻想

女人從服裝中得到快感，這快感不只來自穿服裝，還來自看服裝、看著衣女人的意象，因為這些都激發出轉變或變身的幻想。如果哈蘭德說得沒錯，我們是在雜誌、電影、電視裡的服裝意象脈絡中經驗我們的服裝，那脈絡會把我們帶入自己能戲耍的處境和人格裡。

對女人媒體意象的女性主義批判，隱隱傾向把所有女人在廣告中的意象，都等同於色情：這類意象都將女人定位成男性凝視的客體。然而，服裝廣告在定位女人是客體和女人是主體之間，乃是分裂的（正如我們所見，有時它會創造出一種複雜而壓抑的視覺反諷）。

服裝意象並不總是指出誰最完美的魔鏡，而是通往各種角色與處境之仙境（wonder-land）[16]的門徑。

巴特（Roland Barthes）分析時尚雜誌的修辭學，顯現它們如何召喚這類幻想。在用巴特的概念來描述女人的服裝經驗時，我無疑得將這些經驗從那系統化的結構中抽離。我想，只有男人，才會敢於用一本書來呈現**流行體系**（The Fashion System）。[17]巴特是一位自覺的意識型態理論家，知道沒有理論家能超越他所分析的意識型態。在《流行體系》一書末尾，他寫道：

> 對分析者面對的這個處境，或者更正確地說，對他自己就置身於他才論述過的系統性領域的這個處境，仍有一些要討論；這不僅因為認為此分析者外於此領域，不啻一種欺詐，也因為這個符號計畫提供給分析者一種形式工具，好讓他把自己納入其所重構的系統。（Barthes, The Fashion System, 292）

16 譯注：此處借用《愛麗絲夢遊仙境》中的仙境，來與前句中白雪公主的魔鏡呼應。

17 Roland Barthes, *The Fashion System*, trans. *Matthew Ward and Richard Howard* (New York: Hill and Wang, 1983)。（譯注：此處的「流行體系」一語雙關，既如作者所言的字面意義，又是巴特的書名。）

這位敏銳的理論家，就這樣從超歷史（transhistorical）凝視的權威中脫身而出，而這種凝視的對象，正是他所外於的領域，正是一種訴說著並非以他為對象的修辭學的領域。儘管巴特對歷史與社會脈絡如此具反思性，他卻從未談到自己身為男人來分析時尚的這個位置。

我不知道，他保持那令人驚訝的沉默所做的分析，和他若暴露自己的位置而做分析，哪一種會讓人更不滿意。巴特對時尚雜誌修辭學之意義，提供了極能激起共鳴的討論，也表達了服裝能給予女人的幻想之快感。他說，時尚提供女人一種雙重的夢想，包括身分和扮演——更正確地說，是邀請女人以不同身分扮演（ibid., 255-56）。當我翻閱雜誌、取下橫桿衣架、在試衣間穿戴服飾時，各種幻想總奔湧飛馳，包括我可能會是誰、我所嘗試的角色類型、我想像自己置身其中的處境。我看著自己穿羊毛衣，卻是以另一個人（或許多別人）置身於各種變身可能的模式來體驗，全無必須決定我是誰的現實焦慮。

然而，在時尚的看法中，這種玩笑的動機，並不會產生那或可如此稱之的暈眩效果

（vertigo effect）[18]：這種動機把人多重化，卻無失去她自己的風險，因為對時尚來說，服裝並非扮演，而是扮演的**符號**。（ibid., 256-57；參見 260-61）

這種擁有多重多變身分卻無失去自我之焦慮的幻想當然是可能的，因為時尚是在烏托邦之處創造非實在的各種身分。在我們的服裝幻想裡，我們在展開的敘事軸前並非窺淫的凝視，因為出現的畫面只是伴著一種敘事的感受，而非敘事本身。服裝廣告、型錄、音樂錄影帶等等，展現的是處境的意象、可能的敘事片段，卻沒有任何故事線和時間性。「時尚意象中的行動就像它呈現出來的那樣，是瞬間中斷的：其主體被一種行動當下之本質的再現所撕裂：這種再現只是展示動作的存有，並不保證其實在。」（ibid., 249；參見 253, 262, 266）。這時尚的意象是模糊、開放的——一個女人走在街上、坐在院子、倚在床上、攀在岩石上。這個方程式的變項，可用任何一種具體的敘事值填充，而我們在服裝幻想中的快感，部分來自想像自己處於那些可能的故事，進入非實在。正是這些被服裝和服裝的時尚影像所召喚出來

18 譯注：在電影技術上，暈眩效果指的是一種同時拉近鏡頭並變換軌道的電影效果，能使攝影主體一直在前景維持同樣大小，身後場景卻一直變化。由導演希區考克（Alfred Hitchcock）在名片《迷魂記》（*Vertigo*）中發明。

的幻想場景之多重性與多義性，助長了這類快感。[19]

在我們與服裝的關係中，存有某種自由，這是一種不會呈現於男性凝視理論的主動主體性。這裡我引用沙特的說法——但非他的凝視理論。在《想像的心理學》（*The Psychology of Imagination*）中，沙特把想像的意識比為自由的一種模態。[20] 一個意象是意識到一種非實在的對象。在想像中，我知覺到一種非實在的對象，也知覺到此一對象是非實在的。想像的快感就來自這種非實在，因為此一非實在的對象沒有事實性，沒有那會限制我們的前提，也沒有那自由必須處理或面對其後果的實際肉體性。此一非實在的對象，在此意象中不遮掩任何層面，沒有超越我理解的「另一面」——像是可知覺的對象會有的。此一意象提供我們關於某個人或某個處境的感性層面，讓我們知曉自己若身處其中會有何感受，卻無其物質性的脈絡和後果。此一想像對象的自由，在於如下的事實：若非想像意識加諸其上，否則對象根本空無一物。

對我們許多人來說，服裝快感有部分在於容許自己看著女人穿衣的意象來幻想，並且渴

19 見 Steve Neal, “Sexual Difference in Cinema--Issues of Fantasy, Narrative, and the Look,” in “Sexual Difference,” ed. Robert Young, special issues of *Oxford Literary Review* 8.1-2 (1986): 123-32。

20 Jean-Paul Sartre, *The Psychology of the Imagination* (New York: Philosophical Library, 1948).

望變成一個非實在的意象，進入一種不與對象相關的、嘻耍趣味的烏托邦。看鏡中的自己有很多方式，這些方式不以客體化的凝視評價自己，而是把自己去實體化，轉變成一幅圖畫、一個意象、一個非實在的身分。我們做這種幻想並不是想變成另一個人。幻想並非許願、盼望或計畫；幻想沒有未來。服裝意象提供的，是不具任何處境性的處境意象；那裡有無限的之前和之後；因此這些意象對著之前之後兩端開放，朝向一種不確定的眾多變身可能性。

陰性在理性化的工具文化（instrumental culture）中的特權之一乃是美學的自由，即在身體上戲耍線條與色彩、裝扮出各種風格與相貌，並透過它們展示且想像非實在的可能性的自由。女人往往主動沉湎於這類戲劇化的想像中，而這些想像大體上是男人的日常生活無法進入的，或只有透過女人的服裝，男人才得以活出這些想像。這樣的女性想像解放了各種可能，因為它顛覆、攪亂了世界那可敬的功能理性秩序，而宰制正是靠此理性支撐。這種透過想像湧出的非實在，永遠創造著拒絕實然的空間，並因此開啟新的可能。[21]

然而，在父權消費資本主義脈絡中，服裝幻想所具的這種解放層面，也與壓迫的時點交織。也許這樣的多義性，正是所有成功利用欲望的大眾文化之特徵。當對每個人來說，陰性

21 見 Herbert Marcuse, *The Aesthetic Dimension* (Boston: Beacon Press, 1978)。

時尚幻想扮演了科層制科學理性之出口和互補，女性的身體和想像便成了一種文化需求的工具。

此外，時尚幻想往往有其特定的剝削及帝國主義層面。時尚意象可能無所區別地取自許多區域和時代，服裝本身則來自全球各地，通常由薪資極低的女工所製。時尚幻想抹平這些時代和區域的差別，將它們去歷史化，往往在將異國情調的第三世界商品化的同時，遮掩住實際的帝國主義與剝削，而這經由服裝的幻想和現實兩者來落實。[22]

要把女人服裝經驗中的自由與價值，從這種剝削與壓迫中解放出來，也許是不可能的，但我們有理由嘗試。我們可以說出那在陰影中穿行、避開陽具中心凝視光芒的觸覺與相繫，並即使在我們裝扮自己時，也批判資本主義那帝國主義的幻想。

22　見 Julia Emberly, "The Fashion Apparatus and the Deconstruction of Postmodern Subjectivity," *Canadian Journal of Political and Social Theory* 11.1-2 (1987): 38-50。

第五章

乳房經驗：外觀與感覺[1]

胸部，心臟的所在，乃是一個人重要的中心。我的意識可能存在於腦，但我的自我、我作為世上一個堅實人類的存在，卻是從我的胸部開始，我感到自己從這裡升起並輻散。[2]至少，在歐美文化中，當我指著自己時，我的手指的是胸部而不是臉。在印度的身體哲學中，

1　我很感謝巴特齊、坎帝柏（Lucy Candib）、蕾德（Drew Leder）和雷隆（Francine Rainone）對此文較早版本的建言。我也謝謝艾恩司（Nancy Irons）在研究上的協助。

過去二十年來，女性研究文獻雖然遽增，關於女人乳房經驗的書寫，卻令人驚訝地付諸闕如，零星可見的文章，卻又不見女性主義的敏感度。要如何解釋雖然有那麼多關於性、母職、身體、醫療與女體之互動關係的書寫，女性主義者卻還未書寫乳房？為什麼關於乳房的書寫會如此沉默，特別是若妳告訴女人妳在書寫女人的乳房經驗，她們就會開始傾吐自己乳房的感覺的故事？女人樂意談論自己長著乳房的身體，也樂於傾聽別人的經驗。但我們幾乎從不談這個話題，更別說是書寫它。

當我對女人自己的乳房審查感到絕望、心情憂悶時，我挖到了一處金礦：阿雅拉（Daphan Ayalah）和魏斯達克（Issac Weinstock）的《乳房：女人談她們的乳房和生活》（*Breasts: Women Speak about Their Breasts and Their Lives*）。這本乳房攝影集拍攝了五十個女人，還包括每個人的經驗敘述。阿雅拉和魏斯達克問這些女人同一組問題，包括成長、性、變老、生育和養育等等。因此，每個女人的故事都屬於她自己，用她自己的話說出來，也可相互比較。作者很謹慎地訪問了不同類型的女人：年老的，年輕的，中年的；有色女人和白種女人；有小孩的女人和沒小孩的女人；同性戀者和異性戀者；模特兒；性服務工作者等等。這是一本非常特別的書，我在此文對女人經驗所做的一般化，許多都來自閱讀此書。

2　史特勞斯認為作為意識的自我在現象學的層次上位於腦，但他也提到胸部或軀幹乃是自我在行動時的重要所在，且是自我在世上立即體會情感經驗的感官；參見 Erwin Straus, "The Forms of Spatiality," in *Phenomenological Psychology* (New York: Basic Books, 1966), 22-27。費雪發現，在身體意識中，心的覺知是一項重要的變項；參見 Seymour Fisher, *Body Experience in Fantasy and Behavior* (New York: Appleton-Century Crofts, 1970), especially chapter 27。

胸部並非唯一的中心，但它在其間具有整合的力量。[3]

從結構上來說，一個人的胸部可以打得更開或內縮、更放鬆或緊繃，而這也往往顯現了此人對世界或他人是開放或退縮。[4]筆直站坐、抬頭挺胸、肩膀後張的人，感覺上準備好積極面對世界，別人也會認為他們正派、活躍、開放。一個弓著肩膀、彎腰駝背、胸部內縮的人，則顯得退卻、沉鬱、壓抑或疲倦。

如果胸部是一個人在世存有感與認同感的中心，男人和女人應有相當不同的在世存有經驗。當一個女人把手放在心上，她的手是置於雙乳間。如果她的胸部是她的存有之居所，她的能量是從這裡輻散向世界，她的乳房也會與她的自我感緊密聯繫。既然在她的生命中，乳房是在她獨立的認同感終於形成時出現的，那麼乳房怎麼會不是她認同的層面之一？[5]儘管並非所有女人都如此，但對許多女人來說，乳房乃是身體自我意象的重要部分；女人可能愛它們也可能恨它們，就是少見態度中立者。

在我們這個極端關注乳房的文化裡，一個女人特別在青春期乃至其後半生，都常常覺得

3 見 Barbara Ann Brenna, *Hands of Light* (New York: Bantam Books, 1987), 132-35。

4 在阿雅拉和魏斯達克的受訪者中，有位女人從瑜伽概念出發，指出她對自己的感受以及她和她乳房的關係，會影響她個人的在世存有表現為胸部的緊繃或放鬆。

5 在阿雅拉和魏斯達克的受訪者中，許多位都認為其成人性格的重要層面，受到乳房發育時的青春期經驗影響。

自己被依其胸部大小與輪廓評分打量，事實上也的確如此。對她和其他人來說，她的乳房是其女人味（womanliness）日日可見且具體的標記，而她的經驗也隨著乳房本身的大小與形狀改變。在這個社會中，女人的胸部遠比男人的胸部受議論、被熱烈評斷，而不論裁決為何，她都未能逃脫變成問題焦點的處境。

本文中，我探索在男性宰制社會裡乳房的文化建構的一些面向，並尋找正面的女人乳房經驗的聲音。首先，我討論主流文化對乳房的客體化。我倚賴伊希迦黑對女人的性極具建設性的概念，以及一種並非以物體的概念來建構的另類形上學，來表達一種從女性主體觀點出發的乳房動態與敏感度的經驗。我探詢在客體化的男性凝視不在場時，女人的乳房會如何被經驗。我也討論乳房如何瓦解母性（motherhood）與性（sexuality）的分界，成為父權的羞辱。最後，我重新回到客體化的問題，反思女人做胸部外科手術的經驗。

一、乳房之為客體[6]

我曾站在鏡前，在襯衫下塞兩顆壘球，渴望變成一位成熟女人，有著瑪麗蓮・夢露（Marilyn Monroe）和伊莉莎白・泰勒（Elizabeth Taylor）那樣的大胸脯。它們被稱為肉彈、咪咪、大波；它們是可抓、可揉、可掌握的玩具。在客體化女人的總體基模（shceme）中，乳房是首要的物。

物神是一個代替陽具的物體——陽具是欲望獨一無二的測量標準與象徵，是性的再現。這樣的文化將乳房物神化。乳房是陰性的性的象徵，因此「最好的」乳房得像陽具一樣：高聳、堅挺、尖起。三十年前，將乳房用鐵絲、橡膠和塑膠胄甲裹起來乃是風尚，好讓它們挺舉直立。如今流行時尚已鬆綁了一些，但基本的結構還在；有些身材就是比別的好，而理想的胸部得看起來像芭比娃娃的胸部。

6 譯注：此處雖依「主流文化對乳房的客體化」脈絡，將 object 譯為「客體」，但作者在此段亦論道乳房的被物神化，以及男性中心的物體本體論將乳房視為物體，因此讀者不妨同時以「物體」來理解 object 的意涵。同樣地，在下文許多出現「物體」之處，其往往相對於「主體」而言，故此「物體」也有「客體」之意。

他人的眼光、從遠處評斷並宰制我們的男性凝視，使我們經驗到我們的客體化。[7]我們經驗到我們的位置被另一個位於遠處的主體建立且固定，早在他讓我知覺到他的崇拜或憎惡前，他就已這麼凝視並評斷。當一個女孩進入青春期，奮勇出擊、抬頭挺胸地迎向世界，她就會感受到自己被不同於以往的眼光注視。人們，特別是男孩，注意到她的胸部或她沒有胸部；他們打量她的胸部，對她品頭論足。如果她的能量是從胸部輻散出來，她往往會發現自己的輻射被男性凝視所扭曲，這種凝視從外邊定位她，依照她沒份設立、也外於她所能控制的標準來評量她。她也許會享受這種注目，學著運用性魅力，吸引他人凝視自己胸脯；或者，她可能對這嚇得她或嘲弄得她僵直不安的凝視，既憎惡又害怕，還可能會煞費苦心弓起肩膀、用寬鬆衣服遮掩胸部；又或者，她可能會盡量忽視這種客體化的凝視，停留在對自己身體認知的曖昧且不確定的邊緣。女人回應這種評價性凝視的方式，確實就像乳房本身的大小與特徵那麼多變，但在我們社會中，少有女人能避免不對至高他者對她乳房的潛在客體化視線，採取某種態度。

---

7 見 Sandra Bartky, "On Psychological Oppression," in *Philosophy and Women*, ed. Sharon Bishop and Marjorie Weinzweig (Belmont, Calif.: Wadsworth Publishing Co., 1979), 33-41；E. Ann Kaplan, "Is the Gaze Male?" in *Women and Film: Both Sides of the Camera* (New York: Methuen, 1983), 23-35。

存有並不一定得從物體的角度概念化。物體本體論是一種特定的西方建構，可溯源至柏拉圖—亞里斯多德（Platonic-Aristotelian）的理性與實體（substance）學說，但與其較近密關連的，則是從笛卡兒自我學（egology）開始的現代概念化。[8]

所以，什麼是一個物體？是一個自我同一的主體的關連體與建構，外於自然，抽離且原初。這個外於所有物體的主體，在凝視中固定住物體，果決堅定地控制它，對它瞭若指掌。物體明確且可定義，界線清楚，與其他物體分離。它就是它自己，不是從周遭脈絡產生，也不隨著不同脈絡改變本質。[9]物體是被動、沒有活動力的物質，沒有自己移動的能力，所有動作都是被外在機械式地造成的。物體可被支使、操縱、建構、建立且破壞，其物質增減的過程都很清楚。物體的基本特性因此都是可量化的：包括擴延、地點、速度或是重量。

實際上說來，物體是一種財產。物體可被私有、擁有，權利的界線很清楚。物體可被明確數算，因此擁有者能記錄其財產的數量。當物體成為商品、成為市場中的交換物，而處於一種權力所在即精確的等價交換與合約的權力流通之時，它們作為財產的性質便更加完整地

8 見 Martin Heidegger, *What Is a Thing?*, trans. W. B. Barton and Vera Deutsch (Chicago: Henry Regnery Co., 1967)。

9 牟茜特（Carolyn Merchant，譯注：女性主義科學史家）認為「脈絡獨立性」（context independence）是界定唯物機械論自然觀的特徵之一，在十七世紀，這種自然觀比有機論自然觀來得主流。參見 Carolyn Merchant, *The Death of Nature* (Berkeley: University of California Press, 1980), chapter 9。

顯現出來。[10]

乳房是女人的陰性中最明顯可見的符號，也是她的性的標示。在陽具中心文化裡，性以男人為導向，也依照男性欲望來塑模。資本主義且父權的美國媒體宰制的文化，用一種具僵固力、控制力的遠處凝視來客體化乳房。物神化的乳房像客體、物件般被評價；它們必須是固體且易於掌握的。它們的價值，她作為性存有的價值，依從那宰制自然的陽具崇拜邏輯，表現於尺寸中。她是B罩杯還是C罩杯？即使當平滑健美體型（sleek athletic）蔚為時尚，乳房仍往往居於顯眼地位。而最新的消息，是大胸脯又流行起來了。[11]

重要的是它們的樣貌，是它們如何搆得上常規化的凝視。所謂完美乳房的線條和比例是這樣的：渾圓、高聳、大而不癡肥、外觀緊實。當然，這種規範相互矛盾。假如乳房很大，其重量就會使它們下垂；假如乳房又大又圓，它們就會比較鬆垮而非緊實。規範以其固體物

10　此處我所思考的，是伊希迦黑對客體性的財產與商品基礎所做的處理，見Luce Irigaray, "Women on the Market," in *This Sex Which Is Not One* (Ithaca, N.Y.: Cornell University Press, 1985), 170-91。

11　"Forget Hemlines: The Bosomy Look Is Big Fashion News," *Wall Street Journal* (December 2, 1988); Jeremy Weir Alderson, "Breast Frenzy," *Self* (December 1988), 83-89.

的意象，抑壓乳房那充滿血肉的物質性，那身體中肌肉最少、最柔軟的部分。[12]各種雜誌建構並誇示這些完美的乳房。它們告訴我們獲得並永保如此雙峰的訣竅——藉著嚴苛的運動或一罐五十美元的乳霜（一般來說，這兩者皆無法達成想要的效果），或怎麼穿、怎麼站，好看似雙峰傲人。

就像大部分的陰性規範，常規化的乳房鮮少提及現實中女人的乳房「平均」狀況。只有極少數的女體能接近這種常規化的理想乳房；然而，由於主流媒體的力量，這種規範無所不在，而我們大多人都相當程度地內化了它，使得自我否定幾乎不可避免。[13]甚至是那些乳房接近理想的女人，一生中也只有短暫時期如此。這是一種青春期的規範，大多數的女人隨著年歲增長，只會越來越偏離它。不管她多大年紀，只要她生了小孩，乳房即會下垂，遠離理想；也許不再像產前那般豐盈渾圓，乳頭也變得突起。不管一個女人是否成為母親，重力都

---

12 波多指出，講求成就的社會讓西方文化對身體和血肉的摒棄走到極端，為所有身體立下追求緊實、堅硬的規範。這是「苗條要求」——同時針對男女，但特別是女人——在當代文化下的特殊意義。波多在討論中並未特別提到乳房，但很明顯地，她的分析幫助我們瞭解，為何乳房的媒體規範會有「緊實的」乳房這種不可能的要求。參見 Susan Bordo, “Reading the Slender Body,” in *Body/Politics: Women and the Discourse of Science*, ed. Mary Jacobus, Evelyn Fox Keller, and Sally Shurtleworth (New York: Routledge Chapman and Hall, 1989), 83-112。

13 見 Sandra Bartky, “Foucault, Femininity, and Modernization of Patriarchal Power,” in *Feminism and Foucault: Reflections on Resistance*, ed. Irene Diamond and Lee Quinby (Boston: Northeastern University Press, 1988)。

會發揮威力，讓她的身體很快被定義成「老」，只因這具身體已不再屬於青春期。而真正老去的女體，則簡直超過忍受範圍。老女人那平坦、起皺、嚴重鬆弛的乳房，對年齡歧視的主流文化來說，意味的是一個不再具備性或生殖功能的女人、一個已被榨乾的女人。然而，這種價值的衰退，其實一點也不理所當然。有些異文化尊敬這種乳房已然起皺鬆垮的女人；她們象徵更豐厚的母性以及經驗的智慧。從他們的觀點看來，對緊實高挺乳房的執迷，可能代表一種不想長大的欲望。[14]

二、以女人為中心的意義

不管男性宰制的文化怎樣異化我們的身體，不管它給了我們多少自我憎恨和壓迫的工具，我們的身體仍然屬於我們自己。我們以這具血肉之軀與全身筋肉行動舉止，用我們的身體感受快感與痛苦。如果我們愛自己，我們也會愛自己的身體。許多女人將乳房等同自己，與雜誌凝視的嚴厲規範保持距離，好活出自己的肉身化經驗。不論父權再怎麼一廂情願地企

14 Daphan Ayalah and Issac Weinstock, *Breasts*, 136.

望，我們都不把自己的乳房表現成僅是男性欲望的客體，而是表現成屬於我們自己者，表現為一種女性特屬欲望的萌芽抽長。

然而男性宰制社會似乎不認為女人的乳房是她們的。女人是一片自然的版圖；她的乳房屬於他人——她的丈夫、她的愛人、她的幼兒。我們很難從她自己的觀點，去想像女人的乳房是她自己的，去想像乳房除了尺寸和交換之外的價值。我並不是要宣稱發現一種以女人為中心的乳房經驗。我對以女人為中心的乳房經驗的概念化，是一種建構、一種想像，主題將放在去實體化（desubstantialization）。如果我們擺脫將女性視為至高他者、客體、固體且明確的男性凝視，去想像女人的觀點，長著乳房的身體就會變得模糊、軟稠、不確定且多重，也沒有清楚的身分。我想，讓特屬女性的欲望發聲乃是女性主義一個重要的計畫，但此計畫絕不會把以陽具為中心的欲望當成純粹而真正的女性核心。這個計畫必須被組構，而組構本身就是一種政治策略。

伊希迦黑提出一種從陰性欲望產生的形上學，將存有概念化為流體（fluid），而非固體的實體或物件。流體不像物體，它們沒有明確的邊界；它們並不固定，但這不意味它們沒有模式。流體遽然湧出並流動，認為存有猶如流體的形上學，重視的是生命、活動力與脈動，而非笛卡兒世界觀中那些毫無生氣的死物。[15] 簡單地說，這是一種歷程形上學（process metaphysics），其中的運動和能量，在本體論層次上都先於物性（thingness），而物的本質則從其嵌入的有機脈絡中呈現其存有。

我知道在建構一種以女人為中心之經驗的聲音時援引流體形上學，並不是個受歡迎的作法。伊希迦黑將女人與水（the aqueous）做特別連結的構想飽受取笑，這讓我有時不禁疑惑是否即使在女性主義者間，也擴散著一種恐懼，恐懼失去「可抓握的東西」。對我而言，訴求女人的生物性或身體一點問題也沒有，因為若用一種完全不同的方式概念化男人的身體，其也會像女人的身體一樣是流體的。問題在於，自我同一的物體形上學與對自然的宰制——這意味對女人的宰制，因為在文化的計畫中，我們即賤斥的身體——明顯連結。我們怎麼思考在世存有，就會產生不同的結果，我們對此思考方式做出的選擇，也因此具有政治意涵。在一種過程形上學——一種流體形上學——中，任何位置的存有都取決於其周遭脈絡，內外

15 Luce Irigaray, "The Mechanics of Fluids," in *This Sex Which Is Not One*, trans. Catherine Porter (Ithaca, N.Y.: Cornell University Press, 1985)。參照 Jeffner Allen, "An Introduction to Patriarchal Existentialism," in The *Thinking Muse: Feminism and Modern French Philosophy*, ed. Allen and Iris Marion Young, (Bloomington: Indiana University Press, 1989), especially 81-83 ；Allen, "The Naming of Difference: Truth and Female Friendship," in *Lesbian Philosophy: Explorations* (Palo Alto, Calif.: Institute of Lesbian Studies), especially 104-6。

的界線也無法清楚勾勒，這樣的形上學可說是一種較佳的、從生態觀點出發的思考世界的方式。鑑於女人的壓迫有相當程度來自實質的和象徵性的客體化，我認為，顛覆物體形上學即是解放女人。

從陰性主體性出發的認識論，重視的可能是觸覺，而非視覺。[16]碰觸者不像凝視者，無法隔著一段距離碰觸她知道自己在碰觸的東西。碰觸既是主動的，也同時是被動的。凝視者可以看卻不被看，就像傅柯指出的，這種可能性即是現代規訓權力的來源。然而，碰觸者不可能只碰觸她知道自己在碰觸的東西，卻未被這些東西碰觸到。碰觸的舉動必然也是一種被碰觸的經驗；碰觸不可能不被反碰，因此在主體與客體（物體）間並無明顯對立，因為這兩種位置會不斷轉換。更甚地，若以觸覺作為世界的經驗模型，把世界分割成界線清楚的物體就再也沒有意義。觸覺區別紋理或柔硬的細微差異——事實上，觸覺還從中得到快感——但因為被碰觸者彼此碰觸，所以其間邊界並不穩固。由於觸覺在其立足世界之外別無其他所在，它亦走下普同主義的超然雲端；觸覺對被觸物的知識，是一種感知其具體性的知識，而

16 梅洛龐帝的晚期本體論，是現有的任何知識論中最接近以觸覺為基礎者。參見 Maurice Merleau-Ponty, "The Intertwining--The Chiasm," in *The Visible and the Invisible*, trans. Alphonso Lingis (Evanston, Ill.: Northwestern University Press, 1968)；伊希迦黑對此文的評論可見 Luce Irigaray, Ethique de la Différence Sexuelle (Paris: Editions de Minuit, 1984), 143-72。

不僅僅是由數學心靈想像出來的普遍法則的例證。

從女性主體的位置來說，關於她乳房最重要的是其感覺及敏感度，而不是外觀。她乳房的尺寸或年齡，都無關其乳頭的敏感度；乳頭往往似乎有自己的意志，會因為最輕微的碰觸、溫度改變或窘困而凸起。對許多女人而言，乳房是深度快感一塊多重且流動的區域，這種快感可與性交無關，雖然有時也關係到性高潮。這對陽具的性是一種羞辱。女人關於乳房感覺的經驗，並非總是正面；如果乳房很大，她常常會感到它們拉扯自己的頸部和背部，讓自己很不舒服。她的乳房也會讓她感到身體的改變。當她的身體從女孩長成為女人，她經常會確確實實地感覺到「成長的痛苦」。當她懷孕，她往往知道自己的乳房感覺有了首次徹底的改變，而許多女人的乳房也會在經期變得更敏感。當她泌乳時，她會感覺到乳汁的飽漲感，而這可能是一個碰觸、一句喊叫或甚至一個念頭引起的。

乳房乃是性特徵的首要標記，是一種不可化約為共同標準的性差異。然而陽具中心的性，企圖以其獨一無二的性物體——陽具——來定位整個性。主動的性乃是直立的陰莖，精力十足地高舉，穿透被動的女性容器。做愛得是真實的性行為，非陽具的快感要不是偏差，就是在準備。愛撫並親吻乳房乃是「前戲」，只是伴侶在進入正事前的怡人序曲。然而，在她自己的性經驗中，這裡有不可告人處：她最深的快感可以來自胸前的神祕地帶，而這快感可能還大於男人在性交中提供的。陽具中心的異性戀規範，企圖把女性的性建構成只是用來補足男性的性，只是男性的性的鏡子[17]，或是一個洞——一種須他來充滿的不足。然而她的快感並非如此，那是一種他只能想像的快感；他所能感到的任何類似體驗，都只是一種女性能力的失色複製品。試想用乳房、而非陰莖建立性力量的模型。如此，男人的乳頭將被建構為無價值的複製品，就像男人將女人的陰蒂建構為陰莖無價值的複製品。當然，以上都建立在用一種共同的標準來建構性特質的假定上。陽具中心的性建構，否定且壓抑乳房的敏感度。

哪一種男性「器官」可像陰蒂一樣被拿來嘲笑？——陰蒂這細小的陰莖，小到無法比較，只會遭到價值的全然貶抑、精神執著的徹底喪失（decathexization）。當然，我們會想到乳房。但是它們被分類為次級的特徵，或所謂「次級」的特徵。這無疑正當化了下述事實：我們鮮少質疑男性乳房萎縮的意義。這當然錯了。[18]

17 譯注：關於女性之作為男性的鏡子，可參考第四章「圖像二：穿越鏡子」一節。

18 Luce Irigaray, *Speculum of the Other Woman* (Ithaca, N.Y.: Cornell University Press, 1985), 22-23.

男女同性戀者往往都很反抗這種對乳頭的性的苛刻態度。男同性戀者往往會探索彼此乳房的情欲潛能，女同性戀者則經由相互愛撫乳房，產生一種獨特的快感。

乳房對許多女人來說是獨立的快感帶。只有將異性戀互補性的階層化特權解構，才能給予乳房的感覺同等價值——這種感覺擴散了性的認同。我們的性並不單一，而是像伊希迦黑說的多元且具異質性；性器官遍及我們全身，無所不在，而且也許沒有哪個最重要。我們是以流動、多重、無所定位且絕非同一同處的方式，來經驗情欲。[19]

胸罩的部分功能是作為觸覺的屏障。沒有胸罩，她的每個動作，都可能會讓衣服撫觸乳頭，使她依狀況或興起快感、或因而分心。然而，如果胸部是一個人在世存有的中心，她的存有形式，當然會依其胸部是向觸覺開放、自由移動，還是有所局限屏障而異。

沒有胸罩，女人的乳房也就去客體化（deobjectified）、去實體化。沒有胸罩，大多數女人的乳房也就不會有高聳、堅實、尖挺的外觀——這是陽具文化訂立的規範。它們會整個沉甸甸地鬆弛下垂。沒有胸罩，乳房流動的存有狀態比較明顯。它們不是形狀明確的物體，而是隨著身體姿勢與移動徹底改變形狀。手舉過頭，平躺或側躺，屈身前傾——都會讓乳房的

19　參見 Luce Irigaray, "This Sex Which Is Not One," in *This Sex Which Is Not One*, 23-33。

形狀變得非常不同。許多女人的乳房更像流體而非固體；只要身體動一下，即使是最輕微的移動，它們也會搖晃、款擺、跳躍或蕩漾。

女人從未聚集參與焚燒胸罩的儀式，但那意象牢牢存在。我們做的是丟掉胸罩——無數的我們丟掉無數的胸罩。[20]那時年輕魯莽的我，雖然還不是女性主義者，也將胸罩丟進抽屜，胸部除了一件襯衫啥也沒穿，就大膽走出家門。那是一九六九年一段曖昧不明的時光。我感到一種不可思議的自由，和一點點反抗感。我從未把胸罩真的扔掉；它們一直都在，好在需要禮貌與美觀的場合派上用場。為什麼燒掉胸罩會是根本顛覆男性宰制秩序的終極意象？[21]因為解脫束縛的乳房，會顯出它們流動且易變的形狀；它們不再繼續保持緊實固定的物體模樣，而後者乃是崇拜陽具的拜物主義所渴欲的。因為解脫束縛的乳房，嘲諷了「完美」乳房的理想。胸罩把乳房常規化，將它高舉、塑形，以接近那獨一無二的乳房理想。但不穿胸罩對父權最嚴重的羞辱，乃是乳頭會凸顯出來。乳頭是猥褻的。露出乳溝很好——越多越好——我們可以穿幾乎遮不住乳房的比基尼，但乳頭一定得小心遮掩。即使是阿

20 譯注：傳言中，女性主義者曾於六〇年代集體焚燒胸罩，然而這純屬媒體訛傳。事實上，當時的女性主義者是將胸罩丟進垃圾桶。

21 布朗米勒（Susan Brownmiller）指出，女人不穿胸罩會引起震驚與憤怒，是因為男人內心認為乳房歸他們所有，脫掉胸罩也只有他們能做。參見 Susan Brownmiller, *Femininity* (New York: Linden Press, Simon and Schuster, 1984), 45。

哥哥舞者也會貼上遮蔽乳頭的胸貼。乳頭是禁忌，因為它們凸顯乳房乃是活躍且獨立的情欲敏感帶。

在男性凝視不在場時，我們自己正面的乳房經驗會是什麼？在美國社會中，有些時代和地方的女人有過一些些這類經驗。在女同性戀者主導的女人空間，女人可以確定不會有男性凝視入侵，就在這裡，我發現到女人身體的一種獨特經驗。在這類女人空間，女人經常光著上身走來走去、處理雜事、圍成一圈聊天。這樣的環境能將乳房去客體化。一個不習慣這類女人空間的女人，一開始可能會目瞪口呆，視乳房如物體。但那袒露乳房的身體在持續投入活動時所顯現的日常性，會讓乳房去物化（dereify）。雖然如此，乳房並未像被衣服覆蓋時那樣模糊不明；相反地，女人的乳房大受關注。在一個女人都袒胸走動的女人空間，乳房的變異性和個體性變得顯著。可以說，在一個沒有男性凝視的女人空間，女人的乳房變得幾乎像是她臉孔的一部分。女人的乳房就像她的鼻子或嘴巴一樣獨特，是一個別人能藉此辨識她的符號。乳房就像她的嘴巴或眼睛，隨著她的動作或心情改變樣貌；她乳房的動作，乃是她身體表達的一部分。

三、母性與性

這位女人看來年輕且超越歲月，她身穿藍衣，頭披圍巾，低頭看著胸前的嬰孩，用手小心翼翼地將衣服拉到一邊，嬰孩的小手歇息於她豐滿的乳房。這個基督教意象代表和平與整全（wholeness），顯現美好的世代循環。[22]從佛羅倫斯濕壁畫到博得書店（Borders）[23]眾多書的封面，這個意象的面貌有許多變異，是一個很基本的權力意象，女性權力的意象。它純粹而良善，乃是生命的源頭，是男性藉以擁有實體的來源——這是一種令人敬畏的權力。數世紀以來，對此權力的認同將女性和父權秩序相連結，今日，這種認同對我們雖已不那麼誘人，仍然提供給女人一種獨特的認同位置。[24]

但這付出了性的代價。聖母必須是處女母親。這種認同邏輯將存有建構為物體，也建構

22 關於這個意象在文藝復興時期的意義，邁爾斯（Margaret R. Miles）的討論很有趣，參見 Margaret R. Miles, "The Virgin's One Bare Breast: Female Nudity and Religious Meaning in Tuscan Early Renaissance Culture," in *The Female Body in Western Culture*, ed. Susan Rubin Suleiman (Cambridge, Mass.: Harvard University Press, 1985), 193-208。

23 譯注：美國著名大型連鎖書店。

24 Julia Kristeva, "Sabat Mater" in Suleiman, *The Female Body in Western Culture*；另參見 Susan Rubin Suleiman, "Writing and Motherhood," in *The (M)other Tongue: Essays in Feminist Psychoanalytical Interpretation*, ed. Shirley Nelson Garner, Claire Kahane, and Madelon Sprengnether (Itacha, N.Y.: Cornell University Press, 1985), 352-77。

了分界清楚且互斥的範疇：本質／偶性、心靈／身體、好／壞。這類對立的邏輯無所不在，一方將另一方定義為被己方的唯一性（oneness）或本質排斥，而彼此排斥。在西方邏輯中，女人亦具這類對立範疇，因為父權邏輯也在母性和性間設立了互斥的分界。處女或妓女、純潔或淫猥、照護者或誘惑者，都要不就是無性的母親、要不就是性化的美人，一方排斥另一方。

舉例來說，精神分析就把母性視為性的替代物。女人渴望一個孩子，好作為陰莖的替代物，也是一種占有她那禁忌的父親的方式。幸好她的欲望是被動的，而且她會奉獻自己、完全給出。例如朵伊契（Helene Deutsch），就認為正常的母性等於陰性受虐狂；真正的女人從自我犧牲、棄絕享樂得到快感。[25]

齊希特曼（Barbara Sichtermann）如此討論母性與性的分裂：

> 基本上，女人在性的領域只能是訪客，她們被遣派的「真正」使命乃是代辦生殖。而生殖乃是發生在快感領域外的事情，它是上帝對夏娃的詛咒。女人必須用自己的身體經歷

25 Helene Deutsch, *Psychology of Women*, vol. 2，引自 Susan Rubin Suleiman, *The Female Body in Western Culture*, 356。（譯注：原書誤寫成 Helene Deutch）

絕大部分的生殖過程，然而在此過程中，她們變成與性、與縱欲狂歡無關的存有，她們變成無性的母親，變成未出生嬰孩的承載者、痛苦的承受者。哺乳當然也是這種單調無趣、家居化的「母職」世界的一部分。[26]

西方文化的性別邏輯仍在我們社會中運作，倚賴的是母性與性的此一分界。它讓女人與我們自身的生活和欲望分離，而必須認同這種或那種女人權力的意象——一是照顧人的、能幹的無私母親，永遠犧牲奉獻的良善靈魂；一是激情縱欲的魅人蕩婦，將受害者引向快感、罪惡與危險之路。為什麼性別符碼會要求母性與性截然分離？這可能是我們文化中的二分法裡，最多重決定（overdetermined）的一個；因此，我要用好幾個答案來回答此問題。

用克莉絲蒂娃的術語來說，兩性在進入象徵界（the symbolic）時，都必須抑止與母體相連時的原始歡愉。[27]幼兒的身體浸潤於感覺中，覺得自己與所碰觸到的那養護它的身體無所分別；陣痛破壞了這種連結，但它也帶來綜合而多重的快感。情欲必須與文明協調一致，必

26 Barbara Sichtermann, "The Lost Eroticism of the Breasts," in *Femininity: The Politics of the Personal* (Minneapolis: University of Minnesota Press), 57.

27 參見 Julia Kristeva, "The Father, Love, and Banishment," in *Desire in Language* (New York: Columbia University Press, 1980), 148-58。

須順從法律，成人的性經驗也因此必須壓抑胎兒時期歡愉的記憶。為此，成人的情欲意涵必須與母親脫離。雖然對兩性來說，性欲望與快感都是被前象徵時期的歡愉所喚起，但在強調理性即是統一、同一、主題式相關的特定文化形貌（cultural configuration）中，這種歡愉須被壓抑。

前面說過，母性與性的二分，勾勒出好／壞、純潔／淫猥的二分。這些二分法玩弄身體本身的受壓抑。「愛」這種情感，因為完全去肉體化且精神性，被認為是「好」的。母愛和孩子對母親的愛，表現了愛的完美——情欲的全然昇華。另一方面，肉體的情欲則處於邊界的另一端，那裡存在的是被蔑視的身體、壞與淫猥。母性與性的分離，在此證明了文化對身體的拒斥，也見證了肉體的欲望如何被認為是可怖的誘惑。

正如古典佛洛依德主義所說，亂倫禁忌也說明了這種分離。這種對於女性身體的父權禮教，可能是被一種想藉著支配母親以控制自己的欲望所無意識地推動。然而對母親的性欲望必須被壓抑，好讓男人與陰性分離，進入男性紐帶（male bond），而女人正是透過這個紐帶被交換。就像丁納史坦（Dorothy Dinnerstein）指出的，為保衛男性陽剛抵禦人類境況的易毀與終有一死性（mortality）[28]，對母親的欲望必須被壓抑。[29]

以下的解釋與男性中心主義的利益比較直接相關。藉著將母性與性分離，男人／丈夫得以避免感覺到自己是與孩子分享女性的性。戀母情結三角有三個交點，父親和孩子都得面臨問題。父親律法（the Law of the Father）建立了對女性的性之所有權。陽剛性要有她來照顧他的自我、補全他的欲望才滿足；她的情感歸他個人所有。[30]她的母愛如果等同她的性愛，她要不就是陽具的對象、要不就是他欲望之鏡的功能就無法維持。母愛與性愛必須投射給不同的人，或是當作不同種類的關係。

母性和性在女人自己的存在中的分離，似乎確保了她在快感方面對男人的依賴。如果母性關乎性，對母親來說，母子便可成為快感的聯盟，男人也就失去她的忠誠與依附。因此她必須壓抑她與自己孩子的情欲，讓這種獨特的情欲一併回返她所壓抑的歡愉經驗，繼續與男人維持一種特定的連結。如果她體會到母性關乎性，她可能會發現男人可有可無。這是另一

---

28 譯注：關於「終有一死」的概念，可參考第七章述及海德格部分。

29 Dorothy Dinnerstein, *The Mermaid and the Minotaur* (New York: Harper and Raw, 1977), chapter 6.

30 帕特曼（Carole Pateman）對此做了有力且嚴謹的論證，認為現代的父權意識型態隱含著對一種觀點的支持：男人透過婚姻契約和娼妓契約擁有女人。參見 Carole Pateman, *The Sexual Contract* (Stanford, Calif.: Stanford University Press, 1988), chapters 5-7。

個壓抑女人母性與性之關連的理由。女人與其母親相關的胎兒情欲必須中斷，以喚起她的異性戀欲望。而女同性戀母職對陽剛特權來說，也許是最終極的侮辱，因為它包含了女人對男人的情欲關係的一種雙重替換。

若沒有母性和性的分離，就不會有僅是給予而不取的愛之概念。我認為這可能是最重要的一點。理想的母親將自己視為給予者、餵養者，其存在與目的感完全源於給予。這種母親一給予者，為自我耽溺的自我（self-absorbed ego）提供了溫床，此種自我乃是現代哲學的主體，許多女性主義者已揭露其即為男性。[31]因此母性必須與她的性、她的欲望分離。她不能在其母職中擁有性欲望，因為若是如此，這就是一種需要、一種希求，而如果她有所希求或並非無私，就無法全然地給出。

我們所知的性／別系統，就這樣設定母性與性的分界。在本質上，女人兼具這兩種角色——既是身體與血肉的容器，為他所欲望，為他所擁有與掌握、馴服與控制，又是滋養他生命與自我的源頭。要支持男性自我，這兩種功能都是必需的，但它們卻又無法同時服務

31　見Naomi Schemen, “Individualism and the Objects of Psychology,” and Jane Flax, “Political Philosophy and the Patriarchal Unconscious: A Psychoanalytic Perspective on Epistemology and Metaphysics,” both in *Discovering Reality: Feminist Perspectives on Epistemology, Metaphysics, Methodology and Philosophy of Science*, ed. Sandra Harding and Merrill B. Hintikka (Dordrecht: D. Reidel Publishing Co., 1983)。

——因此就有了分界，將它們物化（reification）為好／壞、純潔／淫猥的階層化對立。這樣的分離往往是對母親的撕裂；就在我們的身體中，這種犧牲被一再執行，從而創造並維繫父權。[32]因此，女人的自由也有賴於解消此分離。

母性與性的分界，表現在女人對其乳房的經驗，也表現在乳房的文化標記。乳房若要被覺得性感，哺乳功能就得被壓抑，而當乳房在哺育嬰孩時，它們是去性化的。在這種把乳房物神化的文化，很多女人都拒絕哺乳，因為她們覺得這樣會失去性。她們相信哺乳會改變乳房形狀，讓它們變得醜陋而令人興趣缺缺。她們害怕自己的男人會覺得泌乳的乳房毫無魅力，或忌妒那占據她們身體的嬰孩。有些決定哺乳的女人，表示自己在哺乳期間對性胃口盡

32 佛格森（Ann Ferguson）討論道，在實際生活中母性與性的分裂，讓母親產生了一種「雙重意識」（double consciousness）；參見 Ann Ferguson, "On Conceiving Motherhood and Sexuality: A Feminist Materialist Approach," in *Mothering: Essays in Feminist Theory*, ed. Joyce Trebilcot (Totowa, N.J.: Rowman and Allenheld, 1983), especially 162-65。克莉絲蒂娃也談到女人基本上是被男性社會契約所犧牲。例子可參見 Julia Kristeva, "Women's Time," Alice Jardine and Harry Blake, trans., *Signs: Journal of Women in Culture and Society* 7.1 (Autumn 1981), 13-59。

失，或停止認為自己的乳房關乎性，並停止從乳房得到性快感。[33]

乳房是父權的羞辱，因為它們粉碎了母性與性的分界。乳頭是禁忌，因為不管從實際、實體或功能看來，它們在母性與性的分裂中都是無法判定的。女性主義所能做的最顛覆的事之一，就是確認母性與性的這一無法判定性。

當我剛開始哺乳時，我僵硬地坐在椅上，把嬰兒環在臂彎，小心翼翼地拉起襯衫蓋在乳房上。這是身為母親的工作，而我表現得又有效率又溫柔，一面也注意時間。幾個禮拜後，在昏昏欲睡的晨間哺乳時段，我抱著我的寶貝一起躺上床。當我移向床，我覺得自己已跨過禁忌之河，讓她張開的雙腿傍著我斜倚的軀體，在她吮乳時，像隻貓或匹馬般地側躺。這成了快感而非工作。我躺在那裡，就好像她在跟我做愛，讓她的腿抵住我的胃，用手撫摸我的乳房、我的胸膛。她躺在我和我的愛人間，而我和她也是一對。從那時起，我開始懷著歡欣的快感期待我倆清晨的性愛時光，讓她啜吸我飽漲硬實的乳房，解放並溫暖我，而她的父親

33　女人對哺乳及其與性有無關係的態度，差異當然很大。例如未成年的媽媽，就比年紀較大的媽媽來得難以接受哺乳，這可能是因為她們對自己的性比較沒安全感。參見 Lorie Yoos, "Developmental Issues and the Choice of Feeding Method of Adolescent Mothers," *Journal of Obstetrical and Gynecological Nursing* (January-February 1985), 68-72。針對哺乳的態度和經驗，阿雅拉和魏斯達克訪問了許多母親。她們的反應差異極大，從認為哺乳幾乎有如宗教體驗一般，到覺得它太噁心以致無法實踐的都有。

在一旁沉睡。

我並不想把母性浪漫化，我不是要藉由一種扭曲的女性主義逆轉，指稱母性能讓女人邁向神聖或真諦。我也不否認情色化的母性的危險——對小孩的危險，特別是這種危險主要來自權力而非性。母親不該濫用權力，但事實往往如此。我當然不想建議所有女人都該當媽媽；就算是在理想環境中，母職也還是有諸多不便之處，而在我們的社會中，更是有許多壓迫之處。但是，也許正是從許多女人的經驗中，我們能發現一些挑戰父權區分的方法，這些區分極力壓抑女人經驗、使其消音。

某種女性主義論述批判對女人的性客體化，主張女性主義者該將女人與物神化的女體分開，鼓吹另一種表現出關護、養育、慰藉價值的女人形象。美國的文化女性主義（cultural feminism）顯現了此一趨勢：女人避開且拒絕父權對性的定義，將力量、智慧與護育的母親形象投射為女性主義的美德，甚或將情欲重新定義為有如母愛。[34] 許多法國女性主義者也僅

34 在女性主義對性的論辯中，一些性自由論者指控他們的對手抱持著一種將情欲去性化、精神化或視為滋養的觀點。關於如何走出這場論辯的重要討論，可參見 Ann Ferguson, *Blood at the Root* (London: Pandora Press, 1989), chapter 7。對於這場我希望已多少結束的論辯，我不想選邊站。無論如何，這場論辯確實揭露了環繞著情欲而起的好／壞二分對立所具有的力量，一如它在我們的文化中所具備的。佛格森認為這場論辯建立了快感與愛之間的對立，而這種兩極對立毫無裨益。

是對母性與性重新評價，卻仍然將它們二分，而未挑戰一般公認的母性定義。[35]

基進之道在於粉碎母性與性的分界。這會是指什麼？最具體地說，意思是明指並頌揚哺乳對母親與幼兒雙方而言乃是一種性互動。[36]意思是讓女人公開述說她們從孩子得到的快感，述說她們往往因孩子斷奶感到失落的事實，正如許多女人已表示的。[37]但粉碎此分界還有一種較一般的意涵，甚至適用於不哺乳的媽媽和沒當媽媽的女人：破壞這種分界，意味著肯定女人——所有的女人——能「完整擁有」。這意味著創造並肯定一種愛，在這種愛中，女人無須做出二者擇一的選擇：要麼是追逐自己自私、永無饜足的欲望，要麼是給予她身邊的人快樂與支持；也就是一種既施且受的護育。直到今日，女人不論是否為母親，也不論她們的職業或所在，仍然太常被賦予養育者的角色。養育者的位置乃是自我犧牲的傾聽者和勸慰者，迎向受傷的、有所需求的自我，而對方把她當作鏡子和封閉的子宮，什麼都不給她，而她當然也謹守分際，不做任何索求。身為女性主義者，我們應該肯定養育的價值；這種關

35 參見 Donna Stanton, "Difference on Trial: A Critique of the Maternal Metaphor in Cixous, Irigaray, and Kristeva," in Allen and Young, *The Thinking Muse*。

36 這是 Barbara Sichtermann, "The Lost Eroticism of the Breasts" 的主要論點。

37 參見 Harriet H. Myers and Paul S. Siegel, "Motivation to Breastfeed: A Fit to the Opponent-Process Theory?" *Journal of Personality and Social Psychology* 49.1 (July 1985): 188-93。

切他人的倫理，確實使得我們相信更多的人類正義終能出現，而這種倫理所引導的政治價值，也能改善公眾的品德。但我們也必須堅持養育者也有其需求，堅持愛有部分是自私的，堅持一個女人應擁有自己不可化約的快感。

四、乳房上的手術刀

前面說過，陽剛文化將乳房建構為客體，建構為客體化的男性凝視的關連體。陽剛文化最在意的，是乳房看來如何、尺寸如何，是否與規範一致，以及胸部有多圓、多大、多高聳等不可能的美學。這些客體化的建構，清楚地顯現在外科醫學看乳房的角度。

所有身體整形手術中，乳房整形手術最常見。紀錄顯示，光是一九八六年，就共有十五萬九千三百名女性做了隆乳、提乳或縮乳手術，其中隆乳的有九萬三千五百人。[38]乳房外科手術不可等閒視之。首先，這種手術很貴。一次隆乳手術要三千到六千美元不等。有位作者提到，隆乳手術已變成雅痞在消費文化中另一種成功的象徵，因為在這種文化中，你能買到

38 Jeremy Weir Alderson, "Breast Obsessed," *Self* (December 1988); also "Whose Breast Are They, Anyway?" *Mademoiselle* (August 1987), 70.

什麼乃是測量你價值的主要標準。[39]再者，就像其他手術一樣，隆乳和縮乳手術都會造成相當的痛苦和瘀腫，有時還得另外動切開引流手術；處理過程往往要耗上好幾個月。[40]一些個案則顯示，乳房的敏感度可能會暫時或永久降低。

大眾文化密集宣傳身體可塑性的各種可能。[41]你可以擁有自己選擇的身體，擁有廣告和雜誌建議的身體；你不必固守既有的身體。但這些訊息給我們的選擇，並不是讓我們從各種真正可能的身體中挑選一個來用。不，我們能擁有自己選擇的身體的構想，意味的乃是我們能將自己的身體——那有著獨特瘤塊、皺摺、骨架與痣斑的身體——改造成獨一無二的美好身體，那在我們再熟悉不過的形貌、景象、圖畫中縈繞不去的苗條但挑逗的誘人身軀。因此，曾經是關起門來進行、被視為同化或年輕化工具的整形手術，如今已是醫生、求診者及名人公開討論的話題。哪一種身體有價值，我們是沒有什麼選擇的；用醫學技術來變形的可

39　Jeremy Weir Alderson, "Breast Obsessed."

40　阿雅拉和魏斯達克記錄道，有位做了縮乳手術的女人，乳房不但又痛又瘀腫，有時還會麻痺沒感覺，見 Daphan Ayalah and Issac Weinstock, *Breasts*, 52。另一位女人也很深刻地刻畫了隆乳手術的經驗，及其引起的痛苦、乳房失去感覺，見 ibid., 110-111。

41　波多很有說服力地論道，二十世紀高度資本主義的消費文化，已超越笛卡兒機械主義的形上學及其相關的對身體機械式的理解，轉而依各種可能性，將身體視為可修整、可塑模、可完全改變並控制的。參見 Susan Bordo, "Material Girl: Postmodern Culture, Gender, and the Body," unpublished manuscript, Le Moyne College, May 1989。

能性，更加強化了「正常化的」身體的概念。當機會近在咫尺，女人何不「選擇」完美的乳房？

雖然縮乳手術有時會造成暫時或永久的感覺喪失，有時還會留下明顯傷痕，但比較起來，它的風險似乎要比隆乳小。有些擁有巨乳的女人，會苦於背痛或頸痛，甚至還因此出現姿勢不良、壓迫骨架的問題。縮乳手術遠不如隆乳那麼常見。身為女性主義者，我對縮乳比較沒有像對隆乳那麼不以為然，因為大多數做縮乳手術的女人，目的似乎都是為了舒適，或是出自避免巨乳造成背部傷害的醫學理由。我認為隆乳的意涵是較有問題的。

前面說過，陽具中心對乳房的建構，特別看重外觀、形狀、大小和「常態」（normal-cy）。然而，從女人的觀點看來，乳房的感覺、敏感度和性欲可能性才更重要——這些因素都與其大小或外觀無關。隆乳只是為了觀看：為了增加女人在舞台或雜誌照片上的可看性，為了讓她看起來比較符合規範或性感，為了讓她挺出衣服曲線。很少人會區別不出假乳的觸感——它比真正的血肉來得緊實堅硬。至於女人自己的感覺方面，整個療程可能漫長又痛苦，有些女人的痛甚至不曾停止。當她看來性感些，她的乳房可能也因為手術而失去對性的敏感度。

我稍早曾指出，陽具中心的文化將乳房客體化。隆乳往往讓女人的乳房更像客體。它們的目標是芭比娃娃理想的那種堅固與緊實；有些女人指出，俯臥的姿勢對她們而言變得很痛苦，因為乳房團塊會擠刺到血肉。其他人則表示，她們不願躺在海灘上，因為她們的乳房不會隨著地心引力變塌，就像別的女人那樣。[42]多達三分之一的案例顯示，植入物周邊的組織變得有如石頭般堅硬，令外形變得不自然，身體更是痛苦，最後常常得移除或替換植入物。食鹽水袋有縮小之虞，矽膠則有緩緩滲入身體的可能。醫學期刊也報導過術後可能的免疫系統問題及中毒性休克症候群（toxic-shock syndrome）。由於關於這些問題的研究幾乎闕如，上述風險尚無法確認。既然越來越多女人選擇做乳房手術，更多研究刻不容緩。在與乳房手術可能相關的風險中，最讓人不安的應是癌症。有些醫師憂心不管是用手或用 X 光攝影檢查，乳房植入物都會使早期腫瘤更難發現。[43]道康寧公司（Dow Corning Corporation）的研究還發現，乳房植入物導致一些實驗鼠罹癌。[44]

在這個社會，對乳房的物神化勝於對女體其他部分，又因為女人的乳房在一些方面密切

42　這類怨言的紀錄，參見 S. Beale. G. Hambert, H. O. Lisper, L. Ohlsen and B. Palm, "Augmentation Mammoplasty: The Surgical and Psychological Effects of the Operation and Prediction of the Result," *Annals of Plastic Surgery* 13.4 (October 1984): 279-97。

43　Jeremy Weir Alderson, "Breast Obsessed."

44　"Forget Hemlines," *Wall Street Journal*.

關係到她的自我感，一個乳房小的女人，往往飽受困窘、羞辱或缺陷感折磨。她常常會聽見對她的平胸那隱微或不那麼隱微的評語，特別是在青春期。尤其當女人讀的大眾雜誌也在宣傳身體整形多麼容易時，許多女人會想隆乳，就沒什麼好奇怪。[45]更甚地，對許多女人來說，擁有較大的乳房乃是事業成功的一項條件。許多女模特兒和演藝人員做隆乳手術，是因為那就算不是錄用的條件之一，也是老闆的建議。[46]

有鑑於隆乳手術如此常見，我相信其中大多數一定是毫無意義、沒有必要的，就像鑽石或皮草。但我批判的不是那些動隆乳手術的女人。她們的決定，可能是對生活、情緒需求、社會壓力等特定限制所做的理性回應。不過，把女人決定隆乳，當成是女人在行使選擇的權力，這種說法是有問題的。陽具中心的規範並不重視乳房的多樣性，僅高舉一種標準；女人對文化怎麼呈現自己毫無選擇，只能視自己既有的乳房是次等、微小、乾癟而塌陷的。儘管大多數的整形醫師都會告知求診者手術的風險與後果等事實，許多女人仍然表示她們很驚訝手術這麼痛、療程這麼長、乳房失去這麼多感覺、尺寸改變得這麼少。因此，她們是否真的

45 一份研究指出，想隆乳的女人有百分之五十七是受到流行雜誌乳房觀的影響，而控制組只有百分之十五的女人如此。參見 Ohlsen et. al., "Augmentation Mammoplasty"。

46 阿雅拉和魏斯達克所訪問的女人中，有好幾位是因為工作的關係而隆乳。

有被充分告知手術的一切，仍是問題。最重要的是，隆乳手術似乎落入規訓實踐的廣大範疇，而女人覺得自己必須投入此規訓實踐，好擁有並維繫陰性。[47]就像減肥和大量運動，手術也被理解為一種必要的自我懲罰，好讓她重拾身體曲線。

乳房上會出現手術刀的另一可能是得了乳癌。就在這裡，在我存有的核心，在這被他們和我們賦予重要價值的悅人雙峰，隱藏著惡性腫瘤的黑暗根源。直到最近，乳癌不容爭辯的常規療法仍是乳房切除術——割掉乳房，一併割掉淋巴結和胸肌。最近的研究指出，癌塊切除加上合併化療，在許多案例也很有效。[48]然而，很多被診斷得了乳癌的女人，仍然因手術失去了乳房。

在許多乳癌案例中，乳房切除確實是唯一或最好的治療方式。然而，對於許多女人因為失去乳房所產生的嚴重身分認同問題，多數醫學專家似乎仍未有所感知。我們應該做更多的研究與教育，提供其他的治療之道，讓切除乳房成為最後一個選項，而對那些難逃失去乳房的女人，也應給予更多真正的支持服務。

---

47 參見 Sandra Bartky, “Foucault, Femininity, and the Modernization of Patriarchal Power” 與 Susan Bordo, “Reading the Slender Body”。

48 Boston Women’s Health Collective, *Our Bodies, Ourselves* (New York: Simon and Schuster, 1976; 2nd edition, 1983).

很多研究都證明，許多女人因為失去乳房而抑鬱不堪，有時還持續數年。醫學專家往往未探知到這種抑鬱，更別說是治療。[49] 失去乳房是一種創傷，這並不意外。就如我說過的，乳房對許多女人——即使不是絕大多數——都是認同的一個重要面向。雖然女人對自己乳房的感覺往往如此多重曖昧，乳房仍是其身體自我形象的核心要素。在現象學上，胸部是一個人在世存有的中心，也是她在世上呈現自己的途徑，因此乳房必然是身體習性的層面之一。對許多女人來說，乳房是性快感或身體驕傲的來源之一。許多女人在情感上以乳房標記她們生命史的重要插曲——例如成年或有了小孩。

在閱讀女人做乳房切除術的經驗之後，我不禁認為，乳房與一個女人自我的整合關係，在乳房切除術這件事上被強烈否決。在西方醫學的傾向——將身體客體化，視身體為可安裝、可替換零件的聚合——中，女人的乳房被視為可取下的、非必要的。對乳房於女人認同之重要性的未能認知，可能可以說明為何這麼久以來，極端的乳房切除術竟是唯一被認可的

49 參見 Taylor, Lichtman, Wood, Bluming, Dosik, and Liebowitz, "Illness-Related and Treatment-Related Factors in Psychological Adjustment to Breast Cancer," *Cancer* 55.10 (May 1985): 2506-13；Collette Ray, Janet Grover, H. V. Cert, and Tom Misniewski, "Nurses' Perceptions of Early Breast Cancer, and Their Psychological Implications, and of the Role of Health Professionals in Providing Support," *International Journal of Nursing Studies* 21.2 (1981): 101-11。

乳癌治療辦法。[50]

人們對失去乳房的態度，似乎往往是：再怎麼說，乳房並不真的具有功能，只是裝飾罷了。乳房裝扮妳，讓妳顯得美麗性感，但妳並不像需要手或腳那般需要乳房。如果女人到了中年或老年，她的乳房可能更被認為可有可無，反正她不會再有小孩，她的性也常常不被承認。對失去乳房的可能和事實表示憤怒或抑鬱的女人，旁人的態度往往會讓她覺得自己的情緒只不過是不合時宜的虛榮。她被鼓勵要保持超然冷靜，「像個男人般接受事實」。人們對失去乳房的情感創傷所表示的同情，往往出自一種認同男性的觀點。他們假定女人的主要情緒問題，與其丈夫或男性愛人相關，她擔憂的是他是否還愛她的身體；有關失去乳房的大眾文學，則充滿這種故事：寬大無私的男人支持他們的女伴，強調他們愛的是她，而不是她的乳房。

既然她在一種重要的意義上來說即是她的乳房的這個事實被抹煞，她也就不能公開而坦然地表示恐懼和悲傷。因此，當她失去她的乳房，文化給予的訊息非常清楚明確：她必須藉著學習藏起自我缺陷來調適。最重要的是，她必須重回日常生活的樣貌，表現得好像什麼都

50　參見 Rose Kushner, *Breast Cancer: A Personal History and Investigative Report* (New York: Harcourt Brace Jovanovich, 1975), 302-10。該文指出，乳房切除術之所以那麼普遍，可能是因為男人支配了女性醫療領域。

沒發生過。她用義乳來替代乳房，而義乳正是陽具化乳房的客體化特徵之體現：它緊實，不亂蹦亂跳，筆直高挺（除非它滑掉），而且通常沒有乳頭。今日的女人也可選擇終極的乳房客體化：重建手術。要實現替換零件的夢想，女人只需花筆錢並痛苦一下，就能「煥然一新」。然而雖然這個夢想實現了，許多女人卻依然驚訝而失望地發現，重建的乳房看起來跟感覺起來不怎麼像那失去的乳房。[51]

不管她戴的是義乳或是動手術裝人工乳房，她的感覺當然不會與之前一樣。這兩種物體隱藏且否認她感覺與敏感度的消逝，包括性方面的感受及乳房在世存有的單純日常感受。義乳和乳房重建首重外觀，關心的是女人身體可見的構成。她的創傷被認定是在外觀受損、看來令人反感的層面，而非與自我分離及失去感覺的層面。她必須避免他人打量她的殘缺，也保護自己不被人憎厭地瞪視。因此，大多數女人當然會戴上義乳，而她們也不會因為這麼做而受到批判。

羅德（Audre Lorde）指出，女人失去乳房後得看來「正常」，乃是文化對女人的一種奴役，而這會產生嚴重的後果。這種奴役不僅使得女人很難或無法接受她的新身體，也使得單

51　參見 Karen Berger and John Bostwick, *A Woman's Decision* (New York: C. V. Mosby Co., 1984)：該書作者支持進行乳房重建手術，但他們也記錄道，有些女人很失望新的乳房看起來不像原有的。

乳女人很難或無法彼此辨識。這也會讓女人的經驗完全隱沒無形，不管是對不願想到乳癌和失去乳房的女人、還是曾有這類經歷的女人來說，都是如此。考慮到美國社會中女人罹患乳癌的驚人比率，對於正常化外觀的重視，顯然已讓極多女人噤聲孤立。

> 義乳提供的是一種「沒人知道有啥不同」的空洞慰藉。但我想要堅持的，正是這種不同，因為我曾經歷、熬過這一切，也想與其他女人分享這種力量。如果我們要將圍繞著乳癌的沉默轉換成對抗這種災難的語言與行動，首先就得要讓做過乳房切除術的女人看得見彼此。因為沉默和不可見與無力相伴而來。單乳女人要是接受了義乳的遮掩，就等於宣告我們有所不足，必須依賴偽裝。我們使自己更加孤立、讓彼此更加不可見，也助長了這個不願面對自己的瘋狂所造成的後果之社會的虛假自滿。[52]

因此，社會並未提供她把身體認同轉變成一個單乳女人、一位亞馬遜女戰士的機會。然而，在一個用不同方式建構的文化中，她可能會重新構成她的身體認同，學著愛單乳的自

52 Audre Lorde, *The Cancer Journals* (Trumansburg, N.Y.: The Crossing Press, 1980), 61.

己。女人的身體史流動且多變；對她而言，構成嶄新且正面的身體認同充滿可能。在她的青春期，她適應著自己的胸部開始隆起；如果她有了小孩，從她開始懷孕時，她就得適應身體形式的激烈變化。只有在女同志間，看得見一種公開肯定正面的單乳女人可能性的努力，而即使在這樣以女人為中心的社群，這種成功也往往意義未定。

第六章　月經冥想[1]

> 在一個兩性平等的社會，女人會把月經只看成是她進入成年生活的特殊方式；男人和女人的身體，都有其他麻煩的需求需要關照，但這些需求都很容易適應，因為大家都會這樣，對任何人都不構成汙點；月經之所以在青春期女孩中引起恐懼，是因為它把她丟入一種次等的、有缺陷的範疇。這種被降格的感覺，會對她造成沉重的壓力。如果她沒有失去作為人的自尊，就會對自己流血的身體依然感到驕傲。
>
> ——波娃，《第二性》

我本來打算依循本書討論懷孕、服裝、乳房經驗與家等其他主題的形式，進行這篇描寫女人月經經驗並思考這類經驗之本體論與道德意涵的文章。也就是說，首先，我要從被男性宰制的社會經驗發聲——也因此會是批判之聲——提供一種與陰性連結的貶抑與壓迫的說法。然後，我要轉換到一種較為女人中心的說法，即在月經這種女性專屬的經驗中，存在著正面資源，可用來重塑社會價值。我假設，在月經的過程與意義中存在著一種正面的女性經

1 我很感謝以下這些人，他們對此文的早先版本提供了大有助益的評論：亞歷山大（David Alexander）、亞歷山大—楊（Morgen Alexander-Young）、巴特齊、柏高芬、凱斯（Mary Anne Case）、克魯克斯，以及威爾遜（Elizabeth Wilson）。也謝謝林賽（Keisha Lindsay）的研究協助。

驗，但它卻被父權偏見與利益所遮蓋。

不過，正如下文所會指出的，儘管我們能夠從思考月經經驗中學到許多事，但要締造它的全新價值恐怕不可能。在許多社會中，女人的社會地位都已大幅改善。然而，即使在那些公認為女人受限最少的社會，仍有許多社會造成的不適與壓迫和月經經驗相關連。本文主要將致力於揭露並思考社會對於作為「有月經者」（menstruator）的女人之壓迫，此壓迫以兩種主要形式表現：一是與月經相連的羞恥感，這種羞恥感強迫女孩和女人隱藏她們的來潮；二是公共空間如學校和職場對女人的不妥貼，它們往往拒絕配合女人的社會及身體需要。就算我們可以將這些不公義當作不存在，我們在「月經」其下看到的依然不會是一種光輝燦爛的經驗，只會是一種有時會造成女人不適或困惱的個人身體過程。雖然如此，此過程對許多女人來說仍負載著情感上的意義。我使用的資料大多來自美國，還有些來自英國及一些其他的社會。我將用第一節中源於波娃及當代女性主義研究對女人月經經驗的說法，以及在最末節中對月經事件——它們標記了女人的自我敘事——之情緒與記憶的探索，來架構與社會對月經的反應相關的不平等的分析。

不過，在我開始前，讓我先談談本文未能關注的事情。我鮮少談及與月經相關的醫療理論和實務。從女性主義的觀點來看，醫師、醫學課本、護士和其他醫療機構的成員，怎樣解釋月經過程並定位青春期女孩、來經的成年女人、更年期中的女人及更年期後的女人，都有很多可談。在質疑諸如經前「症候群」的標籤、對更年期開出荷爾蒙療法的慣性處方背後的假設，女性主義的批判一直都舉足輕重。我所以選擇不談醫療系統對月經的處理方式，是因為談這些議題的女性主義文章，要比談女人生活中月經之社會及個人經驗的多得多。

一、經驗：波娃與當代女性主義

一九七八年十二月。在一個大多是男性的研討會上，我和我哲學系的姊妹擁抱、聊天、吃喝、一起聆聽。我的身體從原先母性的腫脹，坍塌成一片平坦，例如我滿是皺摺的子宮與乾涸的乳房。我將襁褓中的女兒留在芝加哥，她習於在我讀《女人的房間》（*The Women's Room*）一小時半的時光中吮乳。十五個月來，那紅色的暖流首次流過我陰蒂的溝渠。這並非靜默的轉變，而是一場在我的背與頸項震顫抽痛的身體革命⋯⋯

那晚，在不安的睡眠中，我作夢了。一個滿是女人的宴會廳，這是女性哲學學會的接待宴，成百女人站在水晶吊燈下。我帶著自在的微笑，從一群女人飛掠到另一群女人。當我轉身去找另一個朋友，我看見她高高的身影越過房間，好像沒看到這些姊妹：她是波娃。然後，就在我醒前，一個物體閃爍起來：一杯乳汁。[2]

這是我二十年前寫下的段落，是一篇文章的導言，該文旨在批判波娃那頑固的人本主義態度——波娃追求的理想，是性別差異再也不會影響每個人的人類尊嚴，而在各種人類自我實踐的努力中，女人都將擁有像男人一樣的機會。受到近來法國女性主義者如伊希迦黑、克莉絲蒂娃的思想及美國女性主義者的論辯影響——她們認為女人的平等不應表示女人得符合一種具男性偏見的特質和成就標準——我論道波娃的女性主義太輕視女性身體。我對她的分析框架提出批判，因為她將人類自由界定為超越性，有別於身體的內宥性，而這身體把我們——對女人尤然——囚禁為單純的物種、困縛於疾病與死亡。我論道若依循波娃對超越性與內宥性的二分，即隱含對女人經驗特定性的持續貶抑。

為了準備現在這篇論文，我重新讀了《第二性》。這種經驗好像回到家，發現妳母親比妳在年少的反叛歲月中所認為的要聰明。對我來說，波娃似乎仍然支持源於男性宰制之藝

---

2 Iris Marion Young, "Humanism, Gynocentrism, and Feminist Politics," first published in *Women's Studies International Forum* 8.3 (1985): 173.

術、政治、商業經驗的人類成就理想。更甚地，那種致力把性別差異從不利轉換為優點的女性主義，似乎是她所無法想像的。在三十年來女性主義社會批判的集中發展與百花齊放下，要有這類批判的反應其實很容易。然而，《第二性》仍是女性主義經典作，不只是因為它文字優美，還因為它揭舉了許多女性主義探詢的方向。波娃以無人可比的細緻深度與溫柔，描寫作為一個女孩、成年女人以及老女人的肉身化經驗，這至今仍啟發著年輕女孩和不再年輕的女人，讓她們深感認同。這本書在瞭解女性經驗與提出社會批判方面，仍有許多資源未被挖掘。

多數女性主義論述都對月經經驗及其社會意涵未置一詞。波娃並不如此。她系統性地思考初經，及初經與女人對其社會位置所開始懷有的矛盾情感的關連。她討論大多數女人為讓自己周期性來經的身體符合預期的活動與端莊的要求，在生活中某些時刻會遇到的日常困境。最可佩的是，波娃將更年期後的女人呈現為一個實實在在的人，不像大眾文化，往往將她描繪為只是一個女人的幽靈。然而，波娃對女人身體經驗及其自由意涵的思考，仍有可批評處。例如，她對月經的思考，在兩端之間擺盪：一端是認為，許多女人對月經感到的不適及被貶低感，完全來自社會關係；另一端則主張，女人天生就是生殖者的這個事實，以一種我們只能認命的方式，將我們囚禁為僅是物種的存有。無論如何，她以女人中心觀點出發的對這些經驗的處理之透徹，使這些討論獨具一格又活潑生動。

波娃將月經的開始描寫為女孩的**危機**，這個女孩根本還沒準備好來經，對此感到害怕、羞恥、憎厭、矛盾，但有時也因為變成一個女人而驕傲。

> 有時，女孩子在或許可以這麼稱呼的前青春期階段，也就是月經出現以前，並不對自己的身體感到羞恥；她為變成一個女人感到驕傲，得意地看著自己胸部日漸隆起，還用手帕墊在衣服裡面，以此在大人面前自豪；她還不理解發生在她身上的事情的意義。她的初經揭露了這個意義，她也開始感到羞恥。如果這種羞恥感已然存在，此後就會繼續強化乃至過度。所有的證據都顯示，不管孩子事先是否得到過警告，這個事件對她似乎永遠是種不快與羞辱。[3]
>
> 雖然初次的震驚已然過去，但每個月的困惱並未隨之消逝；每當月經又出現，女孩都再次感到對身上散發出的那種淡淡的悶臭——一種沼澤或枯萎紫羅蘭的臭味——的厭惡，這種血不像她小時擦傷時流的血那麼紅，因此也更可疑。不論日夜，她都必須記著換

3 Simone de Beauvoir, *The Second Sex*, trans. H. M. Parshey (New York: Random House, 1952)。頁碼根據 Vintage 出版社的版本（New York: Vintage, 1989）。（譯注：此處的《第二性》中譯，主要參引自陶鐵柱譯本，分見頁三〇五及三〇七。）

衛生帶，必須留意自己的內褲和床單，必須解決許多實際又討厭的小問題。（Beauvoir, *The Second Sex*, 315）

依波娃所說，這種羞恥與憎厭的一個根源，乃是拒絕接受陰性地位，因為女孩已經知道這種地位是次等的。月經帶來的肉體限制，不論是自然或習俗上的限制，都象徵了女人在男性宰制的社會中相對受限的生命。確實，對有些女人來說，這裡同樣有正面的時刻，她們享受自己性的力量，或心滿意足地投入母職。然而，大多數女孩面對陰性成熟的態度是矛盾的：她們既肯定又拒絕自己是女人，分裂而異化。

波娃對女人月經經驗的描述，很戲劇性且具召喚力。今日一個女性主義者讀到這些段落，很可能會認為它們特異非常或時代錯誤，或兩者皆是。當然，大多數女人的感覺並沒負面至此；在法國、英國或美國，女人的地位與機會的改變，當然已減輕了我們對這最為正常且規律的身體過程的異化感或困窘感。然而，我對當代女人經驗與態度所做的並不全面的調查，似乎確認了波娃所記錄的是一種普遍態度，其在間隔將近半個世紀後，改變微乎其微。[4]

對才來初經的女孩的研究，以及對記得初經的較年長女人的訪問，都表達了類似波娃對此經驗所描寫的負面感受與矛盾態度。有些年輕人很高興度過女孩階段，邁向成熟女人，但即使是這些人，其中有許多也同時感到焦慮。[5]大眾媒體以及教育與醫學手冊兩者，還有來自成人的說明，似乎帶給她們混雜多元的月經訊息。[6]一方面，女孩應該為變成女人感到驕傲，從此擁有這種轉變所具的性與生殖的力量。另一方面，她們要小心藏好自己流血的證據，不讓家人、同學甚至街上的陌生人發現。女孩通常都認為月經帶來困窘不適，還有一種自己與此過程很遙遠的感覺。

就算是成熟女人，也往往會有這種憎厭與異化感。中年女人一般把月經的過程說成是骯

4 我只找了用英文書寫的研究。因此這裡所記錄的，大多是美國、加拿大、英國或澳洲女人的經驗。

5 見 Janet Lee and Jennifer Sasser-Coen, *Blood Stories: Menarche and the Politics of the Female Body in Contemporary U.S. Society* (New York: Routledge, 1996), 31-34 ；Koff, Rierdon, and Jacobson, "The Personal and Interpersonal Significance of Menarche," *American Academy of Child Psychiatry*: 148-58 ；T. Sevier, "The First Menstruation: Bodily Memories of Finnish and Russian Women," in *Women's Voices in Russia Today*, ed. Anna Rotkirch and Elina Haavir-Mannila (Aldershot, England: Dartmouth, 1996), 88-106。

6 見 Docial Charlesworth, "Paradoxical Constructions of Self: Educating Young Women about Menstruation," *Women and Language* 24.2 (Fall 2001), 13-20。

髒、混亂、分裂、困惱、憂懼之事。[7]瑪汀（Emily Martin）寫道，她訪問的女人傾向表達出在她們的自我與她們來經的身體間，有一種距離感。月經是一種她們必須面對並處理的惱人事實，而不是她們作為主體存有的一個層面。[8]許多女孩和女人表示，她們經歷到程度不一的與月經周期相關的肉體疼痛、不適、心情或能量改變。然而，據一些研究指出，大多數女人拒絕認為自己得了經前症候群，因為她們知道此標籤表示一種肉體或心理的失序。[9]

有些教育及醫學作者，擔心女孩和女人對月經過程的知識是否足夠。對他們當中的許多人來說，「知識」指的是對生理學過程的瞭解，例如負責排卵的生殖系統、子宮壁的充血增厚，以及每月的剝落。探索這些問題的研究者，往往發現初經年齡期的女孩對生殖生物學的認識非常淺薄，她們常常在彼此之間散播錯誤的月經成因，對月經與懷孕可能性之間的關連也沒什麼認識，要不就是扭曲的理解。[10]她們往往以傳說來填充這個謎，而這些傳說平添了

7　Janet Lee and Jennifer Sasser-Coen, *Blood Stories*, 146-47.
8　Emily Martin, *The Woman in the Body: A Cultural Analysis of Reproduction* (Boston: Beacon Press, 1987), 78-79.
9　P. Y. L. Choi and S. McKeown, "What Are Young Undergraduate Women's Qualitative Experiences of the Menstrual Cycle?" *Journal of Psychosomatic Obstetrical Gynecology*, 18 (1997): 259-65.
10　Susan M. Moore, "Girls' Understanding and Social Constructions of Menarche," *Journal of Adolescence* 18.1 (February 1995): 87-104.

與月經相關的恐懼與焦慮。

就算對生物學有比較正確的認識，女人對自己身體的異化感仍有可能增加，而非減少。瑪汀論道，二十世紀的醫學論述，把月經表現成失敗的懷孕。教科書用專業術語描寫生殖過程，並把生殖生物學的目的想像成製造寶寶。在這樣的框架中，每一次的月經都是懷孕失敗的訊號；波娃也用類似的詞語討論月經過程，對自己把此過程定位成懷孕失敗，毫無明顯自覺。

在月經期，她十分痛苦地覺得自己的身體是個模糊不明的異物；事實上，她的身體是一個頑固的外來生命的犧牲品，這個生命每個月都在她身體裡做一次搖籃，然後又把它毀掉；每個月都要為孩子做一次準備，然後又隨著腥紅的血流排出。女人像男人一樣，也是她自己的身體，但她的身體又是外於她自己的某物。（ibid., 29）[11]

許多書寫女孩和女人月經經驗的專家，即使抱持女性主義態度者，都似乎毫無疑問地假

11 譯注：此處中譯主要參引陶鐵柱譯本，頁四〇—四一。

定女人**應**對月經的生理學，有正確完整的瞭解。[12]若女人並未有這種瞭解，他們似乎就假定教育系統失敗。但我們應該接受這種假定嗎？不論男女，我們極少有人正確或完整地瞭解其他身體內部過程的生理學——例如消化或精子的製造。月經「知識」等於醫學科學的這個假定，本身就可能導致女人對月經過程的異化感。當然，我們需要一些關於自己為何流血的解釋，好讓自己安心，但擁有這種認識，並不表示能夠給予一套生殖生物學的教科書描述。

瑪汀指出，較少用複雜的科學知識來表述月經過程的女人，比較會用自己身體變化的生活經驗，及自己和他人處理月經的方法，來談論月經。雖然這種較不客體化、機械化的陳述，顯然不會讓多數女人的月經經驗變得比較愉快，但在這種親身經歷的語言中，她們較少表現出對自己身體的異化感。[13]

對青春期女孩的焦點群體訪談，和較年長女人對其早期來經歲月的回憶，似乎指出女孩渴求的是實用知識，而非科學知識。她們想知道怎樣「解決許多實際又討厭的小問題」，就像波娃說的那樣，這些問題都是因為月經而在她們日常生活中出現的。加長型衛生棉和輕柔

12　例可參見 Elissa Koff and Jill Ridersdon, "Early Adolescent Girls' Understanding of Menstruation," *Women and Health* 22.4 (1995): 1-19。

13　Emily Martin, *The Woman in the Body*, chapter 6.

型衛生棉有什麼不同？衛生棉條要怎樣塞，又要多久換一次？要怎樣才能不弄髒衣服、床單或我坐的椅子？要怎樣把衛生棉或棉條帶到廁所，而不被注意到？要怎樣確定我能按我需要的次數去廁所？對這些迫切的問題，有些女孩是從媽媽、老師或棉條使用說明得到答案，更多女孩則是從其他女孩那得到解答。[14]更甚地，在當代發達的工業資本主義社會，我們學到的有很多是怎樣消費「衛生」產品。

布魯柏格（Joan Brumberg）論道，在二十世紀初的美國，月經在青春期女孩和女人生活中的意義有了重大改變。十九世紀的醫學和大眾文化，往往以正當化女人的屈從、正當化許多公共活動和機會對女人的排除的方式，把女人的行為與特性簡化成性與生殖的機能。在此脈絡下，月經被操作成生殖健康或病理學的一種症狀，專家則建議女人不要讓自己太累。女性主義奮力為女人開放公共空間和機會，致力於將女人的個人性（personhood）從其生物性中解放出來，促成了月經觀點的改變，將它視為一種正常必然的過程，而非使人衰弱。在這同時，消費文化在二十世紀初的革命，也發展出處理月經的現成品。[15]

14 Elizabeth Arveda Killing, "Bleeding Out Loud: Communication about Menstruation," *Feminism and Psychology* 6.4 (1996): 481-504.

15 Joan Brumberg, *The Body Project: An Intimate History of American Girls* (New York: Random House,1997), chapter 6.

諸如靠得住（Kotex）等公司的廣告行銷，一反視月經為耗損的觀點，轉而將之理解為一種健康、但也會帶有髒汙的過程，凸顯其中需要它們的產品來處理的衛生問題。在世紀之交的今日，這種月經經驗的消費套裝商品已大為增加。北美的女人現在有一整排令人眼花撩亂的衛生棉可挑，它們或厚或薄，或有翅膀或沒翅膀，或有香味或無味；還有各種棉條；琳瑯滿目的灌洗劑，包括噴霧型、皂狀、乳霜狀。只要我們保持身體乾淨、清新、氣味宜人，就能掩飾好月經，「嬌爽」自在。[16]

雖然月經的文化詮釋從一種限制情況到一種正常過程的轉變，表示了一種解放，布魯柏格仍論道，二十世紀的美國文化卻又為女孩和女人對其身體過程製造出新的異化。我們未能擁有社會認可的機會，以女孩和女人的身分來思考性與生殖的意義。當有些社會以宇宙性的儀式，標舉出初經及月經來潮的時刻，當代兩性平等的消費社會，卻將此過程貶抑成只是另一種該丟棄的汙物。布魯柏格指出女人需要共享的意義，好給予自己的月經經驗思考上的重要性。雖然我不確定這在實踐上究竟意味什麼，她的說法仍標舉了一個重要的問題。

莉（Janet Lee）與莎舍—柯恩（Jennifer Sasser-Coen）也指出，許多開始來經的女孩的矛

16 Joyce Rutter Kaye, "Sanitary Chic," *Rockville* 55.4 (July-August 2001): 62-67; Shelley Park, "From Sanitation to Liberation: The Modern and Postmodern Marketing of Menstrual Products," *Journal of Popular Culture* 30.2 (Fall 1996): 149-68.

盾感受，部分原因可能是文化肯認及圍繞著此肯認的適當儀式之闕如。[17]瑪汀也提到，被附加在來經之上的象徵意義，不管是伴隨或代替了醫學解釋，都能使許多女孩和女人較不對自己來經的身體產生異化感。[18]

無疑地，當女人更年長，來經會變得更例行事務化，是生活中一個被接受的部分。在許多案例中，它已比較不是女人相繫的核心，也變得更私人。基於自己不想或想懷孕的欲望，我們的心情隨著來經或沒來經而高低起伏。不管我們想不想懷孕，我們都一樣會覺得月經的再度來臨是有意義的。每個月的流血標記著重要的事件，為我們的生活打節拍，且有一定的規律。然而，莉和莎舍—柯恩指出，女人終其一生還是繼續對此過程抱持某種負面觀感。許多人仍然覺得月經令人困惱又煩擾。許多人把月經形容成「憎厭之事」、「一場混亂」、「眼中釘，肉中刺」，也仍然提到一種身體異化感，在這種異化感中，她們覺得肉體和情緒上的月經過程都非她們所能控制。[19]

波娃對月經經驗的形塑，是多變甚至互相對立的。在一方面，她描寫更年期可能對女人

17 Janet Lee and Jennifer Sasser-Coen, *Blood Stories*.
18 Emily Martin, *The Woman in the Body*, 111.
19 Janet Lee and Jennifer Sasser-Coen, *Blood Stories*, 146-47.

——她們的自尊來自社會對陰性的性與生殖能力之評價——造成的失落與絕望感。

男人是漸漸變老，女人則是突然被奪走陰性特質；雖然她還不算老，但她已失去情色的吸引力和生育力，而從社會與她自己的觀點來看，此兩者提供了她存在的正當性與幸福的機會。她沒有未來，成年生涯卻還有一半要過。（ibid., 575）

波娃也指出，有些女人用某種神祕主義來回應這種冷酷的環境。由於更年期將她的生活粗魯地分為之前和之後，那麼，既然她在社會的眼裡已不再是個真正的女人，這個更年期後的女人，可能會想像自己進入一種超越的新生命。「她死而復活，她用一種穿透來世祕密的眼光觀看世界，覺得自己正要展翅高飛，飛向從未達到的巔峰。」（ibid., 581）這裡，波娃沉溺於自己文學狂想的飛行，而對我來說，這有如一齣肥皂劇。

在另一方面，波娃在書中稍早處描述女人對更年期的態度，用的詞語比較沒那麼負面或誇張。她說由於有更年期，女人才至少能「擺脫物種的鐵腕控制」（ibid., 31）。當月經停止，女人才重新和身體統一。「現在女人從女性本質強加給她的奴役中解脫了，但她不該被比作閹人，因為她的活力並未被削弱。更重要的是，她不再是那種無法戰勝的力量的犧牲

品；她就是她自己，她和她的身體是一體的。」(ibid., 31)

波娃描繪的第一種態度，和更年期後的女人在年輕取向的消費社會中的主流大眾意象，似乎確實吻合。女性雜誌和藥廠警告女人，說更年期會造成憂鬱、熱潮紅、脾氣暴躁、骨質疏鬆、長鬍鬚、性欲減退，總而言之，它是女人味生涯的終點。有些女人在更年期中或更年期後，確實遭受不同形式的肉體或情緒之苦，有些也真的感到地位或身分的某種失落。

然而，對女人更年期及更年期後之經驗及感覺的訪問，似乎更證實波娃說的第三種情況是較實際且全面的圖像。瑪汀以及莉與莎舍－柯恩，都指出她們訪問的大多數女人覺得更年期經驗「沒什麼大不了」，也很高興能擺脫月經的困惱。整體說來，她們並不覺得自己身為人的身分有所減損，也確實有許多人說她們在更年期後反而感受到自己生命中最為積極的能量、企圖心、性欲及世界觀。[20]

波娃寫的主要是二十世紀中期法國女人的月經經驗。她關於羞恥、日常實際困擾、狂想、對自己身體自在感以及所有這些態度中矛盾舉動的描述，都與三十年後北美及英國女

20 Janet Lee and Jennifer Sasser-Coen, *Blood Stories*, chapter 6；Emily Martin, *The Woman in the Body*, chapter 10；也可參見 Patricia A. Kaufert, "Menstruation and Menstrual Change: Women in Midlife," in *Culture, Society, and Menstruation*, ed. Virginia L. Olesen and Nancy Fugate Woods (Washington: Hemisphere Publishing Co., 1986), 63-76。

人的經驗驚人地相符。我不知道在不同文化與商業脈絡下的亞、非、拉丁美洲，以及在相對富裕的都市消費社會之外的迥異生活條件，會讓在這些脈絡中的女人的月經經驗有多麼不同。[21] 我的猜想是在較貧窮且性別不平等的環境，女人在月經方面往往會面臨更大的問題。[22] 雖然波娃的敘述生動而敏銳，與其他作者的書寫相呼應，但我發現在她的作品中，對女人所經驗的矛盾感及實際問題有種認命的語調，而這些經驗主要導因自壓迫女人的社會態度。也許我們對這種命運可以多抗拒些。

二、在月經衣櫃裡

在世紀之交，置身於聲稱尊重女男平等地位的社會裡，我們身為有月經者的社會位置顯得很矛盾。在一方面，在講求功績成就的文化中，月經只是一種健康的生物過程，不該據此區別女人和男人的能力和行為。女人已證明沒有所謂專屬女人的本質，會讓我們無法做到男

21 例如一個澳洲原住民的女人群體，就對月經有非常不同的理解與處理，參見 Elizabeth Povinelli, “Native Sex: Sex Rites, Land Rights, and the Meaning of Aboriginal Civic Culture,” in *Gender Ironies of Nationalism*, ed. Tamar Mayer (London: Routledge, 2000)。

22 見 Renart, “Of Diapers and Tampons: Women and the Earthquake,” *WIN Magazine* no. 25A, 1999。

人做得到的事。來經時，我們還是可以做任何我們想做的事——工作、玩球、穿布料少少的泳裝、和別人享受陰道性交。這樣的女人自由與平等的程度，對波娃及其同代的人來說，還只是一種願望而已。

在另一方面，從我們發現月經開始到結束的那天，我們都會謹慎執行**藏好**月經的命令。我們遵循一堆實踐規則。不要跟任何人討論妳的月經，除了妳媽媽、醫生，和妳最好的女性朋友；妳或許會和男性伴侶討論妳的月經，但這都得看他對月經的感覺如何。藏好妳的月經跡象——別讓血漬染上地板、浴缸、床單或椅子。確定妳的血不會滲出衣服、露出痕跡，也別讓衛生棉的輪廓顯現出來。月經骯髒、噁心且不潔，因此必須藏好。在日常生活中，這些必須藏好月經的要求，為女人帶來巨大的焦慮與現實難處，也是我們每月來潮的困擾的主要源頭。

這是個悖論嗎？身為女人，我們被告知且相信自己能夠也應該像男人一樣，從事社會和身體活動；月經根本不成問題，而且也無足驚怪。然而在這同時，強大的社會壓力和我們自己內化的禮貌意識，又告訴我們必須小心，不要露出血跡，尤其是在公共場所和面對陌生人時。這兩個訊息看似明顯抵觸，其實道理一致。女人來經純屬正常的這個訊息，**要求**她藏好月經的跡象。正常的身體、預設好的身體、每個理當如此的身體，都是不會從陰道中流出血來的身體。因此，要**成為**自然，就得被視為自然，來經的女人不可提及自己流血，還得藏好一切證據。正是女人來經純屬正常的這個訊息，讓她顯得偏差，這種偏差讓她每個月都與人們對失序的恐懼針鋒相對，或是扮演對正確得體的顛覆。在這個據信是兩性平等的常規陽剛社會，說來經的女人是怪胎（queer）[23]，似乎並無不妥之處。就像其他的怪胎（酷兒）一樣，女人若想被認定為正常，得付出藏在「有月經者」衣櫃裡的代價。

賽菊寇（Eve Kosofsky Sedgwick）指出，偏離異性戀規範的衣櫃經驗，現已用以指涉更寬廣且多樣的常規化經驗。

我要論道，在歐美地區，從十九世紀晚期開始圍繞著同性戀議題的眾多關注與分界的活力，是被同性戀與社會／坦露及公共／私人等更為廣泛的劃分之間那獨具意義的關連所促成。從過去到現在，這樣的劃分一直是異性戀主義文化整體的性／別結構與經濟結構的重大問題。此劃分讓面裡不一致——其長久壓縮於某些同性戀形貌中，具有壓迫性——變得可能卻也帶有危險。現在，「衣櫃」（the closet）和「出櫃」（coming out），

23　譯注：queer 一詞，本來是英語中用來罵同性戀者的粗話，台灣現在常用的譯名「酷兒」，則賦予此詞更豐沛的能動性。由於作者在此處是描述主流社會用此詞來嘲諷來經的女人，乃用 queer 另一常見的譯名「怪胎」，以利閱讀順暢。

> 都可說是用途廣泛的片語，適用於幾乎任何富政治意味的再現方式之有力的跨越與再跨越，也是同性戀形貌中最沉重也最有魅力的。[24]

雖然如此，賽菊寇適切地強調這種衣櫃的意象「以一種不適用於其他壓迫的方式，標示了恐同症（homophobia）」（Sedgwick, *Epistemology of the Closet*, 75）。不像許多其他的壓迫（包括種族壓迫和許多人對肢體障礙者的壓迫），「同性戀」不具任何身體標記，讓他人無法藉以認為自己有貼標籤的權利。更重要的也許是——正如賽菊寇在比較猶太身分的隱藏與揭露和性傾向的隱藏與揭露時所指出的——同性戀者的出櫃，使其周遭人們的生活陷入一種獨特的曖昧、不確定性與危險。之前隱藏、現在揭露的種族或宗教身分，通常不會像以同樣方式顯現的性經驗那麼可議。更甚地，很少有其他的出櫃狀況，會威脅到目擊者的自我感，而同性戀出櫃者往往讓許多與其有關者的欲望及自我瞭解，都撲朔迷離起來。[25]

我的分析之所以與酷兒理論並行，並非要將偏離常規異性戀的性存有及行為所具的汙名和充滿月經限制與恥辱的女人經驗間的差異予以抹消。畢竟，月經的限制與恥辱對許多女人

24 Eve Kosofsky Sedgwick, *Epistemology of the Closet* (Berkeley: University of California Press, 1990), 71.

25 Eve Kosofsky Sedgwick, *Epistemology of the Closet*, 76-80.

的尊嚴與自尊的傷害，可能不及於娘娘腔（fag）、歹客（dyke）或其他同性戀汙名[26]對同性戀者（自然包括女同性戀者）的傷害。酷兒觀點告訴我們，因為各種原因被認為可恥或怪異的人們，問題不該歸咎於他們的存在或行為，而是「正常」這個概念本身。華納（Michael Warner）詳述想依據「乾淨得體的文化標準」來追求「常態」的同志運動所會陷入的困境。[27]這裡，我希望多探索一些這種緊張關係與個人的羞恥感，這讓一心作為正常人類的女人，在「恐身症」（somatophobia）的文化中，覺得月經過程骯髒甚至恐怖。

藉著把月經藏在衣櫃的隱喻，我的目的是凸顯女人的月經汙名與因為性而遭辱罵者所具的汙名的關連。在這同時，有必要注意這兩者各自特有的結構位置與經驗。這兩個群體的處境有很大的差異。很明顯地，有月經者無法像挑戰異性戀規範者那樣天衣無縫地關在衣櫃裡。我們大多數人對所面對者來說，都是可見且具體的女人。因此，月經衣櫃不像同志衣櫃那麼安全，但在出櫃時，也不像同志出櫃那樣，有失業或遭暴的同等威脅。更甚地，由於同志衣櫃讓其隱藏的身分更不可見，比起只藏起月經的月經衣櫃，它為互知身在其中者開啟了

26 譯注：fag、dyke、bugger 本都是西方主流社會用來罵同性戀的粗話，fag 多指娘娘腔的男同志，也可廣稱男同志；dyke 一般指極端男性化的女同志，不過也有女同志因反對 butch/femme（相當於台灣的 T(omboy)／婆）的二分法，而以 dyke 自稱。bugger 在英文中另有雞姦者、獸姦者之意。

27 Michael Warner, *The Trouble with Normal: Sex, Politics, and the Ethics of Queer Life* (New York: Free Press, 1999).

更大的反叛文化（counterculture）發展空間。雖然有這些重要差異，月經衣櫃仍與他櫃服膺一種製造了羞恥感的規範性強迫。

我要從兩方面來探究月經衣櫃的壓迫。首先，是知道自己是可恥的、是髒亂而惹厭的賤斥存在的經驗。作為「有月經者」的女人，活在一種分裂的主體性中，因為我們既擁有常態的公共面貌，又帶著暴露自身流動血肉的恐懼。由於主流的「去肉身化」規範要求清潔得體，我很難不體驗到自己的存在不潔且失控。

第二，來經的女人每月都須面對個人需求及公共體制間的扞格，這些公共體制是提供我們社會利益與肯認的主要管道。我的關注焦點將限於學校與職場。在據信兩性平等的現代社會中，這些地方宣稱女人和男人一樣平等。然而，它們預設的公共規範，在身體和社會層面，一般說來都未能顧及來經女人的個殊需求。這種公共層面的拒絕，增加了女人的羞恥感，在利益分配方面對她也很不利。

1 存在本體論的問題

近來的女性主義理論，提供了幾種具可能性且非互不相容的理論框架，來解釋可能與隱藏月經的命令有關的本體論與情緒議題。克莉絲蒂娃的賤斥理論是其中一種詮釋框架。賤斥表示一種主體的相關物，存在於主體身分之邊界的對立面，威脅要解消邊界。從身體排放出來的物質，例如嘔吐物、膿汁、屎尿，以及作為自我崩解之極限的屍體本身，最特別會引起憎厭或噁心的反應。這些源自體內的物質，挑戰我們對身體邊界是堅實且不可滲透的情感投入。

依據克莉絲蒂娃，對賤斥的恐懼有兩種範例，分別是糞便與月經。

糞便及其等同物（潰爛、感染、疾病、屍體等），代表了來自身分認同之外的危險：自我受到非自我的威脅，社會受到外於社會者的威脅，生命受死亡的威脅。相反地，經血代表的是來自（社會或性別的）身分認同之內的危險；它在一個社會整體中，威脅著兩性之間的關係，並且透過內化，威脅每一個面對著性差異的性別的身分認同。[28]

經血的意義是多重決定的。經血作為性差異的主要標誌，其符號學有助確保性化之自我的邊界。經血提醒每個主體它來自一個女性的身體，並從陰道渠道流出；賤斥是對失去自我

28　Julia Kristeva, *Power of Horror* (New York: Columbia University Press, 1982)。（譯注：此處譯文參引自彭仁郁譯本，頁九一。）

與他人邊界的恐懼，這個邊界我們從胎兒時期就在建立，奮力脫離溫暖而滋養的母親。經血是一種流動且味道強烈的物質，它本身就蔑視邊界與固定。

因為這些理由，男人和女人都體驗到月經是一種賤斥。如果此說法有其道理，那麼要翻轉月經的價值，把它解釋成光輝燦爛、象徵公眾榮耀，可能就不太可行。然而，男女都能以一種沒那麼激動的方式來接受月經，把它當成身體生命事實的一部分，就像接受耳屎或鼻水一樣。也就是說，我們可以只是和對重新與母親融合的恐懼——這恐懼始終纏繞著我們的自我——共處，無須拒絕它，或在我們易受傷的自我周遭建起堅固的牆。

然而，這中庸得體的文明，試圖把這個包袱丟給女人獨自承受。克莉絲蒂娃說現代社會傾向將陰性和母性混為一談。就像奧利薇（Kelly Oliver）說的，「由於我們沒有任何一種可將賤斥包含其中的母性神話的世俗論述，因此我們將賤斥錯置在女人身上。儘管女人和母親其實不同，但由於我們沒有任何一種可讓我們賤斥母親並接受這種賤斥的構思母親方式，因此我們賤斥所有女人」。[29]

格羅絲根據此類解釋，把月經詮釋為滲透自我邊界之身體流體的範例。西方本體論重視

29 Kelly Oliver, *Reading Kristeva: Unraveling the Double-Bind* (Bloomington: Indiana University Press, 1993).

固體物，由此也重視主體既控制那些物體、也控制主體自己的位置，而作為他者的女人，則變成與失控的事物相連結。格羅絲指出，月經變成這種流動他者的地位的代表：「對女孩來說，月經實際上連結的是血，是損害與受傷，是不會隱沒乾涸的一團混亂，不管在何時，它都會不可控制地滲漏出來，而不只是在睡眠時、在入夢中。它指出一種失控地位的開始，她不得不信童年已然結束。」[30]

在一種對此恐怖的變奏新詮中，貝特斯比將女性主體相對於主流主體建構的「怪物」（monstrous）位置加以理論化。就她的說法，社會制度和霸權論述給予男性身體和行為舉止的陽剛風格一種規範性的地位。當女性身體及舉止明顯偏離這些規範，例如懷孕或來經，「女性主體就必須成為怪物、不一致和畸形的體現」。[31]貝特斯比的哲學計畫，召喚著對一種女性身體即是規範的本體論範疇的想像。

以上乃是對穩固身分之文化建構的說法的三種變異，這種說法認為乾淨得體的身體即男性身體。當然，也可能有其他的變異。最近幾位女性主義作者參引例如道格拉斯（Mary Douglas）視純潔為邊界劃定的概念化，以及克莉絲蒂娃對道格拉斯論述的看法，關心起月

30　Elizabeth Grosz, *Volatile Bodies* (Bloomington: Indiana University Press, 1994), 205.

31　Christine Battersby, *Phenomenal Woman*, 39.

經的社會意義。[32]我在此就我的目的，摘要她們大致的觀點。

作為有月經者，女人威脅到精神上的安全系統，因為女性過程挑戰了內／外、固體／流體、自我同一／變化之區分。不論男女，都體會到月經是賤斥或怪物化，因為他們心中都潛藏著一種自我被解消、與母親幽靈融合的焦慮。一種控制這種焦慮的方法，是將陰性和乾淨得體的陽剛性分開。這樣，來經的女人要不然就是必須與他人——特別是男人——區分開，並另行隔絕於他處；要不然就是仍可身處男人堆，但必須藏好自己的月經跡象。不管是哪種情況，女人每個月都扛負著賤斥的包袱，她是怪物，承擔著生與死的汙名，這是一種實際且被強加其上的恥辱。[33]她身處月經衣櫃。如果女人想在來經時也走在男人堆中，如果她想要求固體自我所代表且擁有的權利與恩寵，那她就必須藏起個人的流體祕密。總之，她必須遵守洛絲（Sophie Laws）稱為月經**禮儀**（menstrual etiquette）的守則。[34]

---

32 Mary Douglas, *Purity and Danger: An Analysis of Concepts of Pollution and Taboo* (London: Routledge, 1966).

33 Glenda Koutroulis, "Soiled Identity: Memory-Work Narratives of Menstruation," *Health* 5.2 (2001): 187-205.

34 Sophie Laws, *Issues of Blood: The Politics of Menstruation* (London: MacMillan, 1990).

2 月經禮儀

洛絲用這個詞表示一套指揮男女之間及女女之間互動的複雜規則，這套規則也協調出月經的物質顯現與文化意義。月經禮儀關切的，是誰能跟誰談月經，又能談什麼，以及什麼樣的語言是適當的，而什麼則不該說。月經禮儀的規則建議該使用哪些設備和產品，它們又該怎樣取得、攜帶、儲存、放置，在言談時又該怎樣稱呼。最重要的是，月經禮儀規則指揮來經女人的舉止，好確保我們來經的事實每個月都能盡量不讓任何人發現。

月經禮儀的概念，不同於較常被提及的與月經相關的禁忌的概念。洛絲雖然提及兩者之間的差異，但她並未清楚說明。就我所理解，禁忌的概念，屬於那些強烈區分神聖與凡俗的社會或社會實踐。這是一種宗教或形上的區分，將人類行為及社會實踐與宇宙區分及後果相結合。在這樣一種宇宙論的系統，純潔通常需要空間上與實踐上的邊界的維護，而禁忌則產生防止跨越邊界的規則。

相比之下，禮儀規則出現於社會互動不再具有宇宙論重要性的社會系統。比起與神聖空間和事件相關的禁忌，禮儀規則可說更精密細瑣；禮儀包括對行為的一種微管理（micromanagement），禁忌則只訴諸社會系統中的主要斷層線。月經禁忌將來經女人監禁起來、關進衣櫃，或與特定人們、過程或物質保持距離。月經禮儀系統則不禁止女人參與沒月經者也在場的空間或活動。它比較在意女人在那些場合必須應用的一種自我規訓。

月經禮儀給女孩和女人製造了一種情緒的包袱和規訓的負擔。透過這些禮儀規則的重複執行，女孩和女人知道我們是可恥的，不是因為我們做了什麼，只是因為我們是什麼。[35]波娃認為，這種必須負起此羞恥包袱的震驚，會對青春期女孩的自信造成傷害。青春期的女孩常常在幫彼此隱藏月經蹤跡中建立起連帶感。「妳看我裙子後面，有沒有什麼東西？」「把我的毛衣拿去綁在腰上，我會走在妳後面。」「把衛生棉夾在代數課本裡傳給我好嗎？」我們同在一個美妙空間，分享共同的祕密，保護對方不出糗。

但是，說這些規訓是種壓迫會不會太誇張？一個高尚的社會，本來就有賴其成員相當程度的身體端莊（bodily modesty）與自我規訓，不是嗎？何況，比起在公共場合要遮蔽身體的規範，或對於與其他排泄物相關的控制、隱藏、清潔的期待，月經禮儀的規則並不比較壓迫人。我的意思難道是說我們該把自己身體的一切及其過程秀給所有人看嗎？如果不是，那藏起月經到底有什麼大不了？我和其他的女性主義者，又為何說這種規範顯示了女人不平等

35 關於文化強加給女人的羞恥，可參見 Sonia Kruks, "Panopticism and Shame: Foucault, Beauvoir, and Feminism," in *Retrieving Experience: Subjectivity and Recognition in Feminist Politics* (Itacha, N.Y.: Cornell University Press, 2001)；Sandra Lee Bartky, "Shame and Gender," in *Femininity and Domination: Studies in Phenomenology of Oppression* (New York: Routledge, 1990), 83-98。

的屈從地位？[36]

我已大致回答了這些問題。關於月經的笑話及充滿憎厭的評價，比起許多其他這類的表達，更加強烈地表現出賤斥的態度。期待女孩和女人該控制身體、藏好月經，似乎尤其不公平，因為這種排出是不可控制的。舉例而言，女人無法像大多數人能夠憋尿那樣憋住或止住經血。確實，就像我引用格羅絲時所討論的，女人之所以據有賤斥的位置，是因為我們被等同為失控。恐身症和厭女症的社會關係，繼續在某些狀況中威脅女人必須「出櫃」為有月經者，這有時還嚴重損及她們的自尊或獲利機會。就像我下面要詳述的，所有這些小小的傷害和妨礙都被體制環境所擴大，而這些體制環境鮮能支援一個女人照顧自己並藏好月經過程的身體及社會需求。

3　體制的拒絕

我要以指出一個明顯的悖論來開始這一節：發達工業社會的主流規範，肯定女人應有機會去做任何男人能做的事，但同時又強迫女人藏好月經。我認為，要解決此悖論，我們須認

36　這些反對意見是那些主張隱藏與隱私權之公共規範的人會提出的。例子可參見 Thomas Nagel, "Concealment and Exposure," in *Nagel, Concealment and Exposure and Other Essays* (Oxford: Oxford University Press, 2002), 3-26。

知到對女人平等的肯定，是在一種常規化的過程下進行；所有的機會都對女人開放，但她們若想真的得到這些機會，就得在公共生活中試圖依循當初為男人設定的成就標準。這種常規性的人本主義，從而必須壓抑諸如月經的肉體和社會意涵等偏離常軌的事實。

這種壓抑會對女人造成潛在的不利影響，畢竟如我將論述的，月經使得公共體制（如學校、職場等）脈絡中的女人有其特別的需求。學校、職場及其他科層式平等的公共體制，預設了一種有著標準需求的標準身體，而這樣的身體是沒有月經的。這種把平等當相同的預設，往往不公平地對來經的女人造成不安與不便，讓我們蒙受困窘與羞恥的威脅。我發現這種不公平有三種形式。第一，學校和職場，往往未能配合來經女人的身體需求及社會需求。第二，它們對一些女人在經前或經期遭受的暫時不適，往往予以忽視或懲罰。第三，未考慮性別差異的體制規範，使公共環境中的女人，易於被他人以有損於我們在成就導向的體制中希望獲得的尊重與報酬的方式強迫「出櫃」。[37]

一、在學校和公共職場中，想被看作正常的女孩和女人，必須展現自己和男孩、男人一樣好，而這兩種環境往往未能為女孩和女人提供必要的時間、空間和設備，好讓她們處理月

37 B. M. Thuren, "Opening Doors and Getting Rid of Shame: Experiences of First Menstruation in Valencia," *Women's Studies International Forum* 17.2/3 (1994): 217-28 在具體脈絡下對這些議題做了相當出色的研究。

經，以保持自己舒適且不讓人發現。身為有月經者，我們有特殊的需求，這些需求是身體過程和月經禮儀規則共同交織建構的。特別在量多的日子，我們需要常常去廁所換棉墊棉條。我們需要丟棄用過的棉墊的方法，也需要取得新棉墊的方法。我們需要不被注意地從工作地點前往更換棉墊之處。我們需要時間來處理月經相關事宜，而不因遲延遭懲處。月經來時，我們總耗費大量的情緒能量，擔憂怎麼因應相關需求。

學校和大多數職場都是規訓機構，依照自己對秩序與效率的命令來規定如廁時間。規訓機構幾乎總是限制如廁時間，而且往往是自行設定學生或職員可以如廁的時間，而非依照不同身體的需求。加州奧克斯納德城的納比斯科（Nabisco）食品公司的生產線女工在法庭上控訴雇主性別歧視，說她們一天只有三次如廁時間，而在這段時間裡，有兩百個女人要搶十二間廁所。而男人——通常是非生產線員工——則任何時候都能上廁所。[38]

就像上述案例顯示的，雇主通常會以生產力作為這類限制的理由。如果這說得通，那它就揭示了雇主對勞工那有辱人格的工具主義態度。許多學生和勞工認為，這類限制更重要的

38 Nina Schuyler, “No Rest Room for the Weary,” *Working Women* 20.7 (1995): 13-14。可比較 Marc Linder and Ingrid Nygaard, *Void Where Prohibited: Rest Breaks and the Right to Urinate on Company Time* (Ithaca, N.Y.: Cornell University Press, 1998)，該書論道，不分男女，許多勞工的如廁時間是不給薪的，就算有，通常也微不足道；以女人需要更久的如廁時間為由而想改變男女同等的如廁時間的法律訴求，在大多數美國法庭都被宣判無效。

理由是讓並保持勞工和學生屈從。體制希望盡可能地監督學生和勞工；廁所作為一個相對隱私之處，可以是個顛覆出現之地。這些規訓壓迫所有各有需求與狀況的學生和勞工，他們每天需要超過規定的如廁時間。

部分問題也在於被當作標準的一套特殊規範，在這套標準下，所有個體都該整齊一致。當平等被理解為相同，只要所有勞工或學生都有同等的如廁時間或休假日，就符合了平等尊重和同等對待的要件。但連一些州議員都開始承認，面對身體的差異與需求，這種平等的說法實在太虛偽；他們已通過擴建女性廁所或延長女性如廁時間才是平等要件的法律。雖然法院已認識到這些以性別為基礎的公廁立法符合反歧視原則，但整體說來，它們還是不支持女人法定生理假的立法努力。[39]我們需要的，可能不是對女人的特殊待遇，而是平等對待之規範的轉變。

月經突然到訪而我們毫無準備，或某天流量大得超乎我們預期，對女人都可說是家常便飯。我們沒預料到自己需要棉墊或棉條，搞得自己陷入困境。女人之間有個笑話是，公廁內販賣機裡面的商品，總是要不空蕩蕩要不卡住。在許多女廁裡，要買保險套或梳子，都比買

39 Marc Linder and Ingrid Nygaard, *Void Where Prohibited*, 154-55.

衛生棉容易得多。這問題極為普遍，即使在資源充足的大學或工廠也一樣，讓人覺得體制罪在拒絕提供或輕率疏忽這些簡單措施，這些措施可幫助女人舒適，並順應藏好月經的社會期待。[40]

二、並非所有來經女人都會在經前或經期遭受身體不適或情緒不安。然而，許多人確實會如此，至少在生命中的某些年是這樣。有些女人描述的身體症狀包括頭痛、背痛、腹絞痛和子宮頸痛。有些女人變得情緒和心境反覆無常，而這干擾到她們的專注力。罕有雇主認知到月經的痛苦也是一種他們該配合的小小失能狀況。有時他們還懲罰因為來經不適而抽空休息或要求減輕工作量的女人。舉例來說，在一個個案中，迪莫伊大都會交通局（Des Moines Metropolitan Transit Authority）一名前雇員控訴該局及其工會性別歧視。這個女人有個狀況讓她經痛甚劇，無法離家工作。她被公司以曠職為由解雇，然而因為健康或個人問題違反出勤標準的男人，並未遭到類似待遇。[41]

---

40 Robin Harvey, "'That Time of Month' Still a Taboo Subject--Most Employers Don't View Menstruation as Their Problem," *Toronto Star*, October 9, 1998。工作時必須長時間站立的女人，在來經時往往會有特別問題。訂有標準化的如廁時間的公司，更讓來經的女人困境重重。沒有任何成文的雇用政策認知到來經女人的需求：洛絲發現她訪問的男人都不相信女人在經期會覺得不適：參見 Sophie Laws, *Issues of Blood*, chapter 8。

41 *Iowa Employment Law Letter* 3.2 (1996).

儘管身體和情緒症狀讓一些女人無法工作，大多數的女人還是會強忍壓力與不適，一如往常地工作。雖然許多人認為女人因為月經比男人休更多天病假，研究卻顯示女性最常見的請假理由是孩子生病。[42]也就是說，大多數在經前或經期經驗過身體和／或情緒不適的女人，極力試著以最佳的表現工作，並在同事和上司面前隱藏來經使工作變得較困難的事實。我認為期待我們這麼做，是很不公平的。

公共領域預設的「具備男性身體的公共人」規範，為許多女人造成無數問題，但整體而言，公共體制卻未能認知到此規範即為不便的來源。月經禮儀的規則要求我們藏起自己的狀況，然而我們往往缺乏進入這些能讓我們隱藏狀況的隱私空間的管道。身為勞工和學生，在來經時，我們也被期待表現出平日的水準，並被拿來和男人相比，即使我們中有些人的能力在這段時期有所減損。更甚地，月經禮儀禁止抱怨感覺不適，儘管沒來經的人可以自由表示感冒讓他們行動遲緩。大多數女人在艱難的狀況中盡力符合期待：我們採取特別措施，來保證月經不被看到、聞到；我們沉默地忍受壓力與不適，除非到了無可忍受的地步；我們期待

---

42 Marie Annette Brown and Phyllis Arn Zimmer, "Help-Seeking for Premenstrual Symptomology: A Description of Women's Experiences," in *Culture, Society, and Menstruation*, ed. Virginia L. Olesen and Nancy Fugate Woods (Washington: Hemisphere Publishing Co., 1986).

因為我們的努力，能與那些受尊重的人平起平坐。

三、不管她再怎麼努力隱藏月經這個女人特質的事實，其他人，尤其是男人，還是會拿此事實當作擊打她的鞭子，當作一個用以標籤她為偏差者的汙名，一種用來騷擾、羞辱她的恐嚇。當女人在職場互動中變得憤怒、沒耐心或容易受傷，她有些同僚就會把其行為歸因於荷爾蒙作祟，完全忽略她是否適逢經期。目前還沒有什麼記錄男性對女性月經態度的研究。我認為洛絲的焦點群體中的男性所表達的態度應該很典型。她發現在月經玩笑很顯著的地方，男人對男人之間互動的表達、紀錄特別多。[43]一個在職場中的女人，在開玩笑或帶有惡意的男人凝視下，很容易遭受各種侵犯：從溫和的戲弄到嚴重的騷擾，或到賤斥的羞辱。[44]這種冷酷心理的後果難以想像。正因為其女人特質永遠清楚可見，女人永遠很容易被迫「出櫃」為有月經者。這裡的傷害是他人製造的恥辱與汙名，揭示了主流規範認為該被隱藏的。在一個女人的工作處留下一片明顯可見血跡的衛生棉，可被視為一種極具威脅性的行動。我聽過在一些女性勞工可享法定的月經特殊待遇（例如休假、特別的如廁時間）的國家，還是

43 Sophie Laws, *Issues of Blood*, chapter 4.

44 Allan Feuer, "Sexual Harassment Suit Filed," *New York Times*, August 3, 2001。三位女性建築工對川多羅斯建築公司（Tratoros Construction）提訴，說她們遭受男性督導的性騷擾，包括暗示月經的羞辱之語。原告控訴其中一位督導，說他告訴其男性同僚離她們遠一點，「因為她們腹絞痛」，並命令這些女人「換妳們的幫寶適」。

有些男性督導會要女人出示來經證明給他們看，或讓男醫生做深具羞辱意味的陰道檢查。45

去減少身為有月經者的女人在當代據信為兩性平等的社會所面對的這些困境、不平等與恥辱，意味著什麼？意味著公開接受月經是一種日常的、不足為奇的過程，雖然它仍是個麻煩的過程。即使在二十一世紀的消費社會，關於性的許多事物都變得更公開且可討論，公開接受月經仍是一個基進的目標，因為它意味著讓女體擺脫賤斥或怪物化，變成僅僅是「不同」，而這表示我們認知到所有的身體都是流動、混亂的，需要公共來因應我們的需求。如果我們的公共與私人體制都不設定身體規範，就只是順應個人的差異與需求，那麼許多男人和大多數女人必將獲益。假若一種能讓我們專注於身體及其過程之外的議題的身體端莊之道終將可以出現，女性身體過程的顯露，就不會再是恥辱的一種源頭。

三、情緒化時光

不論是男人還是女人的心情周期，都似乎比較與工作的社會周期相關，而非與諸如月經

45 一群在印尼雅加達的社區住了幾個月的觀察員，轉述我這些故事。

等生理過程相關。許多人的情緒是在一週中期盪到谷底，在週末又雀躍起來；但也有些人的情緒低點傾向出現在休假日。[46]然而，大多數人並未意識到這些社會所引發的心情改變或周期；顯示出這些情緒擺盪的，乃是期刊上對人們情緒經驗的系統化紀錄，以及研究者對大量這類反應的總結。

在另一方面，文化刻板印象與個人經驗，都刻意將月經與情緒化相連結。大多數女人被問到相關問題時，都會表示有過經前緊張、易怒或騷動的經驗，雖然生活因此受到影響的只有一小部分人。[47]然而，在這同時，大多數人都把這類經驗與經前症候群的刻板印象區隔開，因為後者會把她們的症狀歸類為一種肉體或情緒失序。她們既希望表達出經期前後心情改變與焦慮的經驗，又希望把這種情緒狀態理解為正常表現。

「來潮」女性如潑婦的刻板印象，伴隨的是把女性建構為賤斥、失控、怪物。女人的形象，是女人的天性使得我們過度敏感、難以預測、言詞惹厭，且我們在每個月此時最容易爆發。正如我前一節詳述的，人們會且往往如此評斷女人，不管我們在被批評的時刻是否來

46　參見 Alice Rossi and Peter Rossi, "Body Time and Social Time: Mood Patterns in Menstrual Cycle Phase and the Day of the Week," *Social Science Research* 6 (1977): 273-308。

47　Marie Annette Brown and Phyllis Arn Zimmer, "Help-Seeking for Premenstrual Symptomology."

經。女人的憤怒或不耐可能會被同僚草草打發，認為只是她荷爾蒙的一種症狀，不用嚴肅面對並處理。面對這種輕視，許多女人壓抑起情感，試著保持平和冷靜，好在公共互動中表現出得體的專業或開朗。我們試著順應一種現代規範，它講求的是不帶感情的理性與得體的親切，容許我們展現的情緒範圍很有限。

在這個公共的理性且樂觀的系統中，負面情緒被特別禁止；我們放棄表達憤怒、挫折、絕望、沮喪、恐懼、焦慮或憂鬱。然而這些不適與不確定的模糊感覺，籠罩著我們大多人——不分男女——的日常生活，特別在我們試著完成困難任務或盡力贏得他人認可的時候。害怕失敗或無能，這些自我加諸的威脅老是縈繞我們心頭；我們有數不清的小理由可以感到悲傷或後悔。

既然他人往往強加給我們這種情緒化且失控的狀態，又既然我們中有許多人在經期前後強烈意識到心情改變，我們有的是擁抱這些情感經驗而非壓抑它們的機會。有時我們可以讓自己放任心情，感覺一種在經期大為提高的對自己的敏感度。我們可以暫時不管那種對圓滑互動及效率行事的僵硬要求，以好好沉思。我們每月自我封閉幾天，用一種往往是憂思或愁慮的辨別力，來反思自己的生活。我們經驗自己的情緒化，好似它從天而降，並感覺它的消逝同樣亦非出自我們的意志或引導。

此處，我並非在普遍化女人在經期時的情緒狀態，而是在指出此經驗提供的一種可能，我們中有些人有時也確實採取了這種可能。此一女性身體經驗，並無可能對商品化、效率導向且理性至上之文化中的價值做一翻轉。然而，如果我們傾聽，它會告訴我們情緒化時的冥想所具的反思可能性。

情緒化能從一種本被避免或壓抑的狀況，蛻變成一種具有思考洞見的狀態嗎？比起活生生的身體，對情緒之意義的哲學思考恐怕來得更少。事實上，海德格的《存有與時間》（*Being and Time*）是極少以情緒作為存有分析重心的哲學著作之一。海德格本人無疑會驚訝自己高尚的文本，竟可為了揭示人類在難以啟齒的月經經驗之中的可能性而被如此挪用。形塑出這樣的結合可能有點俏皮，對我來說，似乎會讓此一主題更有趣味。

《存有與時間》的計畫，是對描述存有之意義的範疇與辯證法做一闡述，此存有乃是事物與行動在一充滿意義的世界中之可能性的基礎。海德格稱此計畫為基本本體論（fun-damental ontology）。他分析的基礎在於對本體（the ontic）與本體論（the ontological）的區分。我們大多數人大多時候都在本體的層次上經驗自己、他人、事物與體制。個殊的事物和事件占據我們的關注，就好像嵌入我們從事的實際計畫裡。這些事物與事件預設著一個透過在世存有過程自我建構的意義與關係之歷史與社會的背景，但我們卻鮮少凸顯此背景。

在另一方面，本體論則存在於一種能夠召喚出構成我們世界的這些背景結構的理解層次。「處於一種情緒」（being in a mood）和「有一種感情」（having an emotion）截然不同。後者有對象，它們有目標、有方向。我很明確地對誰生氣、為什麼開心、因何事歡喜、在害怕什麼。用海德格的話說，感情屬於本體。它們伴隨我投入的行動，也隨它而改變。情緒則屬於本體論。情緒會擴散，當我處於某種情緒，它影響我所經驗的一切。

海德格說情緒是原初的。情緒既先於事物的知識，也先於我自己行動和目標的形成。情緒最先開展這個世界，但卻是以一種閃避著的背離的方式。我們往往忽視或試著擺脫圍繞著我們的情緒。我們把自己拋擲到自己計畫的細節裡，或藉著參與我們覺得有趣或好玩的片刻經驗，讓自己擺脫情緒那富含揭示性的各種可能。[48]

但有時我們容許自己沉浸在情緒中。於是我們便從日常性（everydayness）的非本真（inauthenticity），轉換至自己存有的本真經驗。這種情緒攻擊我們。它既不出於我們自己的能動性，就像我們召喚來的一個意象，也非出自某種可感知的外在起因，例如拂過我們肌膚的微風。從它不知由何而來的意義說來，用海德格的話，情緒顯示我們的「被拋擲」

48 Martin Heidegger, *Being and Time*, trans. John Macquarrie and Edward Robinson (New York: Harper and Row, 1962), 175。下文引用此書頁碼引自英文本。

（thrown）。「有一種情緒把此有（Dasein）帶到它的被拋擲狀態面前，在此方式中，被拋擲狀態不是作為它本身得到認識，而是在『覺得如何』中遠為源始地展開……。我的情緒體現出一種方式，我在這種方式中原本一向是被拋擲的存有物（entity）。」（Heidegger, Being and Time, 389）[49]

存在，乃是體驗我們這總是已被拋擲到世上的自己。早在存在於世者的特定知覺及隨這些知覺而成形之計畫出現前，情緒就使得向世界開放變得可能。海德格說，對世界原本的揭示，留歸「單純情緒」（bare mood）（ibid., 177）。依據海德格的此一文本，在世存有的本體論結構，即是時間。

情緒不只使得向世界開放成為可能，還揭示存在的時間性；此一自我存在於時間性的三種綻出（ecstasis）[50]，如同煩（Care）。在海德格並不完善的形構中，煩存在於「先行於自

49　譯注：此處中譯參引自陳嘉映、王慶節譯本（北京：三聯書店，一九八七），頁四〇三。

50　譯注：作者所引用的海德格此書英譯本中，寫的是 ecstases（ecsatsis 的複數）而非作者寫的 ecstasies。英譯者對此字有如下的注釋：ecstasis（德文 Ekstases）一字的原意是「站出去」、「綻出」。在希臘文中，此字一般指某物「移動」或「位移」。現在，人們用 ecstatic 指稱某種「狂喜」、「出神」的精神狀態。海德格則通常堅持用這個字的原意，同時也敏銳地注意到這一意義與「存在」（existence）一詞之原意間的關連。（此注譯文參引自陳嘉映、王慶節譯本，頁四〇五。）

身已經在（世）的存有，此存有寓於其在世上照面的存有物」（ibid., 237）。這種形構顯示時間性包含未來、過去及現在，此三者又互相構成。我是向世界開放的，我有各種可能性，這些可能性的顯現，跟已被拋擲於世的我在世上所照面的存有物有關。情緒在存在上的基本特性，在於它帶我們返回的這種曾在（having been）的已被拋擲狀態，這並非屬於過去，而是我的存在的行進中的過去，其未來猶不可知。

海德格認為本體論上的原初心情，在於恐懼或焦慮。這種心情帶我們回到存在本身，它絕對、偶然、有限，卻又具各種可能性。情緒在這裡設定好一切的基調，而它本身卻不會被掌握或帶到意識之前。它是我們所是，不是一種屬性或事實，而是各種可能性。

就女人以月經情緒來喚醒自己，並更新了一種對世界的開放性來說，我們在這種對自身身體的轉向中發現了一種冥想的可能，這種冥想是我們隨時都可進行的，只是我們通常覺得自己太忙而無法投入，或是被眼前的痛苦、折磨、掙扎所阻擋。在得體邊緣、在衣櫃中的來經女人，有時可以隔個距離來思考最近過得如何。「情緒表明了『某人狀況如何，又過得如何』。」（ibid., 173）這種本體論的功能運作，會使得「活在情緒中」具有一種特定的沉重性，我們用**憂悶**、**悲傷**或**憂鬱**等名項稱之。甚至焦慮也在邊緣徘徊。處於這些月經情緒中，我們往往說自己「無緣無故」不安，「沒什麼事」就變這樣。

月經和時間刻板的連結，可以增加反思的可能性。正因為月經每月到訪，它提供一種經驗上的不連續性，提振一個人去回顧過往並看向未來。這每個月的流動，在現世組織起我們每日的成人回憶。無意之中，我發現自己能依據我上次月經，記得那之前發生的事。有時我們覺得自己該依照對自己月經的預測來排約，或更精確地說，依照沒月經的日子來排約。我試著不在來經時和特別的愛人碰面。我安排自己在但願不會來經的日子，去那些處理月經很麻煩的地方旅行。

波娃指出，與月經相關的事件，讓女人的一生有種獨特的時間輪廓。

> 女人個別的生命史——由於她仍困縛於其女性功能——比男人更甚地依賴其生理命運；而這命運的曲線，也遠比陽剛性的曲線崎嶇不連續。女人生命的每一時期都很單調一致；但從一個階段轉變到另一階段時，則都險峻突然；這些都展現於危機中——它們遠比男人遇到的危機更具決定性。（Beauvoir, *The Second Sex*, 545）

一如往常，波娃這裡也有所誇張；女人的一生在主要的生理變化間，並不單調一致。然而，波娃仍然捕捉了許多女人經驗中一個重要的面向。因為來經時刻給了我們的生活一種節奏，它們很容易就定位了我們的自我敘事。許多女人清楚記得初經的情景，但未必是因為事件本身的戲劇性，而是因為我們在此過程中，經驗了自己從孩童到成人的重大轉變。我們記得自己因為那些長大了、可以穿絲襪、能夠發生性關係、得以扛起責任的念頭而興奮不已。同時，我們也帶著一些失落感、一種現實世界太快撲向我們的感覺，無限追悔地看著那片流血的牆，它阻隔了我們與童年。

這大概能說明克莉絲蒂娃那晦澀且略顯神祕的訴求：「女人的時間是**不朽的**。」[51] 月經事件是重大的標記，區分開之前和之後的一切。我最先是因為月經沒來，才意識到自己可能懷孕了。就像我在本文一開始引用的個人生命敘事，我在懷孕、生女、哺乳數月後的首次來經，標記了另一個新開始——一個女人可能會以熟稔與困惱夾雜的心情來迎接的新開始。

無論如何，更年期的歲月可能是最不朽的。我們稱它為「生命的改變」（change of life）[52]。另一扇向著過往的門在我們身後關上了，那裡只有在夢中才能回返。對我們多數人而言，它不是立刻關上的，而是門樞緩緩地吱嘎作響，有時還前後搖擺幾下，讓我們有機

51 Julia Kristeva, "Women's Time," trans. Alice Jardine and Harry Blake, *Signs: A Journal of Women in Culture and Society* 7.1 (Autumn 1981): 13-59。也可參見 Tina Chanter, "Female Temporality and the Future of Feminism," in *Abjection, Melancholia and Love*, ed. John Fletcher and Andrew Benjamin (London: Routledge, 1990)。

52 譯注：此為意指更年期的片語，此處採直譯。

會踏進踏出，想想我們曾經所是和期盼所是。我們大多很高興應付完這麻煩的身體事務。最重要地，我們不覺得自己像波娃在我曾引述的一個段落所說的，「沒有未來，成年生涯卻還有一半要過」（ibid., 575）。我們經驗到的，比較像是我引述的另個段落所說，是「一種（我們）以前所缺少的健康、平衡、活力」（ibid., 31）。[53]我們有大把未來，並且規畫比我們以往所做都要來得大的計畫。同時，這個轉捩點也讓我們以過來人的角色，用一種長遠的觀點看我們的過去。

在波娃的另一部存在主義傑作《論老年》（*La Vieillese*）中，她用沙特式的時間性說法——源於海德格——來討論一些議題。在沙特式的說法中，存在為人，意味著未來永遠同等開放。一個人的生命不管有多久，又負載了多少習性，都享有採取不同方向或態度的永遠同等之自由。就一種意義來說，這當然正確；只有在一個人死後，他人才能斬釘截鐵地評斷這個人。

然而，從另一個觀點來思考，這是一種怪異的、難以捉摸的人類生命意象。它並未適當思量肉身化的個人——其記憶和她的腰圍一起與時俱長。這個變老的人，記得她年輕時

53　譯注：本書先前並未引用過此段落，或為作者筆誤。

的身體自我與能力以及生命中沉積的事件，並因而為自己的未來增添比年輕時更多層次的意義。[54]將月經的意涵從怪物化轉變成平凡之事並揭示之，可強調此一對我們——不論男女——都適用的真實。

54 Simone de Beauvoir, *The Coming of Age* (New York: Warner Books, 1978), 535-37.

第六章 房子與家：女性主義主題變奏曲[1]

潘妮洛普（Penelope）在她的男人漂泊世間、歷盡艱險之際，為了拯救並維繫家（home）而坐在壁爐邊不停編織的意象，數千年來都被定義為西方文化中女人的基本形象。[2]從古到今，其他許多文化也將女人等同於家，期待女人在家服侍男人，有時還阻撓女人離開這棟房子（house）。如果房子與家意謂為了支撐男性計畫而限制女性，那麼女性主義就有充分理由拒絕家作為一種價值。然而，即使是女性主義者，也很難除咒化（exorcise）針對家之構想的正面價值鏈。我們往往期待回家，也會邀請他人來家裡，希望他們覺得賓至如歸。房子與家是非常矛盾的價值。

在本文我要爬梳這種矛盾性。一方面，我同意諸如伊希迦黑、波娃等女性主義批判者所說的，在歷史上，凡支撐一個家、保持房子舒適，都靠女人付出犧牲自己的代價。女人服

1 我要感謝亞歷山大、波瑞嘉（Robert Beauregard）、凱西（Edward Casey）、海登（Delores Hayden）、歐科斯基和普拉特（Geraldine Pratt）對此篇論文早先版本的評論，這些評論對我大有助益。在匹茲堡大學女性寫作團體中與卡爾（Jean Carr）、葛蕾茨納（Nancy Glazener）、凱恩（Paula Kane）、馬歇爾（Margaret Marshall）和諾維（Marianne Novy）的討論，也讓我獲益良多。

2 譯注：這個故事典出荷馬的希臘神話史詩《奧德賽》（*Odyssey*，意為「關於奧德修斯的故事」）。在神話中，潘妮洛普在丈夫奧德修斯（Odysseus，羅馬時代將這個希臘名字轉為拉丁名字尤里希斯〔Ulysses〕）國王遠征海外時，為了阻擋大批貪圖王位的求婚者，宣稱要為奧德修斯的父親織完壽衣，才會考慮再嫁，但她卻白天編織，晚上就拆掉，如此二十年，直到奧德修斯歸國。

侍、滋養、維護男人和小孩的身體與精神，培養他們的信心和寬闊的主體性，讓他們得以在世上留下印記。然而，這種居家的角色，卻使得女人自己的認同與計畫無法獲得支持。再者，和一些女性主義批判者一樣，我質疑家的構想往往所代表的那種對完整且固定的認同的渴求。不過，和這些批判者不同的是，我不打算將家的構想逐出女性主義價值的範疇。雖然在歷史上，家的構想帶有壓迫與特權的意涵，但它也含有批判的解放潛力，因為它獨特地表達了諸多人類價值。探索以女人居家工作為典型的意義構成活動，可揭露其中一些價值。

這裡我不採單一的直線論述，而是要將數條主題軸線交織在一起。這些軸線都圍繞著主體性或認同的意義。本文起頭於海德格之視棲居（dwelling）等同於人類存有方式，以及他把棲居區分為築造（building）和維護（preservation）的說法。雖然海德格宣稱兩者一樣重要，卻似乎特別重視築造，認為其乃一個主動主體的世界創立活動，而我則認為這種重視具有男性偏見。

伊希迦黑暴露了海德格所謂普遍的本體論中的男性特質。她指出，男人只有以女人的物質性與護育為基礎，才能在父權文化中的世界建屋居住。在「家」的構想中，男人對女人投射失去原始母親（original mother）整全性那思鄉的渴望。為了固定並掌握他的認同，男人建造房子，放進東西，將他的女人——她對他反映了他的認同——限制於內。然而，她為了支持他的主體性，付出的代價是遭到遺棄，沒了自我。

伊希迦黑以一種無時間性的筆調，寫出房子與家和男性對固定認同之渴求的關連。不過，她對男人汲汲於獲得財產以替代失去的母親的描述，或許最適合被視為是對資產階級（bourgeois）社會的特徵的描寫，這種社會所注重的價值已主宰二十世紀西方，並逐漸廣被全世界。故此，我探索個人認同對商品化的房子及其內容物的特定依附，以找到對家之渴求的另一個批判角度。

在進入對波娃貶低家務（housework）的批判前，我要先離題一下，說說一位很糟的家庭主婦的故事：我媽媽。我這麼做是為了紀念，也是為了具體描述將家務處理得井井有條的規訓標準，以及家長教師協會（PTA）對母職的要求，如何持續壓迫女人，尤其是單親媽媽。

波娃像伊希迦黑一樣，將女人的存在描述成被剝奪了主動主體性，因為她們的活動都集中在服侍並支持家中男人。然而，有別伊希迦黑的是，波娃藉由對性別分工的思考，將此一說法物質化。然而，由於波娃接受內宥性與超越性的二分，並認為女人的居家勞動是內宥性的，乃至忽略了這些我稱為維護的女人傳統家務裡具創造性的人類面向。

海德格貶抑的棲居面向——維護——因此為家的重新評價提供了轉捩點。維護使得家成為個人認同的一種支持，且使之持續如此，即使它並無累積性、確定性或固定性。維護這個典型陰性活動的價值雖然向來被貶低——至少是在西方對歷史與認同的概念中——但它其實有重大的人類價值。

接下來我要挑戰一類女性主義文本，它們的作者都拒絕家的構想，認為它不當地具有統一化且帝國主義的意涵。瑪丁（Biddy Martin）與莫罕蒂（Chandra Mohanty）、勞瑞蒂思（Teresa de Lauretis）、侯寧（Bonnie Honig）的論文都論道，對家的渴求表現了對確定性那具壓迫性的追尋，以及對特權的執著。雖然我同意她們大部分的分析，但我質疑為了女性主義而將家的構想全部丟棄的作法。家的諸多價值在今日確實暗示特權，但對那些價值的分析，以及將之民主地落實在所有人身上的允諾，在今日世界可以具有巨大的政治批判潛力。那些價值除了維護，還包括安全、個體化（individuation）及隱私。

棲居與築造

海德格說，棲居是人的存有模式。慣常的人類活動顯現了物所具的意義，而透過物中的居所，人們有了安放自己之處。海德格認為棲居與築造有一種循環關係。人類只有透過築造才能棲居。為了棲居，我們預備地方、整理物，這些地方與物結構並含納我們的活動。這些地方與物彼此設立關係，也在它們自己和居住者間以及居住者與其周遭的環境間設立關係。但是只有當我們的存有是讓物保持原狀、去思索並顯現它們時，我們的築造才是以我們已然棲居為基礎。[3]

海德格論道，築造有兩個面向：養成（cultivating）和建立（constructing）。前者包括珍惜、保護、保存與關切，有如從事農作須涵養土壤。「在維護和滋養的意義上築造，不是製造」（Heidegger, "Building, Dwelling, Thinking," 147）。因此，持留、逗留，乃是棲居的一種重要意義。「棲居，即安定於和平，意味著始終處於自由與維護之中，這種自由把一切保護在其本質之中。棲居的基本特徵就是這種保護與維護。」（ibid., 149）[4]

在介紹了築造的雙重性——作為維護的築造及作為建立的築造——後，海德格的文本即將維護拋諸一邊，把焦點鎖定於建立。既然他前面才主張維護對棲居極為重要，此處卻捨棄維護，實在引人好奇。為描述在世存有的人類模式，他強調地方經由創造性的活動——將環

3 Martin Heidegger, "Building, Dwelling, Thinking," in *Poetry, Language, Thought*, trans. Albert Hofstadter (New York: Harper and Row, 1971).

4 譯注：海德格此篇論文的中譯，下皆參引自孫周興譯文（全文見〈築．居．思〉，《海德格爾選集》，上海：三聯書店，一九九六）。

境聚攏為有意義的呈現——而形成的重大時刻。

我們只能棲居在一個地方。建築用牆圍出區域，用平面連結出區域，因而創造了場所。牆壁、屋頂、柱子、樓梯、柵欄、橋樑、塔樓、道路和廣場，製造出地方，創立了人類世界。[5]用海德格的話來說，人們透過築造，設立了世界，也設立了自己在世上的位置，成為具有認同與歷史的某人。人們透過為日常生活和儀式建立物質支持，占據了世界，並理解到自己的生活反映在這個環境中的特定性，亦即帶有歷史意義之聚攏物的物質性。[6]如果這種方式的築造是主體性出現的基礎，是具有認同與歷史之在世棲居的基礎，那結果就是只有男人是主體。畢竟大體而言，女人並不築造。

即使在今日，女人已進入許多典型的男性活動，在世上大部分區域，蓋房子和其他建築

---

5 參照 Edward Casey, *Getting Back into Place: Toward a Renewed Understanding of the Place-World* (Bloomington: Indiana University Press, 1993), 112。凱西也指出，海德格一開始說的築造範圍雖然比較廣，後來卻把棲居等同於建立。

6 鄂蘭（Hannah Arendt）也將築造理論化為人類意義的一個基本面向。她區分了勞動（labor）和製造（work），前者是有助於人們生活的生產與消費活動，後者則指人工物之建立——此一建立超越了單純的生活層面，因為這些人工物的目標是保持永垂不朽。所以，對鄂蘭來說，創立（founding）的時刻即是行動（action）的原初時刻。透過人工物的建立，人們創造了一種築造的環境——即文明——並經由它顯現為思考和發話的主體。參見 Hannah Arendt, *The Human Condition* (Chicago: University of Chicago Press, 1958)。

物仍多屬男性活動。[7]在營造業裡，戴著安全帽的女人仍很罕見；在建築業裡，女人也為數甚少。更為重要的也許是，男人仍宰制了能做建築決策的職階——諸如董事、建築師、規畫師、工程師。就算在一些最講求平等的家庭裡，築造和修繕的工作也往往落在男人身上。

在許多傳統的亞非社會，女人是家的築造者。但由於資本主義和環境破壞讓許多地方幾乎不可能再用傳統方式依靠大地生活，如今世上的農人都已移居城鎮。許多城鄉發展計畫包括人們在哪造屋生活的安排，但即使在較貧困的家庭往往由女人當家的發展中國家裡，她們仍罕能參與造屋計畫。她們要不是因為財產法中的男性偏見而無法取得蓋屋之處的土地權，就是因為發展計畫本來就假設男人是較先天的築造者，因此以男人為準來設計計畫，從而被排除在外。還有，女人的所得與資產通常很微薄，無法達到參與造屋計畫的信用門檻。[8]

如果築造設立了一個世界，如果築造即個人現身為棲居於世之主體的方式，那麼無法築

7　Aliye Pekin Celik, "Women's Participation in the Production of Shelter," and Victoria Basolo and Michelle Moraln, "Women and the Production of Housing: An Overview," both in Hemalata C. Dandekar, *Shelter, Women, and Development: First and Third World Perspectives* (Ann Arbor, Mich.: George Wahr Publishing Co., 1993).

8　Caroline O. N. Moser, "Women, Human Settlements, and Housing: A Conceptual Framework for Analysis and Policy-Making," in *Women, Human Settlements, and Housing*, ed. Caroline O. N. Moser and Linda Peake (London: Tavistock Publications, 1987); Irene Tinker, "Beyond Economics: Sheltering the Whole Woman," in *Engendering Wealth and Well-Being*, ed. Rae Lesser Blumberg et al. (Boulder, Colo.: Westview Press, 1995), 261-84.

造即是一種剝奪。不被允許築造的人、無法自視為築造者的人，與世界的關係可能比較受限，因為他們覺得世界並非自己創立。築造者的棲居於世方式，和已築造物占據者及已建立物維護者的棲居於世方式是非常不同的。如果築造設立了一個世界，那仍然是個非常男人的世界。

作為一個群體，女人大抵依然被排除在這種建造結構以聚攏並顯現一個有意義的世界的活動之外。只有當女人也同等參與世界的設計與創立，才會有既屬於女人也屬於男人的世界。不過，築造的男性偏見，也同樣出現在對築造的另一面向——維護——的貶抑。此貶抑是海德格自己的哲學傾向使然，而這是因為建立與維護間的區分——作為築造與棲居的兩個面向——被內在地性別化了。稍後我會重拾關於維護這個概念的主題軸線，論述甚多被忽視的女人勞動，乃是意義維持的基本活動。此刻，我要先進一步探索在視築造為世界創立的存在哲學中所隱含的大男人主義（masculinism），藉此從海德格邁向他那女性主義的追隨者與批判者伊希迦黑。

海德格說，築造讓分散的環境聚攏，而環境除了靠人為的安排定位，本來是沒有中心的。林中之屋讓樹林、湖泊有了布局。橫跨河流的橋樑聚攏了河岸，顯現其間的關係連結，亦即脈絡。然而正如海德格指出的，男人的築造是以已然棲居為基礎。男人被存有包被

（envelop），發覺自己已置身於自然中的家，築造則形成周遭環境。世界要顯現自身，有賴先前那支撐、滋養它的基礎。

藉此，海德格相信自己否定了現代西方哲學及其特定的科學定向。笛卡兒與其信徒傲慢地認為，人是自我源起（self-originate）的，思考的主體是存有的主人與陳述者。他們忘卻祖先的謙卑，先人對其所依賴的自然中那終有一死者（mortals）的際遇，有更透徹的瞭解，先人知道悉心的照護與維護，乃是終有一死者的命運。基於先前那些包被且滋養他的元素，男人為了棲居而築造，好讓自己置身於家，而這些元素又經由他的築造而聚攏顯現。

作為鄉愁家園的女人

伊希迦黑指出性別化早已出現在海德格的「世界成其為世界的過程」（worlding of the world）裡：男人之所以能為了棲居而築造，讓自己置身於家，其基礎在於已然永遠被定位成自然那包被、滋養的存在的女人。對男人來說，女人永遠是母親，他從她們黑暗的子宮現身，在白日的光明下築造固體的結構，並就著那光，透過反射鏡（the speculum）返身窺看子宮洞穴。[9]做愛時，他尋求回到與母親的原始結合，重返那被包圍住的溫暖。父權的性別系統給予男人一種主體性，這種主體性有賴於女人的客體化與遭棄；他之所以擁有家，是以她無家可歸為代價，因為她得當他築造的基礎。

每個人都在失去中誕生。我們被逐出母體那黑暗的舒適之處，被拋擲在這個沒有牆的世界，找不著基礎去安置我們脆弱而未知的存在。那發話的終有一死者，必須與母親的分離妥協，在缺少基礎或確定性的情況下，去發現並形構自己的意義與認同。伊希迦黑認為，在父權文化中，陽剛／陰性的性別系統使得男人可以用一種永遠無需真正地處理這種失去的方式，來與這種失去妥協，因為他可以藉由女人試圖重返這失去的子宮之家。

男人藉著築造來處理這種失去，如此他理當會重新獲得其棲居。他汲汲於為自己造個家，好替代那失去的家。透過築造，他將不定形物（amorphous）與流體元素都聚攏於固體的結構。透過向外投射，他製造出客體物，好看到自己被反映。透過築造和製造，他打造並

---

9 譯注：伊希迦黑在一九七四年出版經典作《他者女人的反射鏡》（*Speculum de l'autre Femme*）：反射鏡是醫學上用以看身體內部的小鏡子，伊希迦黑從這面男性用以窺看女性「洞穴」（子宮）內部的工具開始，發展出顛覆男性中心的解讀。書中第三部分針對柏拉圖《理想國》（*Republic*）中的洞穴寓言提出女性主義角度的解構。柏拉圖的寓言描述一群人生活在洞穴裡，認為世間存在的只有被燭光投射在洞壁的影子。某天，有人爬出洞穴，才發現陽光普照的真實世界（真理）。伊希迦黑指出，洞穴就是子宮，影子就是黑暗的空間與日常生活經歷，攀登的路乃是自我與母親的分離。

確認自己成為主體。而在此客體化的自我反映中，女人既被當作是立足的物質，也是築造的物質，同時還是反映男人的首要客體——他的鏡子。

> 男人的愛是目的論的。這樣的愛，瞄準的是外於他們的目標。它往外而去、朝著家的構成而去，而外在，即是外於他們自己的一切。外於自我、張力、意向，追求一處棲居、一件物、一個產品。也作為三分之一與賭注來服務男人。[10]
>
> 棲居乃是男人存有的基本特質。雖然尤其在其倫理面向，這種特質一直是潛意識、未實現的，男人仍永遠在各地追尋、築造、創造自己的家：包括洞穴、小屋、女人、城市、語言、概念、理論等。[11]

築造是為棲居之故而將自然的物質和元素聚攏於一限定之處。在父權的性別基模中，女人被當作建造的物質（Irigaray, Ethics of Sexual Difference, 103-7），也被當作男人棲居於內之

10 譯注：此段最後一句英譯為 Which also serves men as a third part and stake.：法文原文則為 Aussi en guise de tiers ou d’ en-jeu entre eux.。法文 tiers 可英譯為 third part 或 third parry，此處仍循英譯，做 third part 解。

11 Luce Irigaray, *Ethics of Sexual Difference* (Ithaca, N.Y.: Cornell University Press, 1992), 104.

處。他之所以成就自我確認的主體性，是因為有她既作為他創造力的來源、又作為他藉以看見自我反映的產物，來支撐並補足他的存在。她是那包被的物質，也是他存在的容器。「她被指派為地方本身，自己卻未占有地方。透過她，地方被建立為供男人所用，但卻非供她所用。當她包容一切，也含納她自己，她的歡愉理當『類似』她所是的地方之任何事物的流動。」(ibid., 52)

在此性別系統中，男人自我確認的形式是鄉愁，一種回到失去的家的渴望。男人把女人置於她被認為該在的地方，如此他就能回到這原始的母親之家。鄉愁是種渴望歸返的反覆欲望，卻因失去即是分離、出生、終有一死及失去本身，而得不到滿足。藉由不斷追尋失去的家之象徵替代物，鄉愁閃躲著必須與失去做出的妥協。男人充滿鄉愁地在安全的溫暖牆壁內切盼一種與母親的原始結合。在女人身上，男人滿懷鄉愁地希望重回他們失去的家，因此他們不將女人視為有自己的認同與受庇護的需要的主體。

他抑制自己的成長，並無盡地反覆尋找自己失去的時刻，即記憶與忘卻分離的那刻。但是，他越反覆尋找，他用以圍裹自己的包被、容器、「房子」就越多，而它們都會阻擋他發現他人或自己。他對那終極棲居的鄉愁，阻撓了他與他人的相會與共處。(ibid.,

142）

藉著築造並將物品置入其中來替代原始的家，男人滿是鄉愁地試圖重回失去的家。他創造了財產，即他能擁有且控制的東西。然而因為這些財產無法滿足對失去的家的渴望，他乃汲汲於獲取更多的財產。在這種講求獲取的經濟中，女人是原料、照顧者、被交換的商品本身。她待在家裡，扮演家的角色。她的身為家，讓他過得舒舒服服，好讓他迎向廣闊的世界，去築造、去創造。然而，對她而言，這種安排根本是種囚禁。

> 男人若欲闡釋其工作的意義，大概還得再花上幾個世紀的時間：為替代他出生前的家[12]所進行的無止盡建造。他上窮碧落下至黃泉，一次又一次地，從陰性中取得空間性的議題或肌理。在交換中——但這不是真的交換——他買給她一棟房子，甚至把她監禁在內，為她設下限制而非無限的場域，後者他根本不願給她。他把自己和所有物包被於她的血肉內，也把她包含或包被於牆內。這兩種包被的本質並不相同：一種是不可見而充

12 譯注：此處的英譯原文應為 prenatal home，本書引文誤印為 parental home。

滿生命力的包被，其限制是幾乎看不見的；另一種則是限制或庇護明顯可見的包被，卻有著若入口一關，就有如遭囚禁或致死的危險。（ibid., 11）

由於女人被男人用來當作他主體性的基礎，所以她沒有支撐自我之物。她是遭棄的。她也必須處理與他同樣的失去，處理被終有一死性、完全自由與無所基礎遺棄，並處理被溫暖安全的母體驅逐。藉著她，男人給自己造了個家，以替代此一失去。他能創造，是因為拿她當繆思；他能歇息，是因為有她在家裡打點他一切所需。而她唯一的慰藉，是試著從身為「在家存有」（being in the home）[13]此一至高他者中取得滿足。她試著從「為他存有」（being-for-him）[14]中，獲得自己的主體性。她試著用裝飾包被自己。她用珠寶、化妝、衣服遮蓋自己，企圖製造出一種包被，給自己一個空間。但最後，她卻遭到遺棄，落得無家可歸，沒有自己的房間，因為他以她為包被，打造了他自己的房間。

如果築造設立了世界，如果築造是人現身為棲居於世之主體的手段，那麼，無法築造即是一種剝奪。在父權性別系統中，男人是築造者，女人是築造者的滋養者，也是男人放在其

13 譯注：作者此處應是諧擬海德格所說的「在世存有」，諷刺「在世存有」屬於男性所有。

14 譯注：此處與「在己存有」（being-in-itself）和「為己存有」（being-for-itself）相對。

創造物中的裝飾品。由於女人無家可歸，她們被剝奪了成為主體的機會。海德格說，語言是存有的居所。男人築造的，不僅是把環境聚攏成一處地方的具體遮蔽處、廟宇聖堂或橋樑；陽剛性的主體也是文明本身的創立者，他們為事物命名、建立理論與史詩，藉此讓自己的重要性代代相傳。伊希迦黑指出，女人在語言中的位置，顯現了她的遺棄，也顯現她沒有能力為自己得到主體的位置。

後現代生活的問題，是要終結這種剝削，是否得完全拒絕這種體現於家的父權意識型態中的認同與主體性支持計畫。我在第六節所討論的女性主義論者，對此的回答是肯定的。雖然我同意她們關於遠離家的許多理由，我也希望探索其他的可能性。我們能否保留這樣一種家的構想：它支持人的個體主體性，主體在其中被視為流動的、局部的、轉變的，且與他人處於相互支持的關係？我認為伊希迦黑指出了這種在渴求固定認同——其在歷史上一直監禁著女人——之外的選擇。不過，在主題化此一房子與家的另種概念前，我想先探索更多它的問題面向。

商品化的家

伊希迦黑的修辭召喚一種（父權的）普同性。她那女人閉鎖於房中的意象——男人將其所有物安頓在此房子中，以滿足為失去的安全子宮尋找替代物之欲望——假定了一種特屬現代中產階級的家的概念。這種藉著在客體中看見自己以及藉著擁有、占有及累積財產來填補其存在缺口的主體，是一種具歷史特定性的現代資本主義的主體。經濟與社會心理過程在二十世紀的勾連，更特別鼓勵主體做這樣的表達：藉由商品消費來實現其欲望。[15]儘管這種消費主體是在發達工業社會中獲得最完整的實現，然而其魅力已遍及全球。房子與家在此消費意識中占有主要位置，是個人財產以及一種特定以商品為基礎之認同的核心。[16]對家之吸引力有所基進批判的論者，犀利地指出家與認同的此一連結，乃是無為主義（quietism）與特

---

15 馬庫色（Herbert Marcuse）的《單面向的人：發達工業社會的意識型態研究》（*One-Dimensional Man: Studies in the Ideology of Advanced Industrial Society*, Boston: Beacon Press, 1964）是這種概念的經典陳述之一；也可參見 Stuart Ewen, *Captains of Consciousness* (New York: McGraw-Hill, 1976)。

16 參見 James S. Duncan, "From Container of Women to Status Symbol: The Impact of Social Structure on the Meaning of the House," in *Housing and Identity: Cross-Cultural Perspectives*, ed. James S. Duncan (New York: Holmes and Meier Publishers, 1982)。

權的根源。家的這種商品化概念，將認同與從公共世界撤退相關連，也與個人所有物的數量和地位相關連。

從古到今，在許多社會中，人並非只「生活」在房子裡。是會有些小屋和房舍，留給特定的生命活動如睡覺、做愛、生產所用，但較廣意義上的棲居，則發生在戶外及／或集體空間中，不論有無遮蔽。舉例來說，在非洲波札那共和國（Botswana）鄉間，個人私人的「家」是用籬笆圍起來的戶外空間，空間裡立著一些小房子，供不同的家庭成員及不同的活動使用。當家庭擴大，他們就建另一幢小房子。準備食材、烹調、用餐、洗浴、小孩和大人的娛樂活動，通常都在戶外。這樣的家庭如果搬到城市的小公寓，往往在調適生活上會出現困難。[17]

在許多社會裡，「家」指的是村莊或廣場以及位於其中的房子，棲居既發生於戶內，也發生於戶外。儘管幾乎每個社會都多少會用房子的大小和精細程度來區辨個人地位，但還是有許多社會，房子小而簡單，並不拿來當作地位的象徵。這些房子及其內容物只是認同的次要來源。在許多這樣的社會，人們比較是從集體的築造——例如教堂或聚會所——獲致

17 Anita Larsson, "The Importance of Housing in the Lives of Women: The Case of Botswana," in *Dandekar, Shelter, Women, and Development*, 106-15.

個人自尊。他們將創造力投注於對這些築造的建築及裝飾，包括雕刻、樑柱、雕像、繪畫和精細陳設。例如毛利人著名的雕刻，就大多屬於每一氏族會堂（marae）的集體聚會所。甚至在當今的資本主義城市，有些人也主要「生活」在街坊或街道中，而非自己的家。他們坐在廣場、車站、酒吧和咖啡屋裡，回家多半只是為了睡覺。不過，公民私利主義（civic privatism）的中產階級認知，覺得這種以街為家的生活失序且具威脅性。在「比較好」的地段和社區，人們保持分際與隱私，個個藏身家中，街道只有青少年。

在這些現代環境中，家似乎被限定成房子或公寓裡的生活空間。個人認同以特定方式與商品化的家相關連。房子即是消費本身的首要之處。自由即是在休閒、娛樂、消費活動中擺脫工作與公共責任。而房子或公寓正是上述許多活動的場域，布滿舒適的設備與裝置。

商品化的家對認同的支撐，不只表現在作為消費自由的場所，也表現在作為一個人社會地位的標誌。房子的大小、風格以及尤其是地點，還有房子的景觀與裝潢，設定了個人在社會階層的位置。每個人都知道什麼是較好的房子或公寓、較高級的街道、較有水準的鄰里、較優良的社區；想向上流動的渴望，也往往顯現於想從某個地段或社區搬到另一處的欲望。

把家作為地位象徵及投資機會的此一依附，創造且維持一種市場競爭，在這場競爭中，大多數人都是輸家。這個旨在維持可觀的「財產價值」、而不僅是舒適的生活空間的計畫，製造或加劇了種族與階級的排斥，迫使多數人棲身惡劣的住宅，而少數人則發些橫財。從住宅地位也與土地大小、築造大小相關來看，視房子為地位的這種依附，也使得土地和生活空間分配不當，給某些人太多，其他人則太少。這套商品化住宅的社會經濟組織，就這樣把家的價值變成一種特權，並讓許多人遭到相對或絕對的剝削。

在這種對個人成就及生活風格的商品化建構中，房子往往成了目的本身。為了夢幻之屋的目標，人們投入工作，不敢或怠，恐懼失業，還勞累加班。公民私利主義那消費導向的欲望，往往導致政治上的無為主義，因為人們全心投注於需要更多收入來養的私人生活。[18] 女人大量進入勞動市場，部分原因在於光靠一個人的所得不再買得起房子；反諷的是，現在的成人，一個禮拜大多時間都不在家裡，只為了賺更多錢來買這個他們投注自我感的房子。[19]

幻想餵養消費者欲望，這欲望支撐著依附於房子和家的個人主義的認同。不論我們實際生活狀況為何，我們都買得起雜誌上那美麗家園的夢想。房子與家和性、運動、衣服一樣，都是暢銷雜誌的主題。這些雜誌提供無數的成套家居，讓人們想像自己的生活在其中上演：餐廳寬敞而精緻，透明窗帘顯出法式門扉後陽光燦爛的花園；客廳很體面，牆上掛著品味不

18　參見 Jurgen Habermas, *Legitimation Crisis* (Boston: Beacon Press, 1975)。
19　參見 Sophie Watson, *Accommodating Inequality: Gender and Housing* (Sydney: Allen and Unwin, 1988)。

凡的畫，角落有架大鋼琴，還有厚實的皮沙發；臥房很舒適，滿是蓬鬆的枕頭、蕾絲和蓋被；廚房有個大煙囪，有座雙門冰箱，還有光滑、一體成型的四十英寸木長桌，以及從天花板垂吊下來的銅製炊具。這些在居家雜誌上的房間，幾乎永遠空無一人，好讓我們能夠踏入這些空間。

居家雜誌往往吟唱鄉愁，不時可見林中的鄉村式房屋、老木頭、仿古家具、鉛框玻璃窗。新式磁磚與地板則是對世紀之交的緬懷。這種夢幻之屋往往重現舒適的傳統鄉下小屋意象。[20]就算這些意象並未明顯重現過往，它們也往往刻意製造一種對已然遺落的生活方式或鄉愁的渴求。這些家的意象亦喃喃低語著靜止與安歇。

個人認同對商品化的家的依附，並不特定性別化。男人女人都一樣傾向用自己的所有物，來評估自己的地位與自我價值。然而，商品化的家確實對女人造成一些特定的影響。家變成生活空間的這種化約——特別是市郊發展把整個小鎮都化約成生活空間——比以前更甚地限制了女人。另外，讓房子及裝潢成為個人及家庭地位的指標，也增加了女人扮演優良家

---

20 海登將對市郊獨棟住宅的欲望，比為對林中鄉間小屋的鄉愁：參見 Delores Hayden, *Redesigning the American Dream* (New York: W. W. Norton, 1983)。戴普瑞（Carole Despres）討論了現代魁北克市郊的住家設計是如何滿懷鄉愁地致力於重現傳統的魁北克鄉間小屋。Carole Despres, "De la maison bourgeoise à la maison moderne. Univers domestique, esthétique et sensibilité féminine," *Recherches Féministes* 2.1 (1989): 3-18。

庭主婦的壓力，而這壓力還不是來自護育效率或衛生保健，而是來自外觀。

間奏曲：我媽媽的故事

市郊的夢幻之屋，成了我媽的夢魘。

每天早上，我爸爸從他三件略有不同的灰色法蘭絨西裝裡挑一件穿上，離開我們在法拉盛（Flushing）的公寓，搭地鐵到曼哈頓中城。他本來是位胸懷大志的小說家，如今變成保險業者，正在公司中緩慢而穩定地往上爬。我想像他的辦公室像戴伍德（Dagwood）的一樣，他的老闆則像狄特斯先生（Dithers）。[21]

我們姊妹倆，每早穿上媽媽逼我們穿的那討厭的鞍狀鞋走到學校，媽媽則和襁褓中的弟弟待在家。這幅五〇年代的完美家庭圖畫有個缺陷：我的媽媽不清理房子。

我們這間雙臥的公寓，永遠骯髒凌亂，東西四散地板、堆積成層，臥室塞滿衣服，灰塵遍布角落、地毯、書架，廚房爐子上覆滿食物潑灑的痕跡。我從不請朋友來家裡。如果他們

21　譯注：戴伍德為美國連環漫畫家楊（Chic Young）所繪著名作品《布朗蒂》（*Blondie*）中女主角布朗蒂的丈夫。他的老闆即是狄特斯先生。

來到家門前，看到裡頭的凌亂，我就告訴他們我們正要搬家。我的朋友多半並不介意，反正我們是在巷子和走廊玩，而不是在彼此家裡。我媽媽在家裡做的是看書、上俄文函授課程、在紙上寫滿符號和算式。對我來說，她是個高深莫測的知識份子。但她也興致勃勃地陪我們玩猜作者遊戲、牌戲、二十個問題遊戲[22]，還不停地唱歌，教我們唱聖歌和古老的軍歌。我從在週六，她有時會搬出油畫顏料，要她的小女兒們當模特兒，也會讓我們自己畫油畫。我從媽咪那學到的是，重視書本、音樂、藝術和遊戲的價值，家事則不重要。那是一九五八年。我媽媽必須和孩子待在家裡——即使她在我們出生前，本來在曼哈頓一家雜誌社工作得很順利；即使她會說三種語言，還有碩士學位。那時，她的怪讓我覺得很丟臉，她都坐在椅上讀書寫作，而不像個真正的媽媽那樣煮飯、打掃、熨衣服和縫縫補補。後來，在她一九七八年死後，我理解到她對家事的拒絕，是在做消極的抵抗。

就像我們大部分的鄰居（嗯，更精確地說，是猶太鄰居）一樣，我媽媽和爸爸夢想在市郊擁有一棟房子。他們拉著我們三個小孩跑遍紐澤西州，四處看新蓋的樣品屋。一回法拉盛，他們就埋首於房屋設計草圖、細看樣品屋傳單、計算房貸。最後我們選中紐澤西中部一

22　譯注：由遊戲者甲先想好某個目標，讓遊戲者乙提二十個問題來猜這個東西為何的遊戲。

片回填濕地（那時稱作沼澤）上的建案。在四種房屋模型中，我父母選了中價位的錯層式設計。我們姊妹倆為房間選定藍色漆，我三歲的弟弟則指了色表上的綠色。許多個週日，我們開超過一小時的車，去看房子進度如何：從地基、鷹架、牆壁到草坪。

最後我們搬家了。這曾經就是幸福。我們是美滿的典型美國家庭。我們給遊戲間買了一張乒乓桌。我們姊妹倆在街上歪歪倒倒地騎腳踏車。然後我爸過世了——他死於腦瘤，走得快速安靜。

我媽崩潰了。她依賴我們，畢竟我們是那立著四種樣品屋的陌生荒地上唯一可能的慰藉。一開始鄰居很熱心，拿便餐給我們，後來也不來了。教堂的會眾比較願意幫忙，會開車帶我們到保險局或教堂。我媽媽喝酒，但從來不在週日早上喝。我妹妹和我滿懷悲傷地去學校，我弟弟則和我媽待在家，現在她更沒動機清理房子了。在拿到保險金和社會救濟金後，我們並不窮，只是很混亂。

然而，在一個春日時辰，一個穿著制服的男人到我教室找我。他帶我坐上警車，我妹妹和弟弟都已在車上。他們沒做任何解釋，就帶我們到少年中途之家。沒有來自或關於媽媽的隻字片語，沒人告訴我們她在哪裡，我們又為什麼被帶走。慢慢地，我才瞭解到或推測到她是被關到監獄，罪名是兒童疏忽（child neglect）。女兒並不總是會為被控訴的母親辯護。因為想取悅權威，又正值想強裝自己已是個懂事大人的十一歲，我相信我說了三餐大多都是我在煮、我媽又怎樣不操持家務的故事，來替他們那自以為是的正義作證。

一個女人獨自帶著孩子，住在這嶄新而乾淨的市郊房屋裡。她為悲痛所創，而鄰居則從百葉窗後窺看，人們議論著她到教堂時那髮衫不整、雙眼哭紅的模樣。他們有幫這個家庭嗎？在這萬般艱困的時刻，他們需要的不是食物或衣服，而是支持。一個獨自帶著孩子的女人不再是個完整的家庭，值得他人有距離的尊重。在我媽看來，兒童福利單位和警察沒什麼不同。一個帶著孩子的女人很容易就會被懲罰，而當中對她來說最糟的，便是把她的孩子從她身邊帶走。

疏忽。疏忽的首要證據是喝酒，以及一個凌亂不堪的家。但我們吃得夠好，穿夠乾淨的衣服，還擁有一位母親用她自己的方式給予的堅定的愛：和我們打乒乓球、說聖經故事、玩二十個問題遊戲。這是一個需要支持的家庭，但我們並沒被疏忽。

兩個月後我們重圓了，回到我們灰色的錯層屋。我們姊妹倆又在街上騎腳踏車，和鄰居小孩一塊玩踢球和槌球。我媽媽決定證明她也能以市郊的標準持家，因此她做了自己認為必須做的事——打電話給一位女傭仲介。

一天，一個細瘦的十四歲黑人女孩來到門前，她才剛從北卡過來。我們把弟弟的房間讓給她住，弟弟則搬到我媽的房間。我覺得自己和這個害羞受驚、在房裡安靜啜泣的女孩之間，有一種奇怪的親近感。她其實還不太清楚該怎麼做家務工作。她和我一起準備即食通心粉和乳酪。我們整理洗好的衣物，沉默地對面而坐，因為她還不知道誰的衣物是哪些。我們很少交談；她只告訴我很基本的個人狀況。我看她站在樓梯台，穿著一件棉質的夏裝，像灰姑娘般拿著掃帚，滿臉要哭的樣子。她兩個禮拜就不做了，而房子並沒乾淨點。

夏天就這樣過去，我們在陽台和其他孩子玩吊球和捉迷藏。我媽常到城裡去找工作。八月時，她帶我們去買了三雙新鞋，因為我弟弟要開始念幼稚園。開學了，我媽媽開始工作，我十二歲的生命似乎夠光明的了。

直到有個早秋的日子，我從學校回來，發現警察在我家大門貼了張通知。火災。在我媽的矮座椅上，一星冒煙的餘燼燃燒起火，鄰居趕緊通知消防隊。我打電話請一位家庭朋友把我們小孩接走——我不想再去什麼中途之家了。房子沒多大損傷，因為火勢很早就控制住，但當他們破門而入時，發現散落的紙張、地板上的灰塵和啤酒罐。我媽再度被捕。

我們和那些家庭朋友住了一年。每三個月，社會服務局會寄給我們一箱衣服——我很愛看看他們認為我們該穿什麼。在我媽媽出獄並復業後，我們每幾個月就去看她一小時左右，地點在一間冷冰冰的辦公室。她抱著我們哭泣，告訴我們她在城裡的工作狀況，還有新來的清潔婦奧德莎。在我陡然躍入青春期，而我弟弟滿七歲時，我們寄養家庭的爸爸突然死於肺癌。既然寄養家庭現在只由一個女人當家，它對我們立即成了不理想的環境；他們沒有任何告知，就把我們送回我媽那。她的家庭又團圓了，我媽沒浪費半點時間，立即動手打包，舉家遷回安全冷漠的紐約城。

媽媽過世後十年，我在看電影《管家》（*Housekeeping*）[23]時，悲傷如浪般從心底湧出。

歷史性、維護與認同

波娃論家務

波娃的《第二性》，仍是證明女人受壓迫最重要的作品之一，因為它精細地描述了女人典型的生活與困境。讀波娃對居家勞動的描述，不能不體會到這種工作有多麼無止無盡、多麼壓迫人。

23 譯注：所指應為蘇格蘭導演福斯（Bill Forsyth）所拍的電影，原著為羅賓遜（Marilynne Robinson）於一九八一年出版的同名小說（中譯本麥田出版）。

這種工作有一種否定性的基礎：清掃是為了消除灰塵，整理是為了消除混亂。要把寒微的環境弄得舒適可人是不可能的；陋室畢竟是陋室，不管女人流下多少汗水、多少眼淚，「世上還是沒有任何東西能讓它變得賞心悅目」。眾多女人有的，只是與無法戰勝的灰塵那永無止盡的鬥爭。甚至連對最得天獨厚的女人來說，勝利也從不是決定性的。幾乎沒什麼工作比永遠重複的家事更像薛西弗斯（Sisyphus）受的折磨了。乾淨的東西變髒，變髒的東西會被弄乾淨，周而復始，日復一日。家庭主婦在原地踏步中消耗自己：她沒有任何進展，永遠只在維持現狀。[24]

波娃對居家工作之壓迫的說法，符合她對女人處境局限於內宥性、男人的存在則是超越性之一般說法的框架。

事實上，每個人類存在都同時包括超越性和內宥性；為了向前發展，每一存在都必須延

24　Simone de Beauvoir, *The Second Sex*, trans. H. M. Parshley (New York: Random House, 1952), 451.（譯注：此處中譯主要參引自陶鐵柱譯文，頁四二四－四二五。）

續，因為它只有與過去連為一體，才能迎向未來，只有與其他存在聯繫，才能確認自我。這兩種因素，即延續與發展，隱含在任何一種生命的活動中，而對於男人，婚姻讓兩者得以愉快地綜合。他在自己的職業與政治生活中，經歷了變化和進步，感到自己在時間與世界中擴展。當他疲於這種遨遊，他就回到家裡，回到一個固定的地方，世界的一個停泊處。晚上他在家裡恢復精力，妻子則在家裡管理家務和照料孩子，守護好她持存的過去之物。但她的工作只是千篇一律地延續和撫育生命。她毫無變化地使物種永存，保障日常生活的穩定節奏和家的延續性，注意門是否鎖好。（Beauvoir, *The Second Sex*, 430）[25]

在波娃使用的存在主義框架中，超越性是個體主體性的表達。主體透過採行計畫——蓋房子、組織罷工、寫書、贏得戰鬥——來表達並實現其個體性。這些計畫，不論是個體或集體的，都是對人世確定且特定的貢獻。超越性也表達出一種時間性的模式。活生生的主體是未來導向的；未來開放著各種可能性，但由於其開放性與可能性將會重新建構現在與過去的

25 譯注：中譯引自陶鐵柱譯文頁四〇九。

意義，它也同時產生焦慮。在此框架中，人類存在是歷史性的，會被創造性的行為所結構，也永遠必定會被未來的行為所結構。

在波娃的基模中，內宥性表現的是生命的運動，而非歷史的運動。生命是必要且極度索求的。倘使少了食物與庇護、生病時乏人照應、嬰孩沒人防著受傷，超越性和歷史就都成了空話。然而，根據波娃所說，維繫生命的這些活動無法表達出個體性。這些活動是一般性且缺乏特色的，就像物種是泛指一般生物而非單一個體。因此，如果一個人的存在完全或大多只是在於維繫生命的活動，她或他就不可能是個具個體性的主體。女人的工作大多都局限於維持生命，因為她們要支持男人與小孩作為超離個體的計畫。就如伊希迦黑所說，對波娃而言，男人的主體性需要女人工作的物質性支持，而這工作剝奪了她自己的主體性。

內宥性的時間性是周而復始、反覆循環的。作為生命的運動，它隨著物種的時間而移動，不受具個體意義的事件影響。這樣的周期隨著春夏秋冬、生死循環運轉。波娃描述家務活動依照這種周期時間運轉，而這種時間既無未來也沒目標。

波娃對其建構為女人處境者——即持家和賦予「家」意義等活動——全都予以否定評價。波娃說我們稱之為家務者大多都是苦差，雖然必要卻瑣碎不堪，這點確實正確；她說生命若是受限於這類活動，就等於是奴隸，其實也沒錯。然而，這樣一種全然否定的評價，悍然不顧許多女人的經驗——她們獻身於持家育兒，將其視為意義重大的人類任務。當然，如果伊希迦黑是對的，許多女人之所以全心投注於房子，是因為她們沒有其他事物能包被自我；但再怎麼說，全然拒絕許多女人賦予給「持家」的價值，似乎太輕蔑女人自己的聲音。依循伊希迦黑的腳步，我們能從傳統女性活動中被噤聲的意義裡，重新建構出核心價值。由於波娃倚賴超越性與內宥性的二分來概念化對女人的壓迫，她忽略了與傳統陰性角色相關的一些活動的歷史和個體特質——在上述引文中，她稱這些活動是在「守護好她持存的過去之物」。然而，經由物的安置與維護來賦予個體生命意義，乃是持家所固有之重要且無可取代的面向。

持家

波娃說清理浴室、掃地、換尿布這些單純的行動僅僅是工具性的，這點確實正確；這些工作雖然必要，卻無法具備創造性或個體性。然而，若把所有或大部分的居家工作都貶低為內宥性，波娃就錯了。並不是所有的持家活動都是家務。要瞭解其中差異，我們需要重新思考家的構想，及其與個人認同感的關連。家落實一種主體性與歷史性的特定模式，既與超越性之創造—破壞（creative-destructive）的構想不同，也與內宥性之無歷史的重複不同。

倫內普（D. J. Van Lennep）指出，我們可藉著思考不是家的庇護處的形式，來發現居處於一個稱為「家」的空間表示什麼；他建議我們思考為何旅館房間不算家。旅館房間有可滿足個人需求的一切——暖氣、熱水、舒適的床，一通電話就可叫來食物和飲料。那麼，人在旅館房間為什麼不會覺得像在家一樣？因為在旅館房間裡觸目所及，沒有任何東西是自己的，沒有任何個人的生活習慣和歷史。不管對誰，旅館裡所有的擺設都不帶個人特色且中性，毫無例外。[26]

在另一方面，從一種可見的、空間的意義來說，家是很個人的。不管房間或公寓有多小，家都展現出個人在其中生活的物——那支持了他或她的生命活動，也反映出他或她的生命事件與價值。家的認同之物質化過程有兩個層次：（一）我置於這個空間的所有物，即是我身體習慣的延伸，也支持了我的生活例行事務；（二）這個家的許多物以及空間本身，都承載了沉積的個人意義，有如個人敘事的保存者。

（一）家是我置放並使用生命中物質所有物的空間。它們是我的——若我與別人一起生

26 D. J. Van Lennep, "The Hotel Room," in *Phenomenological Psychology: The Dutch School*, ed. Joseph J. Kockelmans (Dordrecht: Martinus Nijhoff, 1987), 209-15.

活，就是我們的——因為是我／我們選擇或製造了它們，它們也因此反映出我的需求與品味。或許它們是以繼承、餽贈或甚至偶然的方式來到我家，但接下來我就挪用了它們。然而，家不僅僅是這些物，而是這些物在空間中——以一種支持著棲居於此者的身體習慣與生活例行事務的方式——的擺設布局。在空間中的家具擺設顯現出習慣的路徑——閱讀燈在這，電視在那，架上擺的特殊香料則與此人的口味與烹調習慣有關。倫內普這麼說，棲居

乃是我們在空間中持續不斷的開展，因為它即是我們與圍繞著我們的物永不中斷的關係。構成空間的，正是人類存在本身。我們不得不如此。圍繞著我們的物，以一種空間的特質向我們展現自己，而我們本身就是生活在空間中的人。「我的」這個代名詞，在「我的房間」這句表述中，並不是表達我對房間的擁有，只是表達我和這個房間的關係，此關係意味那已發生的我的空間性存在。[27]

凱西（Edward Casey）進一步延伸上述洞見，認為身體是在棲居某處的過程中形成「習

27 Ibid., 211.

慣回憶」（habit memories）。人透過以下兩者的互動過程——一是活生生的身體落實目標與目的之動作，一是上述活動發生其間的物質實體——開始感覺到自己在某地安家落戶。這些物及其擺設，見證了在那裡發生的生活積累。家是活生生的身體在其日常活動的一種延伸，也反映出日常活動中的活生生的身體。這是家即認同之物質化的第一個意義。

> 房子與身體的選擇性親近關係（elective affinity）所涉及的，不只是舒適而已：還有我們的認同本身。這是因為我們傾向以我們居住的地方來辨明自己，也傾向認為我們等同於我們所居住的地方。既然我們的個人認同有很大部分取決於我們的身體形貌，在結構上乃屬實體的棲居之處，自然會在某些相當基本的方面類似於我們自己物質的身體。[28]

（二）經由沉積的過程，物質環境變成家，成為例行事務的一種延伸及反映，同時也使得物被附加上意義。意義與個人價值層層堆積於物質事物與空間本身之上，就像是構成了個人或群體敘事的事件與關係之物質標記。在我家裡，富有意義的物往往有故事，或是我故事

28 Edward Casey, *Getting Back into Place*, 120.

中的角色與道具。我自己挑選了那尊日本小男孩的塑像，想像自己化身成他的樣子；櫃子頂端的裂縫，是我有次對媽媽生氣時，用剪刀弄壞的；我們兒子的房間，仍然放著他在高中贏得的獎盃和讀的書。我生活其中的這些物，經由我生命中的事件和旅行獲致其意義，層疊著故事以及味道、旋律、互動等無言的回憶。它們是無價的：雖然它們即使在庭院舊貨市場上都不值錢，但若它們被火燒了或被賊偷了，想起這些物在我房裡的擺設面貌，將會使我傷心欲絕、痛哭不已。

持家活動因此給予住在此家者的認同一種物質支持。在這層意義上，個人認同一點都不固定，而是永遠在行進中。從此刻到彼刻、從今天到明天、從今年到明年，我們都不相同，因為我們棲居於互動與歷史的流動中。由於我們的自我是由和他人的不同關係所構成，因此我們在這一天和下一天並不相同。作為認同之物質化的家，並不把認同固定住，而是把它定錨在實體的存有中，製造在過去與現在之間的一種連續性。若沒如此把自己定錨於物中，我們必定會迷失。

維護

持家包含這些活動：賦予物生活上的意義，讓它們各就其位、好便利其擁有者的生命活動，並維護它們與其意義。物是為了這個家而製造或挑選的——不管是家具、圖畫，還是帘幔。從古到今，主要都是女人而非男人在陳設、裝飾房子。房子往往反映出女人的品味和感性，她也往往把自己和她的家庭投射在家的風格和意象上。貧窮或普通家庭的裝飾，通常反映了這個意義——企圖看來像較富裕的家庭——她會買布自己親手做窗帘，為椅子油漆或加上護套。

那是我祖母的照片，她在我出生前就去世了，在我成長的過程裡，每一間我們住過的公寓和房子的鋼琴上，都掛著那照片；我母親過世時，那是我第一件帶回家的東西。具現在家裡別具意義之物中的歷史，往往跨越好幾世代。傳統上，女人是家庭與個人歷史最主要的維護者。女人追溯家族系譜，保護小玩意、瓷杯、珠寶、頂針、逝去祖先的照片，隨時可娓娓道來每一物件的故事。我認為，時間和歷史乃是瞭解家的一種主要面向。

波娃像沙特一樣，傾向將歷史性與未來性（futurity）相關連。因此她認為女人的受壓迫，在於我們被禁止從事帶來新事物的創造性活動。

男性被要求要行動，他的使命是生產、戰鬥、創造進步，是要超越自己，邁向整個宇宙和無限的未來。但是婚姻並不邀請女人和男人一起超越自己——婚姻把女人限制在內宥性裡，將她禁錮於自己的圈子裡。（Beauvoir, The Second Sex, 448）[29]

此一對未來性的關注，只在乎人類行動者將新事物帶給世界的獨特時刻，讓波娃忽視了她所說的「守護好她持存的過去之物」這類活動之特定的人類價值。她隱隱地將這些維護過去歷史之活生生的意義的活動歸類於她視為內宥性的範疇。這種混為一談的作法，讓她看不見居家工作塑造世界的意義。此一落實於人類存在之歷史性中的特殊人類意義，既依賴對未來的投射，亦同等依賴對過去的投射。

鄂蘭對勞動（labor）與製造（work）的區分，很類似波娃對內宥性與超越性的區分。勞動指的是從事那些旨在滿足需求且維持生命的繁瑣活動。它的時間性重複且循環，因為勞動的產品總是會被生命的需求消耗掉，不會留下什麼不朽的痕跡。另一方面，製造則是一種個

29　譯注：參考陶鐵柱譯文頁四二二。

體化的活動，塑造出一個永恆的歷史性物體——例如廟宇、廣場、鉅作、長久的政治體制——的世界。同樣地，對鄂蘭來說，人類之意義與個體性的根本時刻，即是創立的時刻——設立城市、建立共和國。[30]然而，一旦建造完成，一旦藝術家、政治家或規畫者的宏偉作品受到認可和歌頌，新的任務隨即登場：維護。[31]

較早我曾引用海德格對於築造有雙重面向——建立和維護——的主張。但在他對棲居與築造之相關性的討論裡，維護這個軸線消失了，只有建立的創造性時刻受到關注。現在是重拾維護軸線以瞭解持家活動的時候了。許多女人至今猶在繼續的傳統女性居家活動，部分正在於維護家的物體和意義。

持家包含這些活動：賦予物生活上的意義，讓它們各就其位、好便利其擁有者的生命活動，並維護它們及其意義。棲居於世意味著我們置身於物體、人工物、儀式和實踐——它們塑造了我們個殊的身分。富含意義的歷史製品，體現了一個個人或民族的個殊精神，這些製

30 Hannah Arendt, *The Human Condition*.

31 參見 Sara Ruddick, "Preservative Love," in *Maternal Thinking: Toward a Politics of Peace* (New York: Ballantine Books, 1989), 65-81；Joan Tronto, *Moral Boundaries* (New York: Routledge, 1992)。這兩位理論家都聚焦於關護人們的這種維護和保護行動，但也都談到對物的關顧，而後者能夠支持前者。在本文中，我之所以鎖定透過物來談意義的維護，部分是因為在居家工作中，比起對人的物質及情緒關護，這乃是較不被注意的面向。當然，這兩者彼此緊密相關。

品必須被保護，以對抗自然瓦解的持續威脅。它們必須被清潔、去塵、修補、重建；它們如何被創立且持續被有意義地運用的故事，必須被一再敘述，不斷詮釋。它們也必須被保護不受棲居與使用者的無心忽視或意外破壞，這些人往往沒注意到這些物之作為他們生活支撐的意義。維護的工作不只是讓個殊的人的實體物保持完整，還要更新這些物在他們生命中的意義。因此，維護也包括準備並籌畫各種紀念日與慶典，藉由這些場合，棲居於這些物之間的人，可以講述並重述他們個殊的生活，給予並收受禮物，使得這棲居之世更加豐富。同樣重要的是，維護工作也包括傳承孩子人們棲居其間之物的意義，傳承孩子保持此個殊意義常新的故事、實踐與慶典。對人們棲居其間之物的維護，給予人們的生命脈絡，讓他們的歷史個體化，使他們在擬定新計畫時有東西可運用，且保他們舒適。若物與製品被保護不致損壞，卻不是處於生命活動的脈絡，就成了博物館文物。

維護的時間性與建立的時間性迴異。塑造作為一種創設性的建立，乃是歷史連續性的一種斷裂。但維護的時間性是往復循環的。物必須一再清潔去塵。特殊的物體必須一再在移動後放回原處。冬雪在教堂和雕像留下的髒汙必須反覆清理，樹枝樹葉必須移開，嚴寒造成的皸裂也須修補。故事必須對世世代代說了又說，好讓歷史的活力與意義長存。

然而，若認為從維護物中意義而得到支撐的這種認同是固定的，將是大錯特錯。固定的認同、事件、互動是不存在的；年代和環境的物質變遷，讓生命流動改換。維護活動藉由今昔相織、藉由將新的事件與關係整合進生命敘事——個人、家庭、民族的傳記——為這個不斷變化的主體賦予包覆的素材。

透過對家族紀念物的細膩關切來維護意義重大的家族或家庭認同，和掃除浴室不潔的細菌，這兩者當然是屬於不同的活動階序。就如波娃所說，後者是一般性的，只是對物種生命形式上的維護。然而前者，則是特定且個體化的：持家者使力維護這些物體在這些個殊人們的生命中所具之個殊意義。這些行動和內宥性層次之間的混淆，也許是可以理解的，因為居家工作的許多活動都是兩者兼具。持家者撢去碎屑，免得霉灰侵入鼻道，但同時也是讓物體所銘記的家人或先人生命中的那些時刻，對自己與家人來說歷久彌新。她依照她母親的食譜調理醬汁，好滋養孩子的身體，但同時也是讓一份老食譜在新國度延續生命。

因此，這種維護的活動應與鄉愁區別開來，鄉愁伴隨著對一個失去的家的幻想，主體覺得自己與這個家分離，老是尋求重返。然而，維護會產生記憶，這與鄉愁非常不同。鄉愁可被建構為一種充滿渴望的逃脫，擺脫日常生活裡的模糊不確定與失望；記憶則藉由編織對一個人是誰——源自此人棲居其中之物所保有的過往苦樂——的堅定信心，去面對未來那開放的否定性。鄉愁的渴望永遠朝向他處，記憶則是對我們之所以成為我們的確認。[32]

我們不該把維護活動浪漫化。維護是多義性的；它可以保守原狀，也可以再生新意。同樣的實物，有時會伴隨著獨特的個人認同與地位特權。在用我祖母的骨瓷時，我不但持擁著孩童時期晚餐的具體回憶，也同時在展示我家庭史的階級地位。有個女人告訴我，她致力於修建並維護她祖母在維多利亞時期建造的西南式[33]牧場大平房（southwestern ranch house），這房子佐證了她祖母對把美國原住民[34]逐出居住地的被動參與。不管她是否要住在裡面，這棟房子都有其歷史。她所面對的道德和政治問題，是她要如何建構自己的認同，又要如何告訴後代其家族故事。持家在於維護物及其意義，給流動的個人與群體認同定錨。但是，這些我們之所以成為我們的歷史敘事並不固定，而維護的創造及道德任務，部分正在於藉著新事件、新關係與新政治理解，來重新建構過去與現在的連結。

有鑑於個人史與民族史的殘酷面，記憶與維護往往也包括悲傷或憤怒的重生。一個納粹

32 關於鄉愁與記憶的區分，可參見 Gayle Greene, "Feminist Fiction and the Uses of Memory," *Signs* 16.2 (Winter 1991): 290-31。

33 譯注：指美國西南部沙漠常見的建築風格，一般強調表現出沙漠的各種色彩，諸如仙人掌的綠、大峽谷的紅以及來自亞利桑納與新墨西哥州原住民的藝術式樣傳承。

34 譯注：主要指印第安人，當時美國有三分之一的印第安人住在西南地區，即亞利桑納與新墨西哥州。

大屠殺的猶太倖存者，會全心保護她已逝雙親的殘缺紀念品。有個城市辯論是要毀棄還是保存曾位於市中心、有兩百年歷史的奴隸拍賣街，在輪番政治論戰中，許多人要求保存，尤其是非裔美國人，最後，這個城市決定留下這條街，紀念那引人傷痛的奴隸制度。為認同定錨的物所保有的意義，有時可濃縮為一句話：「永不重蹈覆轍。」

在西方及許多其他文化中，歷史的維護——藉著關護擺設於空間之物來支撐個人的認同——仍是一種主要由女人負責的持家活動。這類持家活動並非只有女人在做，但從女人在日常生活中和家庭、社區的連結比男人更深的程度來看，維護的活動往往是性別特定的。進一步來說，就如我已指出的，群體和民族的認同也是透過同樣的活動才得以保存。特別在晚期現代世界中，公共行政和法人標準化，傾向將個體化的意義從政治、教育、工作中排除，這使得家和社區具有意義非凡的重要性，因為它們成為文化認同與分化的首要單位。舉例而言，對許多想在新大陸延續命脈的移民來說，他們的家乃是其表達文化認同的主要之地，也是與原鄉連結之處。[35]

35　參見 Keya Ganguly, "Migrant Identities: Personal Memory and the Construction of Selfhood," *Cultural Studies* 6.1 (January 1992): 27-49；Susan Thomason, "Suburbs of Opportunity :The Power of Home for Migrant Women," Proceedings of the Postmodern Ciry Conferences, Sydney University, 1993。

我稍早曾指出，在許多前現代或非西方的社會，家並不局限於房子。對這些群體中的人來說，村莊廣場、聚會所或山巔的空間比起他們個別的庇護處，更像是家。對構成家的別具意義之物的維護活動，在這裡乃是重要的群體公共行動：維繫集體空間，守護並關護各種塑像和紀念物。在一些傳統社會，這些維護工作極受敬重，乃是神職者和長者的責任。現代西方社會也同樣會進行這類公共的維護行動，但它們往往比較不受注意或重視。

這類集體的維護活動，在今日現代都市社會的隙縫中猶在繼續，例如民眾社團、社區組織和宗教機構的活動。當城市以築造來紀念歷史事件，並舉辦定期的歷史慶典時，往往也是在執行維護這延續自我的行動。因此，這些透過維持物質以保存過往事件與特色之意義的計畫，並未限定於僅具正面感受的物。在現代西方社會中，維護的公共活動往往被編派為陰性——如邊喝茶邊瀏覽發霉文件的「檔案室女士」那被貶低的責任——而事實上，極力維持或重拾、詮釋並重詮各地之歷史意義的，也往往是女人。[36]

波娃將她對女人受壓迫的解釋與居家工作相關連固然正確，但她的理由則不全然正確。性別分工確實是壓迫的一個來源，它不讓女人參與社會上最具價值與創造性的活動，將女

36 參見 Delores Hayden, *The Power of Place* (Cambridge: MIT Press, 1995)。

人排除在取得權力與資源的途徑之外，又把女人的主要任務限制在居家工作。然而，有很多典型的女人工作，至少都像典型的男人工作那樣，根本上也在塑造世界並給予意義。雖然現代、未來導向的社會尤其貶低這些工作，但它們同時卻又依賴這些工作對它們主體性與歷史連續感的持續滋養。我們不應浪漫化維護活動。就像之前討論的家的其他面向，維護是多義性的；它既保守又重新詮釋，既固定又流動。從仍然是女人為了男人和小孩而做維護工作——例如為了他們煮菜洗碗——卻無男人回報的情況來看，女人仍繼續作為男人主體性的物質，自己卻未獲類似支持。因此，女人的平等，有賴於重新評價對別具意義事物之維護的各種公私工作，並將這些活動去性別化。

當代女性主義者對家的拒絕

我一直論道家的價值是多義性的，而女性主義者應試著從家的壓迫意義中，釋放出一種正面價值。如果女人被寄予的期待，是把自己限制在房裡當個無私的滋養者，並在經濟緊縮影響到家庭時，自動擴張居家職責，[37]那麼房子和家依然是壓迫性的父權價值。更甚的是，從男女雙方都在家中以及持家的女人身上，尋找一種失去的統一性及不受干擾的舒適的情況來說，家的概念會助長一種不當的逃避態度。無論如何，持家的價值構成了對個人與文化認同之肯定的基礎，而此認同需要物質性地表現在需被維護的空間中別具意義的物體上。

近來一系列彼此相扣的論文，闡述一種女性主義者應拒絕任何對家庭價值之肯定的論述。藉由解讀樸蜜妮（Minnie Bruce Pratt）[38]對自己在美國南方作為一個享有特權的白種女人的成長反思，瑪丁和莫罕蒂率先掀起了這波討論。[39]勞瑞蒂思又評論瑪丁和莫罕蒂的文

37 不論是在已開發或開發中國家，所有的政府都持續削減社會服務，並容許基本食材的價格上揚。這往往使得女人必須進行更多的居家工作。參見 Haleh Afshar and Carolyne Dennis, *Women and Adjustment Policies in the Third World* (New York: St. Martin's Press, 1993)。

38 譯注：美國當代女同志詩人，其愛人為著名跨性別作家、跨性別運動靈魂人物費雷思（Leslie Feinberg，著有《藍調石牆 T》〔*Stone Butch Blues*，中文譯本由商周出版〕），兩人曾於二〇〇三年來台，參加中央大學性／別研究室舉辦的研討會並進行演講。

39 Biddy Martin and Chandra Talpade Mohanty, "Feminist Politics: What's Home Got to Do With It?" in *Feminist Studies/Critical Studies*, ed. Teresa de Lauretis (Bloomington: Indiana University Press, 1986), 191-212.（譯注：原書將此書誤寫成 *Feminist Studies/Cultural Studies*。）

章，擴展她們對家與認同之關連的洞見。[40]最近，侯寧則批判家的構想提供了一種從政治抽離的特權位置，並擴大勞瑞蒂思關於去中心化認同與女性主義政治的構想。[41]

所有這些論文都表達了女性主義政治對家之構想的深刻懷疑，並做出我們應該棄絕對家之渴求的結論。雖然我對她們的批判大多同意，但在這節我要論道：儘管政治不應屈服於對舒適與統一性的渴望，但家的物質價值仍能為基進的社會批判提供力量。我要依循貝爾・胡可絲（bell hooks）[42]的說法，指出「家」也能具有一種作為尊嚴與抵抗之場所的政治意義。從在現今擁有家乃是一種特權的情況來說，我認為，家的價值應被民主化，而非被拒絕。

所有這些作者都質疑她們在女性主義者間觀察到的一種傾向：尋求一個以和女人的姊妹情誼（sisterhood）建立起來的家。家是一個概念、一種欲望，表達了一種有界線且安全的認同。家是一個能讓人做「她自己」的地方；當一個人覺得她是和瞭解其個殊性的人在一起時，她才覺得「在家」，才覺得自在。渴求家，即是渴求一個安定、安全、肯定且有所邊界

40 Teresa de Lauretis, "Eccentric Subjects: Feminist Theory and Historical Consciousness," *Feminist Studies* 16.1 (Spring 1990): 115-50.

41 Bonnie Honig, "Difference, Dilemmas, and the Politics of Home," *Social Research* 61.3 (Fall 1994): 563-7.

42 譯注：當代非裔美籍女性主義者，本名為Gloria Watkins，出生於美國南方的勞工家庭。她的筆名取自外曾祖母，且為了區隔，全部使用小寫字母。

的認同。因此，家往往是相互肯定且具排他性的社群——其為性別、階級或種族所界定——的一種隱喻。[43]

女性主義的分析揭示道，這種擁有一個家以作為有邊界之認同的感覺與特權有關。回到伊希迦黑的主張：男人擁有家、回歸其原始認同的能力，乃是藉由遺棄女人——是她為此自我同一的認同提供物質滋養，且為他提供邊界感的包袱——的手段而獲得。在我此處探索的女性主義文本中，作者所指的家的特權比較不是專屬性別的特權，而是一種階級與種族的特權。瑪丁和莫罕蒂詮釋樸蜜妮的文本，認為它揭示了樸蜜妮孩童時期經驗到的安全感與舒適感，是如何建立在對黑人和下層階級白人的排除上，以及建立在他們只是使得家舒適的勞動者的不可見之在場上。侯寧論道，家作為一個讓人能放心做自己且依靠一種整全感之地方的意義，有賴於一種巨大的體制性結構，這個結構讓一些人擁有奢侈的置身事外、安全與自我反映，而這些特權是以在利益的爭奪戰中失敗的許多其他人為代價換來的。家在此處被建構為對立於危險而不確定的街道與陌生區域，總有許多下層階級的人們遊蕩在這些不像家一樣

43 參見 Bernice Johnson Reagon, "Coalition Politics: Turning the Century," in *Home Girls: A Black Feminist Anthology*, ed. Barbara Smith (New York: Kitchen Table, 1983), 356-89。雷岡（Bernice Johnson Reagon）批判一種在政治上從家尋求慰藉的企圖，但就我的理解，她並未拒絕家的價值。

舒適的環境中。

「是家」（being home）指的是人們生活在熟悉、安全、受保護的界線之內的這個地方，「不是家」（not being home）則是瞭解到家是凝聚與安全的幻覺，這種幻覺建立在對壓迫和抵抗之特定歷史的排除、對甚至是自身內差異的阻抑。[44]

薩依德（Edward Said）在對現代西方帝國主義文化之建構是透過和被建構為殖民地的文化之互動而成的研究中，也指出類似的說法，認為中產階級家庭的物質享受，來自對遙遠殖民地的物質與言說剝削。透過對奧斯汀（Jane Austen）《曼斯菲爾莊園》（*Mansfield Park*）的解讀，薩依德論道定居於殖民地之中產階級家庭的英國意識，相當明確地依賴於帝國的民族主義大業。薩依德指出，奧斯汀很明白地表現出

44 Biddy Martin and Chandra Mohanty, "Feminist Politics," 196.（譯注：此處引文後段應為 ...based on the exclusion of specific histories of oppression and resistance, the repression of differences even within oneself，原書在最後面的 even within oneself 前方誤加一逗點。）

與這些層次較高的東西如委任、法律和財產等相連的價值，必須堅實地奠基於對領地的實際統治與占有。她清楚知道，掌握並統治曼斯菲爾莊園，就是掌握並統治與它緊密甚至必然相連的一處帝國資產。若能確保其中一者的內部安寧與引人嚮往的和諧，就能確保另一者的生產力與有序紀律。[45]

我們正在檢視的女性作者，都從這些考量結論道：女性主義政治應拒絕家之構想。就放棄家之構想而言，女性主義一直是後殖民主義的，揭露一致且穩定之自我的幻覺，或破解單一化之婦女運動的幻覺。一種對世界較誠實且開放的態度，必須認知到我們每個人的多元認同，也認知到一種覺察且肯定差異的政治，不會為這樣的自我描畫安全的界線。

當選擇似乎要不是封閉、包圍、受限的家的圈圈，就是無路可走，是極度危險的。對另一個像「家」的安全之處的假設或欲望，受到下述領悟的挑戰：領悟「統一性」——人際和政治上——本身必然是片段的，且是被奮求、被選擇的，也因此在定義上是不固定

45 Edward Said, *Culture and Imperialism* (New York: Vintage Books, 1993), 87.

的；統一性並非基於「同一性」（sameness），也沒有完全相合之物。[46]

勞瑞蒂思認為，女性主義必須在歷史意識上有所轉變，這種意識包括

一種失所（displacement）和自我失所：在身體上、感情上、語言上、知識論上，離開或放棄一個安全的地方，即「家」，到另一個未知且危險、在感情上和概念上都很陌生的地方；一個論述之地，從此處發出的陳述和思考不過是暫時性的、不確定的、未受擔保的。[47]

侯寧的論辯，特定針對「家」被視為一種從政治抽離、好遁入一處有較確定的原則及整全性之地的手段。她認為，女性主義政治應該準備好面對那些無法簡單應付的困境。對家的渴求，乃是努力要退入一種固定且統一化的認同，而其代價則是將此認同外之物投射且排除為他者。

46　Biddy Martin and Chandra Mohanty, "Feminist Politics," 209.

47　Teresa de Lauretis, "Eccentric Subjects," 138.

家的夢想很危險，尤其是從後殖民的立場來說，因為它會讓被構成的主體——或國家——更無能接受自己內部的分歧，還會導致過度狂熱，即要讓單一性（unitariness）或家的夢想成真的意志。它引導主體將其內在的不同投射至外在的他者，然後因為它們阻礙自己的夢想而憤恨不平——不管是在家裡或別處。[48]

本文先前的章節，已詳述為何瑪丁和莫罕蒂、勞瑞蒂思及侯寧等人對家那中產階級宰制的意義之批判很適切。經由對伊希迦黑的解讀，我也已闡述她們對家那鄉愁的誘惑——作為一種對整全性及確定性的幻想——的恐懼很有道理。最後，我也很同意她們的這些主張：藉由家的邊界保護個人不受政治影響的企圖，更像是保護特權不受自我意識檢驗的嘗試；體現於家中的個人認同，不可避免地具有政治意涵。我亦已探索就維護物的意義上，個人與政治間那不可判定的差異。對家的構想往往具有的去政治化、本質主義與剝削的意涵，這些作者做了很具說服力的分析。

48 Bonnie Honig, "Differences," 585.

雖然這些批判我大多同意，但我也認為家具有一種核心的正面意義——作為能動性與流動多變之認同感的具體定錨。此一家的概念並不反對個人和政治，反而描述讓政治變得可能的情況。家那支撐認同的物質性，可以是特權的泉源，也同樣可以是抵抗的泉源。我稍後也將論道，就家在今日乃屬特權的情況來說，適當的回應並不是拒絕家，而是將它的正面價值延伸到每個人身上。

胡可絲為女性主義表達了「家」的一種正面意義。她同意瑪丁和莫罕蒂、勞瑞蒂思以及侯寧等人所說的，「家」與安全及認同塑造相關連。然而，她給予「家」的這些功能一種正面且政治的意義。她訴諸非裔美國女人的歷史經驗，論道「家居」（homeplace）乃是抵抗宰制與剝削之社會結構的場所。抵擋主流社會結構的能力，需要一個那些結構無法觸及的空間，在那裡，不同的、更人性的社會關係得以存活與想像。就胡可絲看來，家居獨一無二地提供了這樣一種安全的想像空間。更甚地，家居所提供的相互關懷與別具意義的特定性，讓自尊感與人性的發展多少能獨立於宰制、剝削、商業化或科層制的社會結構。胡可絲同意女性主義批判者說「家」是一種認同場所，然而她們批判的是一種對先天的、整體的且非政治的認同的追尋，胡可絲則發現家居乃是一種自覺地建構認同的場所，而這種認同的自覺建構，是一種批判且轉變不平等制度與實踐的政治計畫。

> 歷史上，非裔美國人相信一處家居的建立，不管它有多脆弱貧乏（例如奴隸屋、木寮），都有一種基進的政治面向。雖然種族隔離與宰制的現實慘無人道，每個人都能在自己的家居中自由地面對作為人的意義，將家居當作反抗的地方。[49]

因此，胡可絲翻轉了擁有「家」與特權有關的主張。就她的觀點，「家」是一種更普同的價值，是一種尤其可被受壓迫者拿來發展對壓迫之抵抗的工具，而他們也確實如此運用。只要家居有最低限度的自由，受壓迫者就擁有一個特權者無法觸及的集會並組織抵抗的地方，就擁有一個維護其特定文化的地方。被這個場所和家居之物所支持的個人認同感，因此締造了政治的能動性。

胡可絲強調在面對主流社會的殖民力量時，家居作為民族歷史與文化維護之處的政治價值。正如我前面說過的，這種維護和記憶的計畫，非常不同於瑪丁和莫罕蒂、勞瑞蒂思以及侯寧所適切質疑的對家的思鄉渴求。維護和記憶是歷史性的。被殖民者之所以能計畫另一種

49 bell hooks, "Homeplace: A Site of Resistance," in *Yearning: Race, Gender, and Cultural Politics* (Boston: South End Press, 1990), 42.

未來，部分的基礎即在於一處宰制無法觸及、在日常生活中受到維護的地方。胡可絲本人即在其文中追憶非裔美籍的母親、祖母們，她們維護世世代代的家居，在故事、食物、歌曲和手工藝品中維護獨特的非裔美國文化意義。

> 我想記住今日的這些黑女人。記憶的行動是種自覺的姿態，尊榮著她們的奮鬥、她們為保有自己的東西的努力。我希望我們尊敬並瞭解這份努力一直是、也繼續會是一種具有基進顛覆性的政治姿態。對那些宰制且壓迫我們的人來說，當我們沒東西可以給自己，當他們從我們這奪走我們的尊嚴、我們之所以為人的特質，以致我們一無所有，也沒有「家居」可讓我們重新恢復，這時對他們最有利。[50]

家作為一種批判的價值

我前面已討論的對家的構想的批判，主要是在思考家的誘惑藉著在政治中創造安全空

50 Ibid., 43.

間，拒絕或重新建構了衝突和社會差異。民族主義對「家鄉」（homeland）的浪漫化，重要且危險地表明了這種誘惑。我所提倡的家的正面構想，依附於一種作為身體例行事務之延伸與表達的個殊地點。而民族主義則企圖將這種身在其地的歸屬感，投射到一片巨大的領土以及由百萬人構成的「想像的共同體」（imagined community），[51]藉此創造出「我們」和「他們」之間的僵化區分，也壓抑「我們」之間的差異。至於其他將家的理想投射到更大的政治單位的嘗試，也都同樣有害。無論如何，要有效回應這類有如在追求家的政治理想化，可強調與具體的、身在其地的家之經驗相關的價值的基進可能性，並強調被剝奪此種經驗的存有所具的存在意義。

擁有具體的家的安穩與舒適，當然是一種特權。今日世界有數百萬人沒有足夠的個人空間，可讓他們自己或與他人一起安心過活。他們沒有時間或空間去維護其家庭和社群的大半歷史與文化，雖然只有難民和最絕望的貧民是連試都沒法試。想到世上有數千萬難民及其他無家可歸的人，這種剝奪確實很嚴重。再進一步說，就算人們有個屬於自己的、勉強能避風遮雨的庇護處，裡頭還是需要一定程度的物質舒適，才能讓他們的家像胡可絲所說的，成為

51 Benedict Anderson, *Imagined Communities: Reflections on the Origin and Spread of Nationalism* (London: New Left Books, 1983).

認同建構之處，成為抵抗精神發展之地。以此層面而言，有個家在今日確實是有一種特權。

對此一特權事實最適當的回應，不是拒絕家的價值，而是主張那些價值應予每個人。女性主義者應批判家的鄉愁式運用，因為它提供了一處遠離政治與衝突的永久休息地，又繼續要求女人讓男人和小孩舒適。但在同時，女性主義政治也該呼籲將家的正面價值概念化，並且批判一種不能或不願將那些價值給予每個人的全球社會。家至少有四種應被視為最低限度所有人都能得到的規範性價值。這些價值乃是據以對社會提出批判的規範性理想。

（一）安全：人人都需要一個能讓他們享有安全的避風港。理想上，家意味一個安全的地方，能讓人們遠離集體生活的危險與爭論。希望人在任何地方都能享有安全，甚至只是在理想上，可能都是無法辦到的要求。暴力與衝突的可能性，不可能從世上連根拔除。但要求每個人都有一個能在其中感到身體安全且安心的家，並不過分。

然而，今日我們離這個簡單目標的距離，卻是遙遠得恐怖且令人心驚。對太多女人和小孩而言，他們的家並非安全地包被他們，而是以暴力威嚇他們，威嚇者正是那與他們一起生活的男人。世上有太多不幸的農民和貧民區住戶無法在家中安睡，因為他們害怕自己會在黑暗中被民兵隊叫醒、強暴、射殺或帶走。如果有什麼可說是一種基本需求和基本自由，那就是個人安全和一處安全之地。然而保證這樣的在家安全是個艱鉅且複雜的問題，就連二十世紀晚期的今日也依然無法解決。對於一個在家安全也變成特權的世界，我們必須引以為恥，並對任何明述或隱含這種需求與自由太奢侈、社會無法負擔的說法，表達我們的憤怒。

（二）個體化：一個沒有家的人，其個體的存在會遭到相當實際的剝奪。[52] 不管家有多麼克難，它都是個人身體的延伸，是他或她占據的空間，也是他或她履行基本的生命活動之處——吃、睡、沐浴、做愛。在房子裡，這些活動不需要都在同一處或是掩上的門後進行。但若她沒地方住並履行這些生命活動，也無法進行基本的例行事務和享有安全，此個體便不成個體。尤有甚者，就像我已在持家概念中描述的，人的存在包括擁有他們自己的空間，他們在裡面將所有物擺放在自己周邊，而其在物質之鏡中反映出他們個殊的認同。因此，家的構想最基本的，就是一種所有權的特定意義——不是用以交換財貨的那種私有財，而是能在生活中被充滿意義地使用與一再使用的私有財。即使是僧侶，在僧院的集體生活中，也有他自己的單人房；即使是空間狹小的擁擠家庭，通常也會努力為每個人安排出自己的角落，讓他有地方睡覺，放置他認為屬於自己的東西。就算是身在無法做出這種配置的地方，人們還

52 參照 Jeremy Waldron, "Homelessness and the Issue of Freedom," in *Liberal Rights: Collected Papers, 1981-1991* (Cambridge: Cambridge University Press, 1993), 309-38。

是追求著這樣的理想。[53]

（三）隱私權：此與個體化的價值緊密相連。如果任何人都能接近一個人，這個人就沒有她自己的地方和自己的東西。擁有一個空間，即是對此空間的進入及其內部擁有自主權。有些女性主義者懷疑隱私權的價值，因為她們將此構想和「私領域」（private sphere）相關連，而在歷史上，女人一直被限制在私領域裡。但這兩個概念有非常重大的差異。隱私權指的是一個人對接近她及她個人資訊、對她意義重大的事物的途徑，擁有許可與否的自主權與控制權。另一方面，傳統的「私領域」則是把某些人限制在特定的活動範圍內，不讓他們接觸他人。隱私權作為一種價值，並不談個人參與活動的機會。它只談不管一個人的社會活動為何，她對能接近其生活空間、對她意義重大的事物及關於她的資訊的途徑，都應擁有控制權。[54]

女性主義者對隱私權的價值一直很疑慮，也是因為傳統的法律有時會訴諸隱私權，作為

53　班哈畢（Seyla Benhabib）在她對女性主義者需要為公私的區分保留某種意義的討論中，肯定了隱私權及家的個體化功能。參見 Seyla Benhabib, *The Reluctant Modernism of Hannah Arendt* (London: Sage, 1996), 213。

54　女性主義對作為不可侵犯的人格權之隱私權的保衛，可參見 Jean L. Cohen, "Democracy, Difference and the Right of Privacy," in *Democracy and Difference: Contesting the Boundaries of the Political*, ed. Seyla Benhabib (Princeton, N.J.: Princeton University Press, 1996)。

不介入家庭中的專制男性權力的理由。法律中所預設的隱私權，使得它對婚姻內強暴或家暴視而不見。要對抗此父權權力的正當化，最重要的作法，也許是堅持隱私權是一種針對個人的價值，而不僅或基本上是針對家庭的價值。阿倫（Anita Allen）論道，若我們堅持隱私權這種價值是針對所有身為個體的人，那女人在家中及任何地方都應享隱私權、但事實卻非如此的情況，就會昭然若揭。[55]此一對隱私權價值的訴求因此能激起社會批判。

有些人會主張對隱私權價值的訴求很種族中心主義，因為隱私權的想法是一種西方的想法。對於非西方社會自古到今是否曾有隱私權價值的問題，學者的意見相左。而我基於自己對相關文獻的粗略理解，得了個結論：這些社會往往——就算並非總是——對他人及與其相關的空間，自有其尊重方式。在分層社會（stratified society）中，這種尊重可能只限於上層階級的人。但這並不表示這種價值不存在於這種社會，而是它是一種特權。我在這裡的論證主旨，是某些與家相關的價值——包括對於接近個人及其個人空間之途徑的控制——應人人都能享有，因此，無論是非西方和前現代社會，還是現代社會，只要未將隱私權民主化，就必然都是我批判的對象。

55 Anita Allen, *Uneasy Access* (Totowa, N.J.: Rowman and Allenheld, 1988).

雖然在我看來，尊重他人個人空間的理想似乎並非限定於西方社會，但論者依然可以指出，這種構想若按照我們稱為「隱私權」的方式加以概念化，就是一種西方中心的作法。在以權利為基礎的實證法（positive law）[56]中，隱私權概念是相對新近的發展。這種對隱私權利的概念，將法律延伸到私人個體之間或私人機構之間的互動關係，乃至國家與個體之間的互動關係。因此，我想指出，許多社會都有很多類似隱私權的悠久構想和實踐，而就那些社會都已發展出實證法和社會政策的狀況看來，今日訴諸隱私權的價值並無不當之處。

（四）維護：對最後這個人人都應享有的「家」的價值，我在前幾節裡已詳加說明。家是個人建構並重構自我的場所。在此過程中最緊要的，是保護那些個人可看見自我故事具現其上的別具意義之物，並持守反覆訴說那些故事的紀念儀式。我已論道，維護在這層意義上，是個體及集體認同兩者的一種重要面向。

我說過，家是個複雜的理想，它與認同和主體性的關連是多義性的。我同意那些家的批判者，她們把家視為對不可能的安全與舒適的思鄉渴求，一種以女人及被建構成他者、外來者、無家者為代價的渴求，好固守對統一認同的幻想。但我也論道，家的構想與持家的

56　譯注：經由人為立法方式而採用的法，常與自然法形成對照，後者通常指人類所共有的權利或正義體系，符合大家心中所認為的公平正義。

實務，以一種更流動且物質性的意義來支持個人與集體認同，而肯認此價值，即是肯認許多女人做的常被忽略之工作中的創造性價值。雖然將家浪漫化十分危險，我認為背離家也不安全。

第八章

自己的房間：老年、延展照顧與隱私權[1]

理論家已區分出幾種隱私權的意義。他們也指出有助確保隱私權價值所支持之自主權與個人整全性的那些行動與保障。然而，本文我將論道，對於保障**個人空間**之隱私權的物質支持，隱私權理論的著墨仍嫌不足。許多隱私權理論直接預設了個人空間的價值，而未將此價值主題化，也因此未考慮到實現它的常見阻礙。

我以上一章已詳述的構想為基礎，透過對**家**的價值的現象學思考，將個人空間概念化。儘管對家的構想的訴諸，可以導致具壓迫性的私有化或情感，但對棲居之日常行動的思考，卻可顯現家作為個人認同之必要支撐與落實的物質意義。至少在現代社會，隱私權價值的一個重要面向，是擁有個人棲居空間的能力——個人可以控制對此空間的出入權，並生活在有助於支撐自己生命敘事的物之間。

從令人安心的個人空間——個人的棲居能依照自己的習慣，並擁有自己的物——的意義來說，許多需要安養照顧的老人，都住在被剝奪隱私權的住處，而這種剝奪之所以發生，是因為提供住處之機構的例行運作之故。我要論道，老人不應只因為無法獨立過活，或因為其

1 我要感謝亞歷山大、黛絲（Judith DeCew）、古汀（Robert Goodin）、尼爾遜（Hilde Nelson）紐絲邦（Martha Nussbaum）和葉特曼（Anna Yeatman）對本文早先版本的意見。（譯注：本篇名原文 A Room of One's Own，乃借用英國著名女作家吳爾芙〔Virginia Woolf〕寫於一九二九年的女性主義名作標題。）

親屬不論何故無法或不願在自己棲居處給他們一個家，就注定不能擁有這種意義下的家。提供貧困者庇護與照顧的各種服務與體制，往往未能認識到個體的需求不僅只是要活著、身體安適且獲滋養，還要擁有個人的生活。我認為，一個自己的房間或類似意義的地方，不該被理解為社會服務難以負荷的奢侈品，而該是隱私權價值的一種基本要素。

家的意義

對家的渴求和情感的召喚，往往強化了宰制或壓迫。許多男人和一些女人仍然在女人身上期待並尋找避難所，好遠離公共生活的焦慮，遠離他人加諸自己的要求，甚至遠離自己的終有一死性。消費主義鼓勵人們專注於自己家中的私領域；就此而言，家是資本主義市場的對應物，不利於社群連帶及公共參與。民族主義訴諸對「家鄉」的感情以及對——與家庭和村落生活相關的——傳統的鄉愁。毫無疑問地，家的構想和意象具有多重的意識型態功能，我們必須對它們做出批判。

就像自由、獨立、美或其他無數個往往多義的概念的意識型態一樣，家那些會強化壓迫的構想之所以會訴求成功，乃是因為它們同時也承載著值得為了人類解放與福祉之概念而顯現的理想。[2]前一章對一些會強化壓迫與宰制的家之構想的運用，以及作為個人——有時甚至是群體——認同一種重要物質化的家之概念，已有所區分。

就我對「家」的概念化，它是個人——且有時是群體——認同的物質化。一個人的家，是他或她棲居的空間，他或她在其中進行各種照顧自己和他人的日常活動，在其中娛樂、慶祝、計畫和悲傷。家是物在此空間的擺設構成，至於怎麼擺設，則依棲居者的生活習慣而定。這些物中，有許多只具單純的實用功能，只是日常生活活動中需要或用來享受的各種物品。還有許多物則另具個人意義，乃是棲居者生命敘事記憶的物質化。因此，我將持家定義成這樣的活動：賦予物生活上的意義；對物在空間中的擺設，以在物質上便利所有者的計畫實踐；對這些物及其意義的維護。

家之認同的物質化過程有兩個層面：（一）棲居空間之物的擺設構成，其乃生活其中者身體習慣的延伸及他們例行活動的支撐；（二）家中物之歷史意義的沉澱，以及使其意義永存的維護活動。我將分別詳述家所落實的這兩個層面。

2　關於家和家鄉在意識型態上的運用，阿赫瑪德（Sara Ahmed）提供了很有用的討論，贊成將家的意義保留為熟悉切身的身在此地性（familiar locality），其具有正面向度。參見 Sara Ahmed, *Strange Encounters: Embodied Others in Post-Coloniality* (New York: Routledge, 2000), chapter 4。

（一）我的家是個棲居空間。棲居意味著在動態中使用物來進行活動。當然，在此意義上，我棲居於任何地方。但家之所以有別於其他地方，是因為它的個體化。我的家是我與屬於我的物所棲居的空間。這些物在法律上的所有權意義，遠不如這個事實重要：這些物伴隨我的行動，具有主要是針對我的意義，而它們若伴隨他人行動，就不那麼有意義了。若棲居空間是共有的，家就是我們棲居在**屬於我們的**物之中的空間。這個共有的空間和共有的各種物，給予我們住在一起的物質支持。然而，即使空間是共有的，我的物和我們的物之間也往往有差別，而且每個人也往往有他或她自己的空間，用來持存自己的物並投入自己的活動——我的椅子、我的角落、我的房間、我的衣服、我的牙刷、我的吉他、我的工具箱。

然而，家不只是、或甚至基本上不是儲存我物品的空間，更具體地說，它是我和我們的物一種特別的擺設構成，以作為棲居者生命活動的物質支持與反映這些生命活動的鏡子。在許多意義上，這些物和它們在空間中的擺設構成是**個人的**：它們伴隨這個人或這些人的獨特活動，對應他們個殊的身體和能力，反映其個殊的欲望與品味，也展現他們所進行的日常活動的例行路徑。

我的物與我的棲居空間，支持並展示**我是誰**。我們的家反映我們對衣服、衛浴用品、食物和廚具的一般需求，但它們卻也同時留有個殊性的印記——它們符合我的尺寸、我固守的文化規範與我的品味。支持我生命活動的這些物，和他人的不同——有些人需要書和紙，有些人需要釣魚竿，有些人需要眼鏡或輪椅。當然，世上也有許多人未能擁有足夠的物質支持，來做其所需做或想做的事，且這物質支持還日漸減少。

棲居者在棲居空間對支持其日常活動的物的擺設，有時是依據效率與便利的決定及美學的判斷來設計。這些決定和判斷往往與他人大異其趣也難以共通，例如其室友和生活伴侶就往往會驚詫不已。然而，對棲居空間中的物的擺設，不見得都是經由自覺的決定，而是經由這個人在動作中與其行經且運用的物之間的無意識相互適應。

當人們占據一處空間，他們會讓自己的動作適應這個空間的結構，直到能在其中反射性地自由穿梭。一早走到廚房去，會慢慢變成一個熟悉而單純的習慣。我能在黑暗中從浴室走到床邊，本能地感覺到熟悉的床。當我走出屋外，我看到熟悉的周遭，它們彼此的高度和距離都是我身體所熟知的。因此，**讓自己像在家一樣**，部分的意義即在於發展出這種適應空間結構的身體習慣。

我不只是讓自己的身體適應我所棲居的空間，也讓物的擺設反映出我或我們的習慣與活動。桌上成堆的帳單和信件，反映我開支票和寫信的獨特例行方式。鍋盤和香料，反映我們烹調和飲食的習慣。椅子的位置，顯現我看著窗外的習慣。而亂堆在椅旁的書，即使我定期費心整理，還是同樣不規則地堆疊著。

波娃論道，身體和空間的習慣非常重要，老年人尤其如此：

> 但若一個老人突然被移居，即使只是到他孩子的家，他也會迷失方向；當他們像這樣被連根拔起，或是另一半在一年內去世，他會不知所措，並往往變得絕望……。對個人習慣的執著，隱含對個人所有物的依戀：屬於我們的物，就像是固體化了的習慣——是某種特有行為反覆形式的印記。擁有一座花園，意味能夠每天下午在裡面散步：這把扶手椅，每天下午等著我坐在它上面。所有權也是本體安全感的保障：所有人是其所有物存在的理由。[3]

（二）上面這段引文帶出了家的第二個面向，即在一段生命過程中，它對個人認同的物質支持。我棲居其間的物，承載一段沉澱的歷史，這是我的生命故事，也是我們共有的生命故事。我或我們家中的許多物，以一種獨特的深刻方式，對我或我們**意義重大**。我們在自己

3 Simone de Beauvoir, *The Coming of Age* (New York: Warner Books, 1973), 698.

的棲居空間持守許多物，它們充滿時光堆疊的意義與個人價值，它們是構成我們個人和群體敘事的事件與關係的物質標記。在我家中，別具意義的物往往有故事，不然就是故事中的角色和道具。這些別具意義的物，有許多一點都不實用；恰恰相反，我們是把它們當作物質化的生命意義與價值來保有：相片、信件、曾屬於愛侶或朋友的飾品、讓人回憶起重要事件的紀念物。我女兒十歲時為我寫下並加框的詩，掛在我的牆上；我從大一起，就用我媽的木書擋撐住破舊無趣的書。更甚地，有許多我棲居其中的實用品，也承載著沉澱的生命意義。我對一些椅子、鍋碗、樂器及扳手懷有特別感情，因為我在它們之間棲居甚久。對其他人來說，它們可能很難看或粗陋，但對我來說，它們的意義很特殊，因為它們既反映我的身體習慣，又令我想起過去的一些片刻。這個桌上的凹痕，是我和女兒在一次爭論中留下的；這個碗上的缺口，是數年前夏日派對遺留的痕跡。以這些方式存在的回憶的物質根基，也可以是自然物，例如我曾棲居其間、經驗其變化的那些山丘與樹木。

因此在前一章，我將持家定義為既是以賦予物意義的方式棲居於物間，也是維護物及其意義。我們關切家裡這些別具意義的物，並致力維護它們，不讓它們遺失受損，或受水、灰塵及溫度的天然破壞。我們不時拿它們來端詳觸摸，特別是在有著可傾訴其意義之故事的聽眾之時。然後我們小心翼翼地將其放回原處，在那裡，它們被安全地維護於意義中。萬一我們因為火災或遭竊而失去這些物，必然哀傷不已，因為對我們來說，它們無價且無可取代。

我在前一章指出，有些社會中的家，乃是在沒有封閉房間的空間或集體空間中，別具意義之物的擺設構成。然而，從現代社會中個人認同與個體化相關的角度來說，對此認同的物質支持，傾向多少需要個體化的棲居空間——就算不是一間房間，也該有個角落或空地，好讓個人設立為私人區。在這種意義上的對個體化個人空間的需求，也許是歷史特定的，但我不認為因為它具有這種特定性，就比較不算需求。家在這種現象學的意義上，乃是個人認同的基本支持。它提供了有些論者所稱的個人的「本體安全感」（ontological security）。杜普意（Ann Dupuis）和索恩（David Thorn）引用桑德斯（Peter Saunders）的作品，論道家之所以能提供認同，是因為它——透過時間—空間的例行路徑，而此路徑能喚起提供一種連續感的沉澱意義——變成一處人們覺得自在的地方，也因為它能提供一種控制感和隱私感。[4] 我們稱為「無家可歸」的剝奪，關係到的不只是長時間受風吹雨打所導致的死亡與疾病的危險，還有因為沒有空間可供日常作息並保有且享受生命中某些別具意義的物所導致的自我感的剝除。本文接下來的焦點，在於家如何落實為人們棲居於個人別具意義之物中的空間。我將詳

---

4 Ann Dupuis and David C. Thorns, "Home, Home Ownership, and the Search for Ontological Security," manuscript, Department of Sociology, University of Canterbury, New Zealand.

述家的這種經驗怎麼構成隱私權價值的基礎，而這是許多關於隱私權的哲學理論未能注意到的。

家、隱私權與老年住處

有些研究者論道，當人變老時，他們在家的個人空間變得更重要。老人不像年輕人搬家得那麼頻繁；許多老人在同樣的生活空間一住就數十年。比起年輕人，老人花更多時間待在家裡的空間，尤其當他們不再工作時。雖然就外人看來，許多獨居老人似乎過得很疏離又不快樂，但一些研究者指出，許多老人並不想要更多的社會接觸；他們認為在家就很滿足了。[5]

一個對老人「在家感」的研究，強調個人安全感的肉身化感受乃是為別具意義之物圍

5 Peter Saunders, "The Meaning of 'Home' in Contemporary English Culture," Housing Studies 4.3 (1988)：這項調查的結果顯示老人比年輕人戀家。也可參見 Ann Dupuis and David C. Thorns, "Meanings of Home for Older Home Owners," *Housing Studies* 11.4 (1996): 485-502。杜普意和索恩強調家的所有權對自我安全感的重要性。就我看來，一種這個家是「我的」、可照我的意思布置，而我也不會被他人強迫離家的安全感，要比法律意義上的所有權來得重要。公共住宅至少應和私人房子一樣**能夠**符合這些需求。

繞。[6]這種自我和個人整全感也與控制相關。像其他人一樣，老人也拒絕管理者和組織人員對他們日常作息和活動的指導。家不只是為習慣和別具意義的回憶提供物質支持，也提供一個可自己控制生活、別人只能有限接觸的區域。[7]

如果家是個人認同和記憶的主要物質支持，那對一個大多在家度日、個人記憶能回溯數十年的人來說，家的意義自然更重要。在現代社會中，老人的地位往往被不公平地邊緣化。他們沒什麼社會角色能贏得肯認和尊重。他們往往被以輕蔑或施恩的方式對待。這些狀況和類似的環境充滿壓迫，因為它們會降低自尊感，而即使擁有一個家也無法改變這些壓迫。體制和實務在這些社會中有很多地方應該改變，好為許多老人提高生活品質。無論如何，在這種相對邊緣化的環境下，我所定義的家具有特別重要的價值，因為老人的家可能是他自我感唯一的基礎。

我繼父就是個好例子。在他六十八歲時，我母親去世，那之後二十多年來，他都獨自住在麻州的一間小屋。他唯一的收入是退伍軍人年金，還有麻州州政府的房租補助。從許多人

6 Inger F. Koran, Cora Skott, and Astrid Norberg, "A Place of One's Own: The Meaning of Lived Experience as Narrated by an Elderly Woman with Severe Chronic Heart Failure, a Case Study," *Scandinavian Journal of Caring Science* 15 (2001): 60-65.

7 Pia C. Kontos, "Resisting Institutionalization: Constructing Old Age and Negotiating Home," *Journal of Aging Studies* 12.2 (1998): 167-84.

的標準看來，我繼父的家又亂又不舒適。家具老舊簡單，但對他來說已很足夠。像大多數其他人一樣，我繼父喜歡把椅子放在燈和電視附近。他把自己訂的雜誌用一種獨特的秩序堆在桌上，緊鄰放大鏡箱。他最喜歡的咖啡杯有缺口，最常用的燉鍋有凹痕。也像大多數人一樣，我繼父在屋裡儲存了大堆含納他生命史的事物——他當畫家時畫的油畫和素描、照片、信件、唱片，和許多其他隨著他多年來曾做過的旅行和發展出的關係而逐漸累積的物品。

七十三歲那年，我繼父罹患腎衰竭，從那時起，他一個禮拜得做幾次透析治療。雖然病況讓他的活動力減弱，也比較難照顧自己，他還是決定繼續獨自住在小屋。一個當地的老人服務組織照顧他在交通方面的需求，還送三餐、採買用品、打掃家裡並提供洗衣服務。他的姪女和繼子雖然住得相當遠，也都會盡力而為，確保他安全適意。他的生活雖受限，但仍活在一個擺設構成能反映其動作與欲望的空間裡，四周盡是他在乎的所有物，他的生命故事埋藏在這些物品裡，隨時準備被他自己或密友的目光重新召喚。

我繼父八十六歲時中風，醫師說他此後不可能再獨自生活。他需要更多的照顧服務。他在一間延展照顧（extended-care）機構住了三年。和許多美國老年安養院比起來，他住的機構算得上是「良好」。職員都很有活力，工作分量似乎也沒有重到離譜的地步。餐點營養且常換菜色，院方也鼓勵大家在充滿陽光的交誼廳用晚餐，那裡有時會有志工彈鋼琴。房間很乾淨，洗衣每週收送一次。但我繼父在那並不像在家一樣——從他的觀點看來也不可能如此——因為他沒有能讓他用自己的方式擺設所有物並棲居其中的個人空間和隱私權。

我繼父住的宿舍廂房中的每個房間都有三張床，大多時候，每張床都不是空的。在他住在這的歲月裡，他的室友至少換了十個。他的個人空間，和房裡其他兩位室友的個人空間，僅如下列：一張床和可以把床圍起來的布帘，雖然通常沒圍起來；一把椅子；一張非常小的、附一個抽屜的茶几；一個衣櫥的三分之一，另加一個放衣物的小抽屜。他和其他五位安養人共用一間浴室。這間房間沒有走動的空間，沒有地方放額外的家具，甚至連在地板上放樣東西也不可能。有幾間交誼室可以使用，但他不想用。他的房間有門，但我從沒看過門關起來。工作人員和其他安養人永遠走來走去。

我繼父在這個空間沒有家，因為不管從我前面討論的哪個方面來說，他都並非棲居其間。他和其他安養人，都無法在一個反映自己習慣記憶的個體化棲居空間中擺設自己的物品。他們的房間裡，根本沒有可做這類擺設的空間。如果他們的椅子或餐盤因為當日的行動而移到行走的空間，工作人員就會把這些東西放回「所屬之地」。在交誼廳，沒有安養人能說某張椅子是自己的，也沒有人能把自己的東西留在那。這種共同空間也並未反映出某種集體棲居的選擇或活動。每天，工作人員都會打掃並重新整理交誼廳，不讓任何人獨特的品味、習慣或活動留下痕跡。

更重要的也許是，我繼父身邊幾乎沒有屬於他個人的東西。他的東西包括幾件衣物、一把牙刷和一把梳子、一台收音機、一把放大鏡以及當日的報紙。他抱怨即使是這點東西，有些也會消失不見，必須重添。他的家已被摧毀，那些對他來說珍貴至極的東西都寄給了他姪女，兩人一年見一次面。

他沒有空間能擺列持存生命中別具意義的物。不過，就算他有更多空間，他也不會想要把自己的東西放進來，因為他沒有可以享有它們的隱私。他不想把自己的一些畫掛在床與椅子間的牆上，因為換個不停的室友，會像他一樣凝視那些畫。工作人員會跑進來，興致勃勃地問他關於那些畫的事，而他必須回答。他也拒絕在床下放個帶鎖的箱子，把生命中重要的紀念物放在裡邊，因為他沒有機會在無人打擾的情況下賞玩它們。他若想在房裡和前來探望自己的至交分享這些物品在他生命中的故事，還得容許房內的陌生人參與。在他小屋裡富含意義的這些物，是他的成就與關係的物質化表現，卻在這樣一個公共的、匿名的空間失去了意義。所以他寧可不要它們。

在這樣一個算是典型的「良好」延展照顧機構，安養人卻缺乏最基本意義上的隱私權。如果他們想獨處，他們根本沒法如願。他們的思緒和行動，都很容易被工作人員和其他安養人不經意地介入。他們無法讓自己的習慣路徑和所有物在屬於自己的空間展開，好反映並適應自己的例行事務、讓自己舒適點。他們的所有物，攤開在他人的眼下與手中，毫無保障，也因此根本無法對關於自己的資訊保持隱私。他們只能夠在浴室隱私地穿脫衣服，如果浴室沒人用的話。

隱私權價值的推敲

對隱私權的早期哲學關切，傾向聚焦在國家或其他有權力的制度在何時又是否有正當性去限制或干預個體或群體之隱私的議題。如果這種正當性成立，國家又在何時能搜索個人的所有物、住所與工作處，檢查他們的信件，監聽他們的談話，或管控親密伴侶間的決定？我把這種免於此類國家介入的隱私權權利稱為「免於權威的自由」（freedom from authority）。至於試圖限制其他有權力的能動者（如雇主）對個體行使侵害性控制的論證與法律行動，由於它們的形式和免於政府介入的論證與法律行動相同，因此也應屬於「免於權威的自由」的隱私權。

在免於權威的自由之外，薛曼（Ferdinand Schoeman）概念化了另一個隱私權議題的範疇，他將之稱為「社會自由」（social freedom）。社會自由指的是人們在他人的期望與行動下，所擁有且感受到的自主感與舒適感。人們對彼此施壓，要他人順應做出符合期待的行為，且要他人依能促成特定目標與目的的方式行動。社會行動者對許多這些稠密的互動性期待，通常樂於接受，因為他們本來就想聯合起來合作，或渴望社會性（sociability），或想與個殊的人締造並維持個殊連結。但日常生活中的社會互動和關係，用薛曼的話來說，往往會「超過」（overreach）其適當限度，以致貶損了人或危害到關係。個體通常渴望也應該有方式讓自己和社會壓力與期望保持距離，且也應該有方法來維持個人表達的空間。[8]

這種在政治自由與社會自由間的區分，對關注老人在延展照顧機構瀕危的隱私權之議題很有幫助。至少在美國，醫療化的安養院系統是把隱私權議題當作免於權威的自主權來處理，而非社會自由。法律和專業倫理懷著對安養人資料隱私權價值的尊重，制訂出醫療、財務與社會服務紀錄的保存與取得之道。醫療機構的法律規範也要求程序上的告知後同意（informed consent），並演變出複雜的監護人系統，以在當事人決策能力受損的情況下運作。這樣的制訂安排致力於促進老人的決策隱私權。當然，關於老人隱私權標準遭妄用與忽

8 Ferdinand Schoeman, *Privacy and Social Freedom* (Cambridge: Cambridge University Press, 1992).

視的重大議題依然存在，但大體上，這些議題都已被體制肯認。

然而，對於作為個人空間——打造一個家，以成為認同的物質支持——的隱私權價值，體制似乎較未肯認到。這種隱私權在乎的，比較不是紀錄和決策取得管道的規定，而是在社會自由的構想下社會互動、身體舉止以及表達與沉思機會的形式。從日常例行活動的角度，各種關於紀錄和銀行帳戶的規定都可能太抽象——即使它們對個人生活可能有極為根本的影響——社會自由的議題則具體直接許多。這些議題在空間和個人互動中可如實具現：人們不是知道自己大體上是受到觀察的，就是舒舒服服地待在一個自己可以不受觀察的空間；人們不是禮貌地和他人身體保持距離，就是不這麼做；人們不是被迫現身於他人面前，就是未被如此對待。

至此，我已區分了免於權威的自主權與社會自由。隱私權理論也區分了隱私權概念本身的幾個不同層面。柯恩（Jean Cohen）認為決策的隱私權最為根本，她把這種隱私權定義為決定私密之事的自主權——包括結婚、離婚、性關係、生產、養育孩子等等。在這種決策的意義上，隱私權意味的是一個人有權自己決定她投入的親密關係的性質、她實踐的行動和她承諾的價值，而無來自國家或他人的干預，也不用對他人辯護自己的關係、行動和價值。柯恩論道，在此意義上，決策的隱私權是個人認同、自決與自我實現的根本支柱。[9]

阿倫同意決策的隱私權很重要，但也論道這個概念嚴格說起來，不算是隱私權的概念，因為隱私權是一種有別於自由的概念。阿倫將隱私權定義為一種限制接近管道的狀況：「個人的隱私權是他人對個人及其內心狀態、其個人資料，不可監看、不可接近的狀況。」[10]

黛絲（Judith DeCew）研究隱私權的相關主張及理論，結論道隱私權無法被定義為一個單一的概念。她認為隱私權是一種「群集概念」（cluster concept），具有三種不同面向：資料、身體整全（bodily integrity）、表達。她的群集定義兼顧限制接近管道及決策隱私權。隱私權限制他人經由感官認知、觀察或身體接觸來接近個人，也保護個人不受惹厭的打擾或侵入。資料的隱私權限制取得個人資料的管道。黛絲所說的表達的隱私權，似乎包含了許多人所謂的決策隱私權，雖然它的範圍也可以比決策的概念來得廣。黛絲認為，表達的隱私權「保護了個人在有助於界定自己為『人』的活動上，是要繼續還是修正其行為的決定能力，不受政府或其他個體的介入、壓力及強迫」。[11]

---

9 Jean L. Cohen, "Democracy, Difference, and the Right of Privacy," in *Democracy and Difference: Contesting the Boundaries of the Political*, ed. Seyla Benhabib (Princeton, N.J.: Princeton University Press, 1996).

10 Anita Allen, *Uneasy Access: Privacy for Women in a Free Society* (Totowa, N.J.: Rowman and Littlefield, 1988).

11 Judith Wagner DeCew, *In Pursuit of Privacy: Law, Ethics, and the Rise of Technology* (Ithaca, N.Y.: Cornell University Press, 1997).

這些都是隱私權意義的重要面向。無論如何，我對家的重要性的論證，觸發我在隱私權概念上，增加**個人空間**及對此空間限制接近管道的概念。對我來說，大多數隱私權的說法，似乎都不夠強調隱私權價值的空間與物質面向。當然，對身體整全的關注，需要關注一個必然**在此**（in place）的肉身化存有。或許因為阿倫對隱私權限制接近管道的概念，她確實注意到家的空間乃是隱私權的重要支持。然而，在阿倫討論中的其他面向，她所採用的隱私權概念像許多其他人一樣，僅把隱私權所控制的「區域」視為隱喻。

多數隱私權的理論討論似乎更為「虛擬」。由於隱私權的討論強調資料、心智狀況、決定及關係，往往讓隱私權這個主題聽來像是只關乎認知或心智層面。對隱私權的這種認知性且資料導向的思考模式，未能充分注意到隱私權的**物質基礎**。然而，檔案一定存放於某處，我親密關係的標記與結果，也會藉置於某處的東西物質性地表現出來，我的念頭甚至得靠我具體表達出來——比如一張卡片、一篇日記、一張照片——才不會飛逝無蹤。

個人空間和依棲居者習慣與欲望而擺設其中的所有物，是實踐隱私許多面向的必要條件。個人空間讓我們擁有身體整全，也保護我們的許多活動不被觀察。它實現了隱私權的資料與表達層面，因為許多具事實與表達意義的紀錄與製品，都包含在這個空間裡。空間，以及生命活動的空間化，本身就先**引發**隱私的**議題**，因為一個人能進入或限制的空間途徑是有限的。

隱私權理論之所以傾向不強調個人空間的重要性，我想是因為它們認為那理所當然。無論它們討論的是隱私權的哪個獨特面向，它們都把與此價值有關的國家和個體義務概念化為負面的。隱私權的權利，包括一個人能獨自做決定、他人不得自由接近她及其資料，以及他人不得觀察或干擾她個人表達與私密的時光。這樣的隱私權形構，是基於限制管道或禁止干擾而來，而其前提是主體已有一個隱私的區域，能保護自己不受他人接近或干擾。

這些對隱私權權利的形構方式，假定了隱私權的物質基礎。然而，對許多人來說，他們最基本的隱私權問題即是沒有家，沒有一個可供他們所用的個人空間，可讓他們限制他人接近，並將生命中深具資料與表達意義的物擺設其中。就他們沒有家的狀況說來，至少在個體感與個人性相關的社會中，他們形成並維繫個人性的能力是遭腰斬的。有鑑於空間中別具意義之物的擺設乃是個人性的物質支持與反映，要促進隱私權，不僅需讓人獨處，還需讓人能構成並維持這樣的個人空間。

家、隱私權與延展照顧機構

我繼父的處境，是美國許多住在延展照顧機構的老人的典型狀況。事實上，這似乎也是所有已開發國家中老人的典型狀況。一般說來，老人拒絕離家住進這類機構，他們的家屬親友也會盡力避免讓老人住進安養院，直到他們相信自己已別無選擇。為什麼老人自己及其周遭親友，往往會認為住進安養院是一種剝奪、一件傷盡尊嚴之事，能免則免？

在美國，人們是基於太多機構都普遍有虐待、忽視的事實而有此判斷。[12]許多機構人手短缺，工作人員訓練不足。太多機構都有老年安養人遭受身體或心理虐待，或是營養失調，或是住在骯髒不堪、欠缺維護的環境。然而，即使是「良好」的機構，老人也往往拒絕住進去，其親友也往往對自己同意或鼓勵老人住進延展照顧機構的事實，感到悲傷和罪惡。在這些抗拒的主要理由中，有個事實是在大多數安養院中，老人都沒有隱私權，以致無法打造自己的家。

藉由對取得安養人紀錄的限制，照顧機構能為他們維護好資料隱私權的重要區域。他們

12 相關例證可參見 Eric Bates, "The Shame of Our Nursing Homes: Millions for Investors, Misery for the Elderly," *Nation*, March 29, 1999, 11-19.

會保障安養人貴重物品的安全，例如現金、護照或其他存放於保險箱的重要文件。工作人員在幫安養人洗澡、穿衣或從事其他必需事務時，也會保護自己照顧的人在這些時候不被他人干擾。然而，唯有提供個人空間，讓老人能依其所願擺設東西、限制他人出入，才能打造那種能支持安全的自我感與認同感的家。這種情況在公認的福利國家也許已開始改善，例如荷蘭，[13]但安養人共用空間似乎仍是延展照顧機構的標準狀況。[14]一份對瑞典住在四間不同安養院的一百九十一位安養人的研究顯示，只有百分之二十二的安養人有自己的房間，大部分則與其他三人共用一房，而瑞典已是公認世上照顧服務水準最高的國家之一。[15]當然，能付得起個人空間價碼的人，最有機會享有這樣的空間。

延展照顧機構之所以不提供安養人私人空間，基本的理由是機構的建築成本、服務的執行效率，以及安養人的身體安全。然而，還有一個原因似乎是有些安養院的設計者和管理

13 Anke J. E. de Veer and Ada Kerkstra, "Feeling at Home in Nursing Homes," *Journal of Advanced Nursing* 35.3 (2001): 427-34.

14 J. David Huglund, *Housing for the Elderly: Privacy and Independence in Environments for the Aging* (New York: Van Nostrund Reinhold Co., 1985); Justin Keen, "Interiors: Architecture in the Lives of People with Dementia," *International Journal of Geriatric Psychiatry* 4 (1989): 255-72.

15 M. Anderson and C. G. Gottfries, "Nursing Home Care: Factors Influencing the Quality of Life in a Restricted Life Situation," *Aging* 3 (1991): 229-39.

人，不像安養人自己那樣重視安養人的隱私權。有份對安養院設計偏好的研究發現，安養人這方和設計者、管理者那方，對隱私權和社會性的相對價值，看法差異甚大。設計者和管理者認為，設計出把安養人聚集在公共區域、小群體和就寢區的空間比較重要；相反地，安養人卻明顯想要隱私權，以及能自由選擇獨處、不被打擾的能力。[16]

對安養人的調查和訪問，顯示出他們對隱私權的關切。和他人共用房間者，抱怨自己沒有獨處空間，不能防止他人干擾自己的個人區域，也不覺得自己能像單人房的安養人那樣掌控生活。[17]和別人共用空間的安養人，認為安養院是個不安全的地方，其他人都能極為輕易地侵入自己的生活和空間。[18]安養人通常都表達出想要能夠選擇獨處的欲望，也希望能私下與人談話。[19]

---

16 Michael Duffy, S. U. Baily, Bets Back, and Donald G. Barker, “Preferences in Nursing Home Design: A Comparison of Residents, Administrators, and Designers,” *Environment and Behavior* 18.2 (1986): 246-57.

17 Wanda M. Roosa, “Territory and Privacy--Residents’ Views: Findings of a Survey,” *Geriatric Nursing* (July-August 1982): 214-43.

18 Ira J. Firestone, Cary M. Lechtman, and John R. Evans, “Privacy and Solidarity: Effects of Nursing Home Accommodation on Environmental Perception and Sociability Preferences,” *International Journal of Aging and Human Development* 11.3 (1980): 229-41.

19 Anke J. E. de Veer and Ada Kerkstra, “Feeling at Home in Nursing Homes.

對延展照顧機構老人的「在家感」的研究者，似乎都同意老人若能在自己的生活空間依其所願擺設自己的東西，自主感和個人認同感就會比較強。[20] 但若沒有安全的空間，老人的個人物品往往會被弄亂或遭竊。[21]

大部分的老人照顧系統，似乎都把隱私權視為一種可以省略的奢侈，因為它得要有一個安全的房間，人們可在其中的物品間隨意走動，並擺設這些物品。延展照顧實務有時也隱隱認識到個人空間的需求。延展照顧機構會在房間裡用窗帘分隔床，或試著築造分隔但空間共用的凹室。工作人員藉由讓安養人參與選擇適合家具顏色的窗帘，試著讓他們覺得像在家一樣。然而這都無法在我所描述的意義上打造一個家，能用以支持自我。一個人需要的至少是一個自己的小房間，自己可以限制誰能接近。

20 M. Anderson and C. G. Gottfries, "Nursing Home Care"; Edmund Sherman and Evelyn S. Newman, "The Meaning of Cherished Personal Possessions for the Elderly," *Journal of Aging and Human Development* 8.2 (1977-78): 181-92; Wanda M. Roosa, "Territory and Privacy"; Inger F. Koran, Cora Skott, and Astrid Norberg, "A Place of One' s Own."

21 Sandra Petrorio and Samantha Kvoach, "Managing Privacy Boundaries: Health Providers' Perceptions of Resident Care in Scottish Nursing Homes," JACR (May 1997): 115-31；Diana Harris and Michael L. Bension, "Theft in Nursing Homes: An Overlooked Form of Elder Abuse," *Journal of Elder Abuse and Neglect* 11.3 (1999): 73-99。在四十七家安養院中，有百分之七十八的安養人，無法限制他人進出自己的房間和個人所有物儲放的地方。

實踐與政策

有些人會論道，老人的成年親屬該負起讓他們有家的責任。理想上，需要照顧的老人應該在老人自己的家，讓成年的孩子或其他成年親戚照料。或者，成年的親戚應該把需要照顧的老人帶到自己家，確保他們的隱私權、尊嚴，以及一個能讓他們自己擺設所有物的個人空間。

大多數需要照顧的老人，是由他們的成年親戚照顧，要不在老人自己的家，要不在親戚家。[22]在現實中，這意味在照顧脆弱長者的，是女人。在私領域照顧老人的，有百分之七十是女人。照顧年老親戚的女人不但無酬，自己往往還得付出相當成本。她們自己在事業上的發展與藉由加班來獲得更多收入的機會，都因此受到限制。由於老人隨時可能需要幫助，這些照料者日夜都得待命，根本沒休閒時間，還可能因為必須同時兼顧照料其他家人的責任，極感壓力勞累。然而，由於主流社會態度似乎預期年輕親屬會照料老人，這些無酬照料者所

---

22 亞伯（Emily K. Abel）說需要扶助的老人，有百分之八十是靠親戚長期照顧：Emily K. Abel, "Adult Daughters and Care for the Elderly," in *The Other within Us: Feminist Explorations of Women and Aging*, ed. Marilyn Pearsall (Boulder, Colo.: Westview Press, 1997), 135-50。這個比例是以一份一九八五年的資料為基礎，如今的比例可能已有所降低，但幅度應該不會很大。

做的，往往大都沒被社會所肯認，也沒被算在經濟貢獻中。就像對照顧小孩的態度一樣，社會在依賴這種工作的同時，卻也模糊了這種依賴性。[23]

許多家庭成員之所以照護年老親戚，是出於愛、同情，以及想幫助他們維持尊嚴和生命意義的強烈義務感。他們中的許多人為脆弱老人所做的辛勤工作與奉獻，都該普獲崇敬讚美。然而，考慮到收入有限及許多都會區的家計成本，在自己家進行家庭照顧的生活安排，有時實在難以負荷。有些老人寧可不要自己的女兒或其他親戚照顧；他們不想成為一種負擔，或是討厭依賴這些他們長久親近的人。[24]不論我們怎麼把老人的家庭照顧理想化，現實是在那關著的門後，在那往往同樣沒什麼隱私權的家中，往往有著不快、爭吵，有時還會有虐待或忽視。

人類預期壽命的增長，以及家庭成員工作生涯、流動性與居住地分布的變化，對家庭成員照顧老人的壓力更是雪上加霜。更多家庭依賴成年的成員在外面賺錢，好過得舒適點。勞動市場或事業所需造成親戚分隔兩地，讓老人不再可能每天或每個禮拜都看得到晚輩。

23 Martha Holstein, “Home Care, Women, and Aging: A Case Study of Injustice,” in *Mother Time: Woman, Aging, and Ethics, ed. Margaret Urban Walker* (Lanham, Md.: Rowman and Littlefield, 2000), 227-44.

24 Christine Oldman and Deborah Quiglas, “The Last Resort? Revisiting Ideals about Older People’s Living Arrangements,” *Ageing and Society* 19 (1999): 363-84.

無論是在哪種社會，社會正義都有賴於社會以尊敬、榮耀老人的方式為他們提供照顧服務。由於社會結構各自不同，實踐這種價值的實際安排可以有許多方式。在承諾行動自由、女人機會平等的二十一世紀工業社會，這種價值意味社會集體必須明確肯認並承擔照顧老弱的絕大多數組織事務與成本。[25]家庭成員和親密友人的角色在老人的生活中，比起在較年輕的人的生活中，更具有核心且不可替代的角色。他們的愛與奉獻，通常必須有資源充足而專業的照顧設備來支撐，才能讓老人和愛他們的較年輕的人，都能過有品質的生活。要讓我們的社會達到這種標準，表示要對許多社會服務與公共支出的優先性重新排序。若特別考慮到目前多數發達工業社會中民營化及縮減社會服務的潮流，這樣的重新排序就算不是不可能，也可說是相當困難。無論如何，我們應該拒絕那種廣布的衝動，即依據當下立即可行的社會政策來裁剪我們的正義概念。

一個公平的社會，會讓老弱及其家人有足夠的選項可以選擇，讓老人能受到所需的照顧，又不用放棄隱私權所給予的社會自由。雖然許多老人並無個人空間，但不管對任何年紀的人，個人空間都是一種人類需求，而非奢侈品。特別是在身體上或經濟上已然受限的老

25 Robert E. Goodin and Diane Gibson, "The Decasualization of Eldercare," in *The Subject of Care: Feminist Perspectives on Dependency*, ed. Eva Feder Kittay and Ellen K. Feder (New York: Rowman and Littlefield, 2002), 246-56.

人，更應既能受到照顧，同時又能掌握個人空間，能在裡面自由行動、隨意擺設東西、保有對自己有意義的物、與人私下談話，並限制他人出入。一個公平的社會，應盡可能為老人提供廣泛的生活安排。有些人可能會選擇和成年的孩子住在家裡。有些人可能寧願住在自己家，並依其對適意生活的需求，自行決定每天請個人看護的時間。第三個選項應該是安養院這樣大規模的集體安排。一個公平的社會，必須在這些選項間權衡得失，在社會責任的範圍內，盡可能縮減成本；於是，在規模經濟的估量下，社會的優先選項很可能是集體安養院的生活安置，想要住在私人住宅的老人的家庭照顧供應則列其次。因此，安養院更加應該為每位安養人提供一個自己的房間，或安排一個安全的個人空間，並在滿足此需求的同時，也盡一切努力保障他們的身體安全。

國家圖書館出版品預行編目資料

像女孩那樣丟球：論女性身體經驗/ 艾莉斯・楊（Iris Marion Young）著；何定照譯. -- 二版. -- 臺北市：商周出版, 英屬蓋曼群島商家庭傳媒股份有限公司城邦分公司發行, 2023.02
譯自：On Female Body Experience: "Throwing Like a Girl" and Other Essays
ISBN 978-626-318-571-5（平裝）

1.CST: 女性主義 2.CST: 女性心理學 3.CST: 性別

544.52　　112000189

像女孩那樣丟球：論女性身體經驗

原著書名 / On Female Body Experience: "Throwing Like a Girl" and Other Essays
作　　者 / 艾莉斯・楊（Iris Marion Young）
譯　　者 / 何定照
企畫選書 / 林宏濤
責任編輯 / 李尚遠（初版）、梁燕樵（二版）
版　　權 / 吳亭儀、林易萱

行銷業務 / 周佑潔、賴正祐、周丹蘋
總 編 輯 / 楊如玉
總 經 理 / 彭之琬
發 行 人 / 何飛鵬
法律顧問 / 元禾法律事務所　王子文律師
出　　版 / 商周出版
台北市104民生東路二段141號9樓
電話：(02) 25007008　傳真：(02)25007759
E-mail：bwp.service@cite.com.tw
Blog：http://bwp25007008.pixnet.net/blog
發　　行 /英屬蓋曼群島商家庭傳媒股份有限公司城邦分公司
台北市中山區民生東路二段141號2樓
書虫客服服務專線：(02)25007718；(02)25007719
服務時間：週一至週五上午09:30-12:00；下午13:30-17:00
24小時傳真專線：(02)25001990；(02)25001991
劃撥帳號：19863813；戶名：書虫股份有限公司
讀者服務信箱：service@readingclub.com.tw
城邦讀書花園：www.cite.com.tw
香港發行所 / 城邦（香港）出版集團有限公司
香港灣仔駱克道193號東超商業中心1樓
E-mail：hkcite@biznetvigator.com
電話：(852) 25086231　傳真：(852) 25789337
馬新發行所 /城邦（馬新）出版集團【Cite (M) Sdn. Bhd.】
41, Jalan Radin Anum, Bandar Baru Sri Petaling,
57000 Kuala Lumpur, Malaysia.
Tel: (603) 90578822　Fax: (603) 90576622
Email: cite@cite.com.my

封面設計 / 萬勝安
排　　版 / 艾許莉
印　　刷 / 韋懋實業有限公司

經 銷 商 / 聯合發行股份有限公司
電話：(02)2917-8022　傳真：(02)2911-0053
地址：新北市231新店區寶橋路235巷6弄6號2樓

■2007年（民96）1月初版1刷
■2023年（民112）2月二版1刷
定價450元

Printed in Taiwan